Das Eugen-Drewermann-Lesebuch

Inhalt

Aufgabe

Eine Glaubenslehre, die sich nur aufsagt, ohne den Menschen etwas zu sagen, ist gerade das, was Jesus überwinden wollte. Zweitausend Jahre danach beginnt alles noch einmal von vorn, oder es wäre zu Ende.

Leben, das dem Tod entwächst 233

Fragen

Ich verlange von den Theologen, dass sie wieder die Fragen und Beunruhigungen spüren, die ihnen die einfachsten Frauen auf dem Markt vermitteln könnten, wenn man ihnen nur erlauben würde, zehn Minuten lang ihre letzten fünfundzwanzig Jahre Ehe zu erzählen. Weil wir uns das nicht anhören und weil wir immer schon wissen, kommen wir mit uns selbst und mit den Menschen nicht zurecht. […] Wer in diese Welt, auch innerhalb der Kirche, auch nur versucht, ein Stückchen Freiheit hineinzutragen, wird bemerken, auf wie viel Barrieren der Angst er trifft. Was man mir übelnimmt, sind nicht die Antworten, die ich versuche, sondern die Fragen, die ich habe. Wer die begriffen hat, wird mehr oder minder verstehen, was ich meine. Und wenn er bessere Antworten vorschlagen wollte, würde ich ihm gerne zuhören. Da wüsste ich ganz sicher in zwanzig, dreißig Jahren zu manchem, was ich heute denke, Besseres zu sagen als im Moment. Heute weiß ich es nicht besser. Aber die Fragen gibt es doch. Und es gibt die Menschen, die die Fragen haben.

Wort des Heils – Wort der Heilung I, 163 f.

Einführung

Das erste Ziel eines Lesebuches ist immer bescheiden: den Appetit und (falls das noch nötig sein sollte) das Interesse an einem Autor zu wecken. Im Fall Eugen Drewermanns, dessen publiziertes Gesamtwerk mittlerweile weit über zwanzigtausend Seiten in Dutzenden Büchern umfasst, bedeutet das die Hoffnung, Interessierten auf begrenztem Raum Gedanken und Sprache einer Persönlichkeit näherzubringen, die wie wenige andere beispielhaft für die Krisen der Religion und des christlichen Lebens in unserer Zeit steht – für die Spannung zwischen emotional bestimmter Spiritualität und der Vernunft im Glauben, innerkirchlicher Praxis und kirchenferner Sinnsuche, dem Blick aufs Individuum und den Problemen der Gemeinschaft.

Unsere Auswahl hat dazu auch für langjährige Leser den willkommenen Vorteil, dass sich mit ihr in der Hand die »großen Linien« einer Wirksamkeit leichter nachzeichnen lassen, die sich in einer ungewöhnlichen, kaum mehr zu überblickenden Fülle von Einzeltexten verkörpert: in Predigten und Interviews, Aufsätzen und Meditationen, Monografien, Kommentaren und interpretierenden Texten zu Märchen, der Bibel, Werken der Weltliteratur. Der Benutzer, dessen Orientierung wir erleichtern möchten, erhält wiederholt auch die Gelegenheit, Schlüsselthemen in Drewermanns Tätigkeit entlang seiner eigenen, biografisch weitgespannten Entwicklung zu verfolgen.

Dieser jahrzehntelange Weg lässt sich hier nur in seinen wichtigsten Stationen andeuten. Eugen Drewermann wurde 20. Juni 1940 als zweites von drei Kindern einer konfessionsverschiedenen Ehe in Bergkamen nahe Dortmund geboren. Zwischen seiner Mutter, einer eifrigen Katholikin in den Kategorien und Frömmigkeitsformen der »Volkskirche« jener Zeit, und seinem evangelischen Vater, einem Bergmann, bestand zumindest reichlich Potential für Differenzen über die religiöse Erziehung. Einschneidend, wenn nicht traumatisch scheint für das Kind die Erfahrung der täglichen Bombenangriffe auf das Ruhrgebiet in den letzten Jahren des Zweiten Weltkriegs gewesen zu sein. Nach dem Abitur folgte 1959–1965 das Theologiestudium in Paderborn mit dem Ziel des Priesteramts, begleitet von einem Studium der Philosophie in Münster. Der Lesehunger des Neuzugangs, dessen Neugier weit über das Standardrepertoire eines Seminaristen hinausreichte, sprach sich herum. Während Drewermann erste Erfahrungen in der Seelsorge sammelte, fiel die Entscheidung zwischen ihm und seinen kirchlichen Vorgesetzten, ihm ein weiteres Studium zu ermöglichen. Die bemerkenswerte und aus der Rückschau explosive Situation bahnte sich an, dass ein junger Geistlicher – der sich für höchst unkatholische Schriftsteller und Philosophen interessierte, ja der sich mit dem Gedanken zu tragen begann, mit den Psychologien Freuds und Jungs für seine pastorale Tätigkeit zu experimentieren – an einer ausgesprochen konservativen theologischen Fakultät (in Paderborn, nicht etwa im konzilsfreundlichen Münster) die Laufbahn zum universitären Vertreter der katholischen Moraltheologie und Dogmatik einschlug. Neben der wissenschaftlichen Arbeit und einer 1968 begonnenen, aber nicht abgeschlossenen Ausbildung zum Psychotherapeuten in Göttingen stand in diesen Jahren eine Tätigkeit als Präfekt des Paderborner Theologenkonvikts und Studentenseelsorger, die niemals Nebensache war; insbesondere als hochbegabter Prediger erwarb sich Drewermann rasch einen Ruf und eine begeisterte Zuhörerschaft in und jenseits der Paderborner St. Georgs-Gemeinde. Mitschriften und Tonträger gingen von Hand zu Hand.

Am Ende der Arbeit stand die monumentale Habilitationsschrift *Strukturen des Bösen* (erschienen 1977/78) über die Darstellung der Urgeschichte der Menschheit im Buch Genesis, deren exegetischer erster Band 1978 bereits als theologische Dissertation angenommen worden war. *Strukturen des Bösen* und das Folgewerk *Tiefenpsychologie und Exegese* führten die Themen ein, für die der Paderborner Theologe seitdem stehen sollte: die Darstellung des Zusammenhangs zwischen Daseinsangst und Sünde; die Tiefenpsychologie als notwendige, wenn nicht vorrangige Lesart der Bibel in Ergänzung und Konkurrenz zur historisch-kritischen Exegese, als Wegweiser von einer distanzierten Betrachtung zur unmittelbaren Betroffenheit von Gott; der therapeutische Blick auf den Menschen als heilungsbedürftiges Individuum; schließlich die Rückbesinnung auf die mythische Sprach- und Vorstellungsweise aller Völker und Zeiten als Quelle von Glauben und Gotteserfahrung.

Gegen Ende der 1980er Jahre begannen sich die Differenzen zu offiziellen Lehrpositionen der Kirche, gefördert durch die restaurativen Züge des Pontifikats Johannes Pauls II., rasch in einen offenen Konflikt mit dem Paderborner Erzbischof Johannes Joachim Degenhardt und der vatikanischen Glaubenskongregation zu entwickeln, deren Präfekt Joseph Kardinal Ratzinger seit 1986 auf Disziplinarmaßnahmen drang. Besonders die Erklärung der Heilwunder und der Auferstehung Jesu als seelisches, also subjektives Geschehen, die Gleichbehandlung nichtchristlicher Mythen mit christlichen Glaubensaussagen und die immer lauter geäußerten Zweifel Drewermanns an Sinn und Gehalt dogmatisch fixierter Inhalte überhaupt zogen wachsende Kritik von offizieller Seite auf sich. Was von Drewermanns Gesprächen mit seinem theologisch konservativen Bischof bekannt wurde, zeigt deutlich, wie wenig beide noch eine gemeinsame Sprache finden konnten. Unter Priestern und in der breiten Öffentlichkeit polarisierte das *Kleriker*-Buch von 1989 mit seiner These, die zölibatäre Lebensform und die Kirchenfrömmigkeit als Ganzes seien pathologische Erscheinungen. Drewermann wurde zum Sprecher, häufig auch zum Therapeuten, jener Frauen und Männer, die sich als Opfer der vorkonziliaren Glaubenspraxis verstanden; weit darüber hinaus wirkte schon lange seine bilderreiche, suggestive Sprache, die starke Gefühle nicht scheut und im kirchlichen Raum wenig Konkurrenz hatte.

Auch ohne die als Kampfansage aufgefassten *Kleriker* wäre es ziemlich sicher zum Entzug der kirchlichen Lehrerlaubnis gekommen, der Drewermann im Oktober 1991 traf. Es folgte im Januar 1992 ein Predigtverbot, im März als Endpunkt der kirchlichen Strafmaßnahmen die Suspendierung vom Priesteramt. Bewunderer und Gegner gleichermaßen verstanden ihn seitdem primär als »Kirchenkritiker«. In einem Lehrauftrag für Soziologie und Kulturanthropologie fand

Drewermann eine neue universitäre Heimat; durch Ansprachen statt Predigten, durch Interviews und eine rege Vortragstätigkeit erhielt er die Wirkung nach außen ebenso aufrecht wie durch seine therapeutische Praxis. In seinen Publikationen verschärfte sich die Kritik an Kirchenstruktur und Dogmen bis zur Mitte der 1990er Jahre schnell zur radikalen Zurückweisung der gesamten römisch-katholischen Theologie in Grundlagen und Einzelheiten. Für Drewermann trat ein intuitives Verständnis von Religion ohne formulierte Glaubensbekenntnisse in den Vordergrund, das sich vor allem gegen Hierarchie- und Gruppenerwartungen jeder Art richtete: das Ziel einer »menschheitlichen« Religion, die alle Menschen einschließt, ohne alles auskommen soll, was nicht innerlich ist, und auf sämtliche religiösen Erfahrungen gleichermaßen zurückgreift.

Mit der Buchreihe *Glauben in Freiheit* hat 1998 die einstweilen jüngste Entwicklungsstufe des Autors Drewermann begonnen. Er verfolgt darin mit großer Energie das Ziel, naturwissenschaftliche Leitdisziplinen der Gegenwart in seinen tiefenpsychologischen Ansatz einzubinden, um nach ihren Vorgaben zu bestimmen, inwiefern sich heute überhaupt noch von Gott sprechen lässt – gewissermaßen die Fundamentaltheologie eines Theologiekritikers. Gleichzeitig nähern sich seine ausgedehnten Interpretationen der Kerntexte des Neuen Testaments ihrem Abschluss. Der förmliche Austritt aus der katholischen Kirche zu seinem 65. Geburtstag im Jahr 2005 bestätigte nur noch die Entfremdung zwischen Drewermann und dem tradierten Verständnis vom Christentum.

Eine Biografie oder Gesamtdarstellung des Drewermann'schen Werks (wie das im Erscheinen begriffene, höchst engagierte Buch von Matthias Beier) kann und soll die vorliegende, nach Themen geordnete Sammlung natürlich nicht ersetzen, wohl aber sinnvoll ergänzen. Wir haben es vermieden, etwa eine widerspruchsfreie »systematische Theologie« zu konstruieren – sie wäre auch kaum im Sinne des Urhebers, der gegenüber solchen Denkweisen mittlerweile große Reserven hat. Doch finden sich Konstanten und übergreifende, fortentwickelte Problemstellungen durchaus.

Zwangsläufig nehmen wir, wo zu einem Thema mehrere Texte zur

Wahl standen, die besonders konzentriert abgefassten auf. In gewisser Weise verzerrt diese praktisch notwendige Auswahl mit ihren Kürzungen den Eindruck des Vorgestellten. Manche Leser werden gerade die ausgedehnten, um Bilder, Gedichte, Belegtexte herum aufgebauten Gedankengänge vermissen – oder auch die polemische Schärfe zahlreicher Passagen, die sich über ähnliche Länge entfalten. Um dem zu begegnen, schlagen wir, wo sich das anbietet, längere Abschnitte oder Kapitel »zum Weiterlesen« vor. Auf jeden Fall ist der Hinweis geboten, dass die Wirkung desselben Eugen Drewermann, den wir hier als Autor behandeln, sich für viele hauptsächlich im persönlichen Erleben als Therapeut, Prediger und Redner darstellt, wie umgekehrt zahlreiche seiner zentralen Texte »redeförmig« geschrieben und eben deshalb so zugänglich sind – er selbst sähe die Trennung von Text und persönlicher Begegnung zweifellos als künstlich an. Eng damit zusammen hängt der sehr bewusste Rückgriff auf Bilder, Metaphern und poetische Ausdrucksweise; auch ihn kann eine Anthologie nicht so abbilden, wie es erforderlich wäre.

Die Grundlinien des Drewermann'schen Ansatzes, die unserer Textauswahl als Leitfaden dienen, seien zur leichteren Orientierung kurz erörtert. Für die Existenz des Menschen ist der Zustand der ***Angst*** zentral. Die Daseinsangst erwächst aus der Erkenntnis, inmitten einer an sich sinnlosen Welt ungewollt, nicht notwendig und entbehrlich – mit dem Fachbegriff: kontingent – zu sein. Zugleich wird sie die Ursache dafür, anderen und sich selber Böses anzutun. Die Angst also macht den Menschen böse; aus ihr entsteht in den vergeblichen, ja kontraproduktiven Versuchen, sich selber die fehlende Existenzgrundlage zu schaffen, der Zustand der Sünde. In der Sünde missbraucht der einzelne Mensch seine Freiheit, indem er sowohl sich selbst als auch den Mitmenschen schädigt; die Beziehung zu Gott geht in diesem Zustand unvermeidlich verloren.

Zu überwinden ist die Daseinsangst nur durch das ***Vertrauen*** darin, von einem anderen absolut angenommen und geliebt zu sein; das Zumuten grenzenloser Liebe überfordert jeden Menschen im vom Tod beherrschten »Getto der Angst« jedoch, sosehr er sich seinerseits nach solcher unbedingter Annahme sehnt und ohne sie nicht eigentlich leben, nicht menschlich sein kann. Die Ausweglosigkeit scheint zunächst vollkommen.

Gleichzeitig ist dieses Bedürfnis nach absoluter Liebe aber für Drewermann der unverkennbare Hinweis, dass eine Liebe, die es erfüllen kann, wirklich existiert: Gott – und zwar Gott als Person – muss schon deswegen existieren, weil wir ihn brauchen. Die Möglichkeiten, Gott von innerhalb der Welt her zu erkennen, verengt Drewermann gegenüber der älteren Theologie radikal auf zwei einander ergänzende Wege. Der eine liegt im Aufmerksamwerden auf menschliche Sehnsüchte, die in Form der von C.G. Jung postulierten Archetypen im Menschen verankert sind; sie werden mit Bezug auf die menschliche Evolutionsgeschichte als Reste verschiedener Stufen der biologischen Entwicklung verstanden. In allen Religionen werden sie als Mythen und Symbole in je unterschiedlicher Weise zugänglich und können damit zur Heilung des angstkranken Menschen eingesetzt werden; der Rückgriff auf das gesamte Repertoire dieser Erfahrungen ist so unverzichtbar wie die Hilfe der Psychoanalyse in der Tradition Freuds und Jungs. Dies schließt einen *rationalen* Zugang zum göttlichen Gegenüber und damit eine Theologie weitgehend aus; privilegierte Zugangsweisen sind Träume, Dichtung und Kunst, dazu die empathische Fähigkeit des einzelnen, zum Therapeuten berufenen Menschen, wie er in Schamanen oder Propheten, Weisen oder Religionsstiftern verkörpert ist. Eine Negativfigur ist in Drewermanns Begriffen der auf positives Wissen von Gott spekulierende »Schriftgelehrte«, zu dem sich seit dem Bruch mit Rom noch der an Riten und Institutionen gebundene »Priester« gesellt.

Aus der verhängnisvollen Angst öffnet sich damit ein Ausweg – ebenso aus der Welt, in der Gott (entgegen der traditionellen Theologie) im materiellen Sinn ohnmächtig ist. Das allgegenwärtige *Leid* in der von teilnahmsloser Grausamkeit, Fressen und Gefressenwerden geprägten Natur erlaubt es nicht länger, die Welt als Plan eines Schöpfers anzusehen. Desto mehr verstärkt die Inhumanität der Welt das menschliche Angewiesensein auf Gott, um die eigene Freiheit, menschlich zu sein und zu lieben, überhaupt besitzen zu können.

So wie das Personsein sich am anderen Menschen entwickelt, entfaltet sich das Ich des Menschen überhaupt erst in der Beziehung zu

Gott, dem »ewigen Du«. In beiden Richtungen ist die ***Liebe*** sowohl Grundlage als auch letztes Ziel der menschlichen Sehnsucht. Doch wie soll der Einzelne inmitten einer gleichgültigen Welt, auf die kein Verlass ist, den Mut zum Leben und Handeln aufbringen, geschweige denn an ein liebendes, teilnahmsvolles Gegenüber glauben können, das Gott heißt?

Den Weg hierzu – den zweiten Weg zur Gotteserkenntnis überhaupt – weist das Gottvertrauen Jesu von Nazaret. Das Christentum, dessen Lehrgebäude und spätere Entwicklung zu weiten Teilen verworfen werden, blickt in ihm auf den Dichter, Propheten und Heiler schlechthin. Jesus ist Gottes Sohn laut diesem Modell als ein Mensch, der im Vertrauen auf Gott (dies ist mit »Glauben« gleichbedeutend) zu einem exemplarisch angstfreien, selbstbestimmten Leben gefunden hat; seinen Tod am Kreuz hat er dieser Haltung zuliebe riskiert. Botschaft, Leben und Sterben Jesu sind vom grenzenlosen Vertrauen zu Gott, dem liebenden Vater, durchdrungen. *Erlösend* kann sich dies für alle Menschen deshalb auswirken, weil nun ein biografisches Beispiel gegeben ist, dass in der Liebe zu Gott tatsächlich die Daseinsangst mit all ihren zerstörerischen Folgen überwunden wird. Mehr noch, von Jesus springt dieses angstfreie Dasein auf andere über: den Zeitgenossen ermöglicht sein heilender Einfluss ein neues Leben, auf die Späteren hat sein Vorbild eine Art Katalysatoreffekt. Alle lernen so, sich von Gott – dem jeder sich in Leben und Sterben restlos anvertrauen kann – als seine Kinder angenommen zu fühlen. Hierfür ist es nötig, durch den richtigen Zugang zu Person und Wirken Jesu – nämlich durch bildhafte, zu Gefühl und Phantasie sprechende Herangehensweise im Unterschied zu wort- und aussageorientierten Formen – den zeitlichen Abstand zu überbrücken. Die Begrifflichkeit des christlichen Glaubensbekenntnisses – etwa Jesus als der Messias/Christus und göttliche Person – deutet Drewermann existenziell um und »übersetzt« sie in der Absicht, sie heutigen Adressaten (wieder) zugänglich zu machen.

Mit der Angstfreiheit aus Vertrauen, die Jesus als Erster erreicht hat, bricht der Mensch zur unverlierbaren Erfahrung von Gottes Nähe durch. Das Gottvertrauen im Sinn Jesu zu leben schließt ein Grundvertrauen zur Wirklichkeit ein, das sich jetzt erst – in der Sicherheit, von

Gott gehalten zu sein – auf die Welt und den Mitmenschen ausdehnen kann. Damit wird, den physikalischen Tatsachen zum Trotz, eine bejahende Einstellung zu allem, was ist, möglich; nur so lässt sich Gott als Schöpfer verstehen.

Wie das Liebesbedürfnis eine Art Beleg der Existenz Gottes ist, so gibt die Wertschätzung des Menschen für den geliebten anderen ein starkes Indiz für die Unsterblichkeit, die Auferstehung. Eine genaue Vorstellung des Wiedersehens »am Gestade der Ewigkeit« wird bewusst nicht entworfen.

Die auf Gott gestützte Haltung zur Welt und zum Menschen hat praktische Folgen für das ***Leben miteinander***. Der Durchbruch zur Menschlichkeit äußert sich in einer Ethik des universellen Mitleid(en)s. Im Einzelfall tritt die ethische Frage »Was soll ich tun?« allerdings zurück hinter der Behauptung der eigenen Individualität in der Frage »Wer bin ich?«, genauer: »Wer darf ich sein?« Moralische Verhaltensnormen sind dann – und nur dann – legitim, wenn sie der Selbstfindung des Einzelnen dienen. Das eigene Schuldigwerden im Leben ist im Licht der neu erkannten Freiheit in Kauf zu nehmen, falls die Anlagen der eigenen Persönlichkeit – in denen Gottes Berufung an das Individuum liegt – nur so zur Entfaltung kommen sollten. Ein Argumentieren mit Moral und Geboten behindert geradezu die Aussicht, unter eigenem Risiko zu einer Überwindung des Lebens in Angst (und Schuld) zu gelangen, und vereitelt ein (eigen-)verantwortliches Dasein, das allein noch möglich und legitimiert ist.

Jenseits des Problems, wie ethische Normen zu begründen sind, bleibt die weit dringlichere Frage nach den Perspektiven und Möglichkeiten menschlichen Verhaltens. In unterschiedlichen Kontexten der Alltagsethik – wie Wahrheit und Lüge, Sexualität und Ehe, Umgang mit der Natur, Geld und Armut, Krieg, Gewalt und Frieden – stellt Drewermann dar, welche Wege, Umwege und Irrwege damit verbunden sein können. Unsere Auswahl schließt mit Überlegungen zur Kirche der Zukunft, zum Christentum im Verhältnis zu anderen Religionen und zur Bedeutung der Religion für ein humanes, sinnvolles Leben im Hier und Jetzt. Lebenshilfe zu leisten – zu diesem Anliegen kehrt Drewermann immer wieder zurück.

Zwei persönliche Ziele verbinden sich für uns als Herausgeber mit diesem Buch. Zum einen die Absicht, auf zu Unrecht vernachlässigte Publikationen wie die oft als »leicht« oder bloße »Geschenkbücher« verkannten Märcheninterpretationen hinzuweisen.

Daneben haben wir die Hoffnung, auch der »ernsthaften«, differenzierten Beschäftigung mit Aussagen und Wirkung des Drewermann'schen Werkes ein nützliches Instrument zu liefern. Nach wie vor bleiben wichtige Fragen aufzugreifen oder zu vertiefen, die sich *aus* ihm, und weitere, die sich *an* das Werk ergeben. Ohne Anspruch auf Vollständigkeit seien genannt:

1. die »Funktion« Gottes in Drewermanns Interpretation (mit über die Jahre wechselnden Akzenten), speziell das Verhältnis Gottes zur Welt;
2. Gottes regelmäßig »indirekte« Mitteilung durch Traumbilder, Sehnsüchte und im Mitmenschen;
3. die unauflösliche Bindung der Existenz Gottes an den Begriff und die Situation der Angst sowie
4. die Weise, wie Jesus von Nazaret die Existenz eines *Vater*gottes verbürgt, und damit verbunden die zentrale Frage nach der Bedeutung Jesu als Sohn Gottes.

Das Lesebuch ist die gemeinsame Anstrengung eines Religionslehrers, der Wirken und Publikationen Eugen Drewermanns seit bald drei Jahrzehnten intensiv verfolgt, und eines Historikers, der sich durch ihn zur Lektüre und nachhaltigen Diskussion hat anregen lassen. Beide Herausgeber vereint neben langer Freundschaft unter anderem die Empfänglichkeit für notwendige Verunsicherungen, die stets drängende Frage nach dem eigenen Gottesbezug und gelebten Glauben – und nicht zuletzt ein durchaus innerkirchlicher Standpunkt. Wir hoffen, dass neben vielen Neugierigen sowohl Bewunderer als auch Kritiker Drewermanns diese Ausgabe hilfreich, instruktiv, anregend und nicht unangenehm einseitig finden werden.

Kohlscheid und Aachen, im September 2009 *H. K. / J. F.*

I. Angst

Nichts in der »christlichen« Sicht auf den Menschen, weder die Lehre von der »Sünde« noch die Lehre von der »Erlösung«, ist wirklich begreifbar ohne den Faktor der Angst.

Hat der Glaube Hoffnung? 166

***

Ein jedes Ding tut, was es muss, ein jedes Lebewesen bewegt sich nach der Art, die in ihm liegt, und es kann nicht anders sein als gehorsam und fromm und ehrlich und dankbar. Wenn die Vögel, die Fische oder die Eichhörnchen denken könnten, so wüssten sie, dass ihr ganzes Leben ein einziges Gebet ist. Nur bei uns Menschen, die wir wirklich denken können, beginnt alles kompliziert zu werden, angstvoll, verkrampft, aufgesetzt und künstlich.

Matthäus I, 525

***

Der *existenziellen Angst* müssen wir uns *stellen*; sie ist die Essenz eines bewussten Lebens, und es kann fortan nicht mehr darum zu tun sein, die Angst zu vermeiden, es kommt darauf an, ihr ins Auge zu blicken und mit ihr zu leben; die Frage ist jetzt nicht mehr, ob, sondern wie wir mit Angst umgehen.

Besonders deutlich wird dieser Umstand angesichts der notwendigen *Endlichkeit des Daseins.* Zur menschlichen Existenz gehört es, jederzeit um die Unabweisbarkeit des Endes, des »Beutegreifers« Tod, zu wissen.

Glauben in Freiheit I, 340

Grundfragen

Die Grundängste des Menschen und die Botschaft Jesu

Wenn wir von Angst sprechen, geschieht das so häufig, dass der Eindruck sein könnte, hier würde ein bestimmter Begriff abstrakt ausgehöhlt oder sogar monoton ins Langweilige gesprochen. In Wirklichkeit ist das Wort »Angst« wie ein Fahrstuhl durch mindestens drei Stockwerke der menschlichen Existenz.

In der oberen Zone sagen uns die Vertreter der Existenzphilosophie, dass Angst ein Existenzial sei, zum menschlichen Dasein gehörig schon aufgrund seiner Freiheit und der Möglichkeit, sein Leben selbst zu entwerfen. Es sagen uns die Psychoanalytiker, Angst sei die Ausstattung des Menschen, seitdem er auf die Welt gekommen ist und getrennt vom Geborgenheitsraum des Leibes seiner Mutter lebt; seitdem fürchtet er jede Trennung, jede Entfernung einer wesentlichen Person seiner Liebe wie den drohenden Tod, und er wird sich alle Mühe geben, diese Trennung zu verhindern. Aber die Angst davor wird ihn verfolgen – die Objektverlustangst, hat Sigmund Freud das sehr prosaisch genannt, alle seelischen Verheerungen und Verstörungen um sie zentriert gesehen und die gesamte Neurosenlehre um dieses eine Wort gelagert.

Aber die Ängste der Menschen sind noch viel tiefer. Viel früher als die Fragen von Liebe und Tod scheint in der Seele der Tiere die Angst vor dem Feind, vor dem Beutegreifer angelegt, sodass uns die Verhaltensforscher, die Tierpsychologen und die Psychiater gemeinsam erklären, dass uns die Paranoia, die Feindgetöntheit der gesamten Welt, noch ursprünglicher ist als jede Art von Angst. Paranoia, das heißt, dass jedes Knacken eines Ästchens unsere Seele durchfahren kann mit dem Schrecken, mit dem ein Vogel vom Baum nicht auffliegt, sondern vor Angst emporgeschleudert wird. […] Man kann daraus nicht nur Dunkles und Düsteres lernen. Man erfährt als Erstes, dass Angst im Erbe der Biologie etwas sehr Nützliches sein kann, ein Mittel, das Überleben zu sichern. Angst ist viel früher als alles, was wir denken können. Sie gehen nichtsahnend über die Straße, befinden sich grad auf dem Zebrastreifen und haben als Fußgänger nach Ihrer Einschätzung Vorfahrt, als plötzlich um die Ecke ein Auto kommt, dessen Fahrer Sie nicht gesehen hat. Im Bruchteil einer Sekunde erleben Sie, was Angst ist. Sie spüren sie nicht. Sie sind die Angst in Ihrem ganzen Körper. Adrenalin wird ausgeschüttet zur Flucht, zur Bereitstellung Ihrer Muskulatur, Ihres Kreislaufs. Sie springen mit einem jähen Schrei vor dem angreifenden Auto auf das Sichere des Bordsteins. Dann erst, Sekunden später, merken Sie überhaupt erst, was geschehen ist, atmen tief durch, bis Ihr Herz sich beruhigt, und werden dankbar, noch einmal davongekommen zu sein. Aber wenig später schon beginnt der alte Leichtsinn. Es ist, wie wenn nichts weiter passiert wäre – ein Augenblick der Angst und dann wieder die Beruhigung, leben zu dürfen. [...]

Zu uns Menschen gehört, dass wir nicht nur ab und an Angst haben, sondern dass aufgrund unseres Verstandes die gesamte Situation unserer irdischen Existenz als Kreaturen in Angst getaucht werden kann und dann aus nichts anderem mehr besteht als aus Angst selbst. Warum beschäftigt man sich mit Psychoanalyse und mit Verhaltensforschung? Eigentlich nicht, um bestimmte Fragen der Neugier zu befriedigen; in Wirklichkeit, um Mitleid zu lernen. Wir sehen mit Hilfe dieser beiden Methoden den Menschen im Erbe von vielen Millionen Jahren der Evolution ausgelieferter, hilfloser, kreatürlicher, als wir ihn sonst wahrnehmen, und wir lernen, dass es mit diesem verängstigten Wesen kaum etwas Besseres zu tun gibt, als es zu beruhigen, so wie man ein verängstigtes Kaninchen streicheln würde, his es die Angst verliert durch das Gefühl einer gewissen Geborgenheit. [...]

Stellen Sie sich etwas Schreckliches vor: Sie würden bei Nebel mit Ihrem Wagen irgendjemanden anfahren, der nicht zu sehen war, jemand liefe auf die Fahrbahn, Sie konnten davon nichts wissen, stellen Sie sich dieses Furchtbare vor, einen Moment nur, und Sie würden wahrscheinlich von diesem Unglück, für das Sie moralisch nicht das geringste könnten, Ihr Leben lang träumen wie einen Alptraum. Der Polizeibericht erwähnt mitunter, dass Fahrerflucht zunehme, und man schließt unter Psychologen auf schwindendes Schuldgefühl. Mir scheint der umgekehrte Schluss viel näher zu liegen. Wir leben in einer Welt, wo die kleinsten Fehler furchtbare Folgen haben können. Wir werden schon als Kinder dahin erzogen, dass man die Kristallvase auf dem Schrank nicht berühren, den Teppich nicht beschmutzen, das Fernsehgerät nicht berühren darf; sodass jede unkontrollierte Bewegung schon in den Augen eines Kindes Schädigungen nach sich zieht, die es überhaupt nicht wollen kann, weil es sie gar nicht kennt. Die Flucht aus lauter Angst, schuldig geworden zu sein, kann dahin führen, dass man überhaupt nicht mehr zu sehen vermag, was da passiert ist. Man macht einfach die Augen zu, man hat das nicht getan, weil es, wenn man es sehen würde, das Gewicht einer Belastung hätte, die tödlich wäre. [...] Eine der schlimmsten Strafformen bis heute bestand in scheinbar nichts anderem, als dass man einen vermeintlich Schuldiggewordenen an den Pranger stellte und ihn, nackt womöglich, vor den Augen aller anderen fesselte. Es soll oft vorgekommen sein, dass Menschen am Pranger starben, so tief war ihre Angst. Schlimmer noch: Man erlegte allen, die vorübergingen, die Pflicht auf, nach Möglichkeit den so Angeprangerten zu verhöhnen. Man musste ihn bespotten, ihm seine Schuld noch ins Angesicht rufen, auf ihn zeigen oder spucken und schon den Kindern an der Hand erklären: »Das ist der da, der das und das getan hat.« Da sollte die Grenze zwischen dem Ausgestoßenen und dem Ausstoßenden so klar und deutlich werden, wie es nur irgend ging.

Wie tief dieses Verhalten in unseren Menschenköpfen statthat, mögen Sie daran erkennen, dass die Formen, in denen die Ausstoßung sich organisiert, von den Mechanismen in der Tierpsychologie kein bisschen abweichen. Das Alpha-Tier bestimmt, wann die Hatz losgeht, wann sozusagen die Hunde von der Kette zu lassen sind. Genauso in unserer Gesellschaft. Da wird im Namen des Volkes von einer autoritären Behörde Schuld erkannt und Strafe ausgesprochen, und fortan hat niemand mehr das Recht, einen Straffälligen anders zu behandeln, als das Gesetz es vorschreibt. Da ist Schluss mit der Menschlichkeit, der Zusammengehörigkeit, da gilt es abzubüßen im Separee des Gefängnisses. [...] Es genügt, wie bei den Tieren, dass objektiv eine bestimmte Norm, geschrieben oder ungeschrieben, übertreten wurde. Das ist die Schuld, Gründe spielen da keine Rolle. Das Subjekt lässt sich darüber vergessen, die Gesellschaft, die Gemeinschaft, die Gruppe stellt sich in ihrer Ordnung wieder her gegen den einen Gesetzbrecher und -übertreter. Weil das so tödlich ist, ist die Angst so groß, vor allem davor, vor der Prüfungsinstanz, vor dem Alpha-Tier, erscheinen zu müssen und in Ausgesetztheit angeschaut zu werden.

Selbst religiös haben wir diesen Horror gepredigt, dass da ein Gott ist, der alles sieht, ein Himmelsgott als ständiger Verfolger zwischen den Wolken; selbst das Dunkel hindert nicht, dass er erkennen kann wie am hellen Tag, und er ist immer gegenwärtig, stets bereit; grad darin gründet seine Göttlichkeit, seine Allwissenheit, seine Allmacht, man wird ihn nie mehr los. Er steht gewissermaßen ständig in unserem Rücken. Wir sehen ihn nie, aber wir sind ihm ständig ausgesetzt. Das ist die Beziehung der vollkommenen Ohnmacht gegenüber der vollkommenen Allmacht. Was, muss man sich fragen, müsste eigentlich geschehen, dass Gott in das Paradies der Welt käme und wir Menschen, Schuldiggewordene, könnten ihm entgegenlaufen, in der Hoffnung, wir fänden Annahme? Das war die Frage Jesu, nichts anderes.

Sie werden die gesamte Botschaft Jesu in dieser einen Frage finden: Wie redet man zu Menschen, die, bis in die Grundgefühle ihres Lebens, sich schuldig fühlen, ständig der Strafe gewärtig, immer auf der Flucht vor dem Gesehenwerden? Man muss noch psychologisch hinzufügen, dass es so viele Menschen gibt, die unter Moral eigentlich nie etwas anderes verstehen als soziale Angst. Sie sind groß geworden als Kinder, die sich subjektiv im Recht wähnen mochten, sooft sie wollten, der Vater, die Mutter war stets stärker. Wenn die Eltern schimpften, wenn sie traurig waren, wenn sie verzweifelt waren oder nervös, wenn sie zurückkehrten voller Zorn, war mit ihnen nicht zu reden, gab es keine Rechtfertigung, konnte man sich nur ducken, bis es zu Ende war. Da ist am Ende die soziale Angst die Hauptform, mit anderen Menschen zu leben: nur nichts falsch machen, nur nicht gesehen werden. Es wäre am besten, man könnte so unauffällig leben, dass man nie mehr bemerkt würde: sich ducken, grau werden, mit dem Boden verschmelzen, sich in die Erde graben, am liebsten existieren wie ein Maulwurf. Dann hätte man's geschafft, aber immer wieder, kaum richtet man sich auf und will ein wenig Luft schnappen, beginnt wieder die Angst, kehren die Beutegreifer zurück, beginnen die Schnabelhiebe der Gewissensbisse. […]

Wir kennen in der Tierpsychologie, in der Psychiatrie eine Angstform aus dem Erbe der Tiere, die wir die Verarmungs- und Verhungernsangst nennen können. Sie ist so groß, dass Tiere bei hereinbrechendem Winter instinktiv Nahrungsdepots anlegen, dass sie Nahrung zu suchen für viel wichtiger halten als jede andere Verrichtung ihres

Lebens. Im Leben eines Vogels kann es schon genügen, dass er auch nur 36 Stunden keine Nahrung findet, und er ist dem Tod ausgeliefert; am Ende ist der Körper einfach zu schwach, sich noch weiter zu bewegen und nach irgendetwas zu suchen. Am Ende sind alle Signale der Psyche darauf gestellt, vor lauter Ermüdung und Erschöpfung nur noch sterben zu wollen. Manche von Ihnen, die älter sind als fünfzig, sechzig Jahre, werden sich womöglich noch daran erinnern können, wie das war nach 1945, als in Deutschland wirklich Hunger herrschte, etwas, was wir seitdem fast nur noch metaphorisch kennen. »Hunger« heißt für uns heute: Wir haben Appetit auf etwas, aber nicht wirklich Hunger. Wirklicher Hunger aber bedeutet: Es ist einfach nichts zu essen da, und nicht jetzt nur nicht, sondern überhaupt nicht, weit und breit nicht. Dann weiß man, welch eine Angst den Menschen bis in seinen Magen hinein, bis in sein Herz hinein ergreifen kann.

Es ist aber das psychische Erleben in vielen Formen der Depression verinnerlicht wie eine solche Angst, immer ärmer zu werden, immer weniger zu besitzen. Wie oft treffen Sie alte Leute an, über welche die Enkelkinder klagen, sie seien auf merkwürdige Weise, ein bisschen verwirrt scheinbar, geizig und habgierig geworden, schimpften nur herum und klammerten sich an ihren Besitz. Die Wahrheit ist, dass allein das Nachlassen der Kräfte das Gefühl mit sich bringt, alles zu verlieren. [...] Alle Ängste, die man schon hatte, können im Grunde nur noch wachsen. Man hat die Wachheit, die Raschheit, den inneren Abstand zu sich selber immer weniger.

Wie kann man leben, wenn allein schon das Ärmerwerden des Alters, das Dasein mit ständig schwindenden Kräften eine immer enger werdende Angst mit sich bringt? [...] Aber solch ein Stück Vertrauen gegen die Angst ließe uns als Menschen leben und würde uns beruhigen. Dieselbe alte Frau, die eben noch um jeden Kupferpfennig kämpft, hätte plötzlich etwas zu sagen, ihr ganzes Leben nämlich, die Weisheit, die sie gelernt hat, die Quälerei, die sie nie erzählt hat, die Lektion, die sie aus den eigenen Fehlern gewonnen hat, die Güte, zu der sie auch fähig ist. Es ist gar nicht wahr, dass wir immer ärmer werden. Wir sammeln immer mehr an Leben und, leben wir richtig, an Vertiefung des Vertrauens, bis dahin, dass wir am Ende zurückkehren an den Ort, von dem wir kamen. Der Anfang ist Gott, und das Ende ist Gott.

Da sind wir gleich bei der dritten Angst […]: »Du wirst zum Staube zurückkehren«, sagt Gott. Es ist die Angst der Hypochondrie, die Angst vor dem Sterben. Auch das lässt sich unter Tieren sehr gut beobachten. Der ganze Körper ist eine einzige Gefahr durch seine Ausgesetztheit. Es genügt, dass ein Fuchs in irgendeinen Dorn tritt, den er mit den Zähnen nicht mehr aus dem Fuß ziehen kann. Es genügt, humpeln zu müssen für ein paar Stunden, und es ist in der sogenannten freien Wildbahn das Todesurteil. Eine lächerliche Kleinigkeit entscheidet über alles, und so etwas ist möglich in jedem Augenblick. Lediglich unsere medizinische Versorgung hat diesen Kessel der Angst etwas offener gemacht, wir spüren nicht in jedem Moment, dass wir zum Tode verurteilt wären, wenn es keine Brille gäbe, wenn es keinen Zahnarzt gäbe, wenn Hunderte von Infektionskrankheiten ohne Medikamente, allein durch unser Immunsystem geregelt werden müssten. Daraus kann seelisch der Alptraum der Hypochondrie werden. Jeder winzige Fleck am Körper kann Krebs sein oder Aussatz oder Syphilis, irgendetwas Schreckliches, der drohende Bote völliger Katastrophe und Vernichtung. In der Hypochondrie droht sich am eigenen Körper etwas zu ereignen, das nie wieder reparierbar ist, es ist sozusagen die chronifizierte Angst der Tiere. […]

Wie ist es möglich, eine Geborgenheit zurückzugewinnen, die es erlaubt, mit dem Verfall, mit der Tödlichkeit des Lebens so umzugehen, dass der Tod seine Macht verliert? […] Es gäbe keine Angst mehr vor dem Verhungern; man gäbe das bisschen Brot, das man selber hat, demjenigen, der es nicht hat, und teilte mit ihm am liebsten noch den Unterrock, und es wäre keine Trennung mehr zwischen den Menschen. Auch der Körper wäre dann nicht mehr nur das Ausgesetzte; er wäre auch der Ort, Zärtlichkeit und Liebe zu empfangen. Auch das können Tiere. Fellpflege, sagen uns die Tierpsychologen, ist eines der wichtigsten Kontaktmittel in der Paarbindung, schon bei Schimpansen, bei Meerkatzen, wohin man schaut bei den Primaten. […] Aber wir, Menschen, von denen die Biologen sagen, wir seien im Grunde Neotoniker, Wesen, die als ewig kleine Kinder auf die Welt kommen mit viel zu großem Schädel und unbehaart, Babys, die zu früh das Licht der Welt erblickt haben und aus dieser Gestalt nie ganz herauskommen, wir brauchen am Ende so etwas wie Gott, der uns nie verlässt und uns sagt: »Es gibt einen Ort des Vertrauens gegen die Angst. Vergiss, was dir alles passieren könnte, lebe heute, in einer Freiheit, die dich befähigt, gütig zu sein.«

Schließlich, zum Vierten, eine Angst im Tierreich, die wir unmittelbar mit dem Tod in Verbindung bringen müssen. »Sterben wirst du an dem Tag«, hieß es immer wieder in der Erzählung vom Sündenfall. Es ist die Angst eines Tieres in Aussichtslosigkeit. Schrecklich sind mitunter die Bilder aus der Serengeti, wenn Gnus gejagt werden von den Hyänen, im Rudel angreifend, Tag und Nacht ein schwaches Tier verfolgend, vierundzwanzig, achtundvierzig Stunden lang, über viele Kilometer, bis es zu Ende gejagt ist, ein kleines Jungtier womöglich, um das das Muttertier noch kämpft – grausame Dinge, grässliche Dinge. Diese Angst der Tiere in Ausweglosigkeit, in die Hände eines Beutegreifers zu geraten, kann identisch sein mit dem Tod selber. [...] Angst vor der Aussichtslosigkeit und in Aussichtslosigkeit, das ist so, wie Sie's in vielen Formen der Depression erleben. Da ist der Himmel schwarz, das Fenster verhangen und keine Aussicht mehr; man liegt im Bett und kommt buchstäblich nicht mehr hoch, alles ist bleischwer, und man fängt an, nach rückwärts zu kriechen, wie wenn der Tod die letzte Hoffnung wäre. Zum Lebenwollen besteht kaum noch die Kraft, es ist fast schon ein Trost, zu denken: Irgendwann ist es vorüber. So etwa ist das Leben jenseits von Eden; man weiß kaum noch, ob man wünschen sollte, so weiterzumachen.

Auch deshalb ist es so wichtig, noch einmal vom Neuen Testament her die Worte Jesu zu hören, über das Wasser hinwegzugehen und den Tod zu vergessen und sich auszustrecken nach der Hand, die uns aus dem Rachen des Nichtseins befreit. [...]

Es bleibt, zum Fünften, das Gefühl des Elends, in Einsamkeit, ausgestoßen und weggejagt zu sein. Wie groß diese Angst ist, werden die meisten von Ihnen noch aus Kindertagen sich vergegenwärtigen können: Die Mutter, die Eltern waren fortgegangen, und Sie wussten mit vier Jahren nicht, schon weil Sie's nicht verstanden, wann sie zurückkommen würden. In zwei Stunden, haben sie gesagt; aber wie lang sind zwei Stunden? Und wie lang können sie werden, wenn ein Kind Angst hat! Das Schattenspiel an den Wänden, das Knacken der Kohle im Ofen, was alles kann passieren! Der Fußboden kann eigentümliche

Geräusche von sich geben, hinter den Gardinen können sich Gespenster aufhalten. Wer beschreibt die Angst eines Kindes in Einsamkeit? Das ist Ausgesetztheit. Im Hebräischen bedeutet ein und dasselbe Wort »vereinzelt werden« und »zugrunde gehen«. Wenn Jesus von dem verlorenen Schaf sprach, dann gebrauchte er für »verloren« ein Wort, das identisch ist mit »vereinzelt sein«, abgesprengt sein von der Herde. […] Sie müssen sich die Jahrhunderttausende vorstellen, wo Menschen allein auf der Suche waren nach einem Feuer, nach anderen Menschen, oft nicht wissend, ob diese Menschen ihre Feinde waren oder ihre Freunde, ihre Gegner oder ihre Verbündeten, schlimmere Raubtiere oder Orte der Rettung.

»Elend« ist im Mittelhochdeutschen noch so viel wie »Ausland«; da genügt es, draußen, buchstäblich »out« zu sein, und es ist so viel wie Strafe und Tod und Verhungern und Hypochondrie und von Beutegreifern erlegt zu werden – all diese Ängste sind miteinander verflochten, kommentieren einander, und wir hätten nur eine einzige Hoffnung dagegen: Es gäbe eine Freundschaft, die nie zerbricht, es könnte passieren, was wollte, eine Freundschaft im Unsichtbaren, gegen und über all das hinaus, was wir sehen, und sie erlaubte, Befreundete zu bleiben untereinander – die ganze Vision des Jesus von Nazaret.

Ich lasse dich nicht, du segnest mich denn 90–92; 93–97; 97 f.; 99–104

Nur ein persönlicher Halt löst die großen Ängste

Es ist daher nicht zu viel behauptet, wenn man das Gelingen oder Misslingen des menschlichen Daseins von der Grundfrage abhängig macht, ob man die Angst der eigenen Personwerdung durch Flucht oder Vertrauen im Gegenüber anderer Menschen zu lösen versucht. […] Die Angst zu verhungern ließe sich »endgültig« lösen einzig durch die tröstende Nähe anderer Menschen angesichts des Todes, das heißt letztlich nur durch eine Gemeinsamkeit aller Menschen. »Der Mensch lebt nicht nur vom Brot« (Mt 4,4) – diese Antwort Jesu ist in der Tat die Schlüsselantwort auch auf das »reale« Problem des Hungers. Um den Hunger wirksam durch ein gemeinsames Teilen bekämpfen zu können, muss man die Angst in der Bindung an andere Menschen beruhigen; andernfalls werden die aus Angst geschaffenen Sicherheitsmaßnahmen gegen andere Menschen in ihrer Maßlosigkeit sich selbst zur größten Gefahr.

Nicht anders verhält es sich mit der »zwangsneurotischen«, sadistischen Angst, *getötet zu werden.* Sie hat uns dazu getrieben, unter »Sicherheit« die Überlegenheit der eigenen Rüstung gegenüber jedem potentiellen Gegner zu verstehen, mit dem Ergebnis eines geradezu irrsinnigen Hangs zu immer schrecklicheren »Waffensystemen«. [...] »Stecke dein Schwert in die Scheide, denn jeder, der zum Schwert greift, wird durch das Schwert umkommen« (Mt 26,52) – dieser Satz Jesu an seinen Jünger im Ölberggarten beschreibt vollkommen zutreffend das Entweder-oder: einer Angstflucht mit rein »technischen« Mitteln oder einer wirklichen Angstüberwindung durch ein personales Gegenüber (Mt 26,53). [...]

Das *depressive* Gefühl der Minderwertigkeit, der Kleinheit, der Ohnmacht, der Unvollkommenheit und der Schuld kann zu einem endlosen Kreislauf an Bravheit, Entgegenkommen und Selbstverleugnung führen, [...] die »Verzweiflung der Unendlichkeit« [...] löst sich erst, wenn es keinen *Vorwurf mehr* nach sich zieht, nur ein »endliches« Wesen mit nur begrenzten Fähigkeiten und Möglichkeiten zu sein. – Oder das *zwangsneurotische* Bestreben, durch Genauigkeit, Pünktlichkeit, Ordnung, Sparsamkeit, Korrektheit, Fleiß, Tüchtigkeit und Perfektion der Angst, etwas falsch zu machen oder ins Chaos abzugleiten, nach Möglichkeit zu entgehen, [...] die »Verzweiflung der Notwendigkeit« mit anderen Worten endet erst an einer anderen Person, die durch ihre Liebe die eigene Existenz zwar nicht als seins-*notwendig,* wohl aber als höchst *erwünscht* und unschätzbar wertvoll *in ihrem Dasein,* nicht erst in der »Nützlichkeit« ihres Tuns, zu entdecken hilft. [...]

Wenn alle Angst psychoanalytisch darin gründet, den Halt in der Geborgenheit einer anderen Person, des für uns *»wesentlichen Menschen«,* wie Jochen Klepper es nannte, zu verlieren, so gründet alle Beruhigung der menschlichen Angst darin, einen solchen Menschen, der es in Gewähren und Wahrwerden gut mit uns meint, für unser Leben (wieder) zu finden.

Glauben in Freiheit I, 363–366

Angst und Sünde. Die Urgeschichte von Eden bis Babel (Gen 2-11)

(Zum Weiterlesen: *Markus I*,12–25; *Jesus von Nazareth* 121–151; ausführlich: *Strukturen des Bösen*)

Der Sündenfall als Sturz in die Angst

Es ist, meint die biblische Erzählung [...], absolut unvermeidlich, dass zu einem Menschen, wenn er seiner selbst bewusst wird und seine Lage in dieser Welt begreift, die »Schlange« des Nichtseins zu reden beginnt. Kein Gott, kein Schöpfer könnte eine Welt erschaffen, in der sich dieser Dialog zwischen der »Schlange« und dem Menschen vermeiden ließe. Zu der Welt selber, die Gott gemacht hat, gehört notwendig die »Schlange« als das Emblem alles Nicht-Notwendigen.

Von daher könnte die Gefährdung des Menschen, der im Moment seiner Bewusstwerdung die »Schlange« reden hört, an sich in den schützenden Händen Gottes wie aufgehoben erscheinen; und doch ergibt sich aus dem Reden der mythischen »Schlange« zum Menschen eine Selbsthypnose der Angst wie bei einem Kaninchen vor dem offenen Rachen einer wirklichen Schlange. Es ist, als stünde der Mensch beim Erwachen des Geistes am Rande der Plattform eines hohen Aussichtsturmes und starrte nach unten in die Tiefe; ein Schwindel ergreift ihn, ihn schaudert vor der gähnenden Leere unter seinen Füßen, und wie er verzweifelt versucht, nach einem Halt zu greifen, an dem er sich festklammern könnte, da beugt er sich nieder und stürzt wie freiwillig, wie magisch gezogen, kopfüber hinab. [...]

Die Menschen, wenn sie etwas wirklich »Schlimmes« tun, sind eben nicht einfach »böswillig«, »verdorben« und »schlecht«, sie sind ganz im Gegenteil beim besten Wollen *Überlistete*, Hereingelegte, *Verführte*, ganz wörtlich genommen. Eigentlich wollen die Menschen gar nicht tun, was sie tun, es entsteht aber in ihnen eine Angst, die sie schließlich gerade die Dinge tun lässt, die sie um alles in der Welt vermeiden wollen. [...] Aus dem einen Verbot, das Gott wirklich erlassen hat, konstruiert die »Schlange« ein Totalverbot [...] Könnte es nicht sein, dass Gott in Wirklichkeit gar nicht der Geber und Gewährer einer ganzen Welt, sondern der Unterdrücker und Verhinderer aller Selbstentfaltung wäre? [...]

So viel ist sicher: Ein solcher Gott kann kein starker, selbstbewusster Herrscher sein, er muss vielmehr selber um seinen Thron fürchten, sobald der Mensch seine eigenen Möglichkeiten begreift und ergreift. [...] Ganz so spricht hier die »Schlange«. Statt dass die Menschen weiter furchtsam ihrem todesdrohenden Gott gegenüberstehen, sollten sie vielmehr verstehen, dass dieser Gott selber Angst vor den Menschen hat und seine Macht nur durch die Verbreitung von Angst und Schuldgefühlen aufrechterhalten kann. [...]

Kaum hat die »Schlange« mit ihrer »Erklärung« der göttlichen Angst vor dem Menschen die letzten Sperrriegel der Furcht auf Seiten des Menschen beiseitegeschoben, als der verbotene Baum in den Augen der Frau sich auch schon in den Inbegriff aller Glückseligkeit verwandelt. Alles, was vormals von sämtlichen »Bäumen« des »Gartens« galt – wie schön sie waren, wie schmackhaft und wie begehrenswert (Gen 2,9), – das konzentriert sich jetzt auf diese eine einzige überwertig gewordene Stelle, die unter Todesstrafe verboten ist. Aus dem Tabu von einst ist jetzt ein Fetisch geworden, an dem vorbei es kein Leben mehr gibt. Stets wenn ein Mensch etwas »Böses« tut, glaubt er, auf gerade diesem Wege sein Glück zu erreichen. [...]

Nie sind die Menschen so hilflos und ohnmächtig als in dem Augenblick, da sie wähnen, »wie Gott« zu werden. Sie *sind* jetzt wirklich »wie Gott, wissend um Gutes und Böses«; doch was sie damit zu wissen *bekommen*, hätten sie niemals kennenlernen dürfen! Denn nur um den Preis des Abfalls von Gott können sie »erkennen«, wie alles, was »gut« ist in der Einheit mit Gott, zum »Bösen« gerät im Zerwürfnis mit Gott.

Nie hätten die Menschen erfahren dürfen, was es für ein »Geschöpf«, für ein Gebilde aus Staub, bedeutet, ohne seinen Schöpfer leben zu müssen; nie hätten sie kennenlernen dürfen, wie das ganze Leben aus Lust zur Last wird, wenn man einem Geschöpf, das imstande ist, sich selbst zu erkennen, die fundamentale Bejahung des Daseins entzieht, die sich mit dem Namen Gottes verbindet.

Jesus von Nazareth 133 f.; 137–139

Angstbestimmtes Leben jenseits von Eden

Während es in der Liebe die größte Freude darstellt, voreinander »nackt« zu sein und gerade ohne alle Hüllen und Verkleidungen gemocht und begehrt zu werden (Gen 2,25), ist durch den »Sündenfall« etwas in den Menschen eingebrochen, das ihm alle »Unschuld« raubt und die bloße Tatsache, so zu sein, wie er ist, mit dem Gefühl des Schändlichen und Ungehörigen belegt. Fortan muss man sich vor den kritischen Augen des anderen hüten, damit sie nicht die Stellen des Mangels oder der Überflüssigkeit, der fehlenden Dichte oder der aufdringlichen Obszönität des eigenen Daseins bloßlegen. Fortan muss man sich hinter Hüllen (und Masken) verstecken, um aus Furcht, nicht liebenswert genug zu sein, zumindest als liebenswert zu *erscheinen.* Alle Psychologie von Minderwertigkeitsgefühlen und Überkompensationen, von Machotum und Dominanzverhalten aus uneingestandenen Selbstwertzweifeln, von zerstörten Beziehungen aus Angst vor der Wahrheit findet hier ihren Anhalt.

Das Leben als Lüge, die Liebe als Gewalt, das menschliche Tun als sinnloser Kampf gegen die unaufhaltsame Entwertung von allem im Tode, die Fremdheit gegenüber der umgebenden Welt, gegenüber sich selbst, gegenüber dem Menschen zur Seite – *das* heißt es, leben zu müssen *jenseits von Eden.* Es ist ein Leben, das in sich selber durch und durch (nicht: »böse«, aber) *schlimm* ist, weil es nur noch *aus Angst* besteht: aus Angst vor einer feindselig und fremd gewordenen Natur, aus Angst vor dem Anblick des Anderen, aus Angst vor der absurden Nähe des Endes – aus Angst insbesondere vor einem »Gott«, der wie ein lauernder Dämon den Menschen mit Strafe bedroht, weil er selber um seine Macht fürchten müsste, sobald der Mensch seine eigenen Möglichkeiten voll entfalten würde (Gen 3,5).

Jesus von Nazareth 131 f.

Herausfallen aus der Einheit mit Gott

Die Paradieserzählung will gerade sagen, dass dem Menschen überhaupt nichts fehlt, dass er rundum glücklich sein könnte. Sein Problem ist: Warum wollen die Menschen jedes Maß an sich selber verraten und sein wie Gott? Das, glaube ich, ist das Problem: Wieso Menschen dahin getrieben werden, es nicht mehr auszuhalten, dass sie Menschen sind, und sich als Mangelwesen zu entdecken, die unbedingt wie Gott sein müssen, um ihre Humanität zu bewahren. [...] Der Teufelskreis ist, dass man werden muss wie Gott, um die Angst zu verlieren, die es kostet, ein Mensch zu sein. Und dass man daraufhin umso furchtbarer zurückfällt, nur um zu wissen, dass man, je göttlicher man werden wollte, umso schändlicher ein Mensch ist. Das Verrückte an der Geschichte ist, dass die Schlange ja genau hält, was sie versprochen hat. [...]

Nun glaube ich, dass dem Menschen nur eines von Gott wirklich verboten werden musste – um des Menschen willen und um der Wahrung auch der Güte Gottes willen, dieses nämlich: zu erkennen, was es bedeutet, ein Geschöpf zu sein ohne die Einheit mit dem Schöpfer, wie schlimm es ist, nur ein Stück Kreatur zu sein inmitten aller Angst, die uns die Welt und unser eigener Verstand machen können. [...] Dies hätte Gott den Menschen als Einziges ersparen müssen und hat er ihnen auch, dem Zeugnis der Bibel nach, ersparen wollen. Etwas, was nur aus der Sünde zu lernen ist: was es bedeutet, leben zu müssen als Geschöpf Gottes ohne den Schöpfer. Es ist das Einzige, was man nur aus der Sünde lernen kann. Kein Vorzug des Menschen ist es, wenn man es hinter sich hat, sondern eine furchtbare Qual.

Wort des Heils – Wort der Heilung I, 61; 65 f.

***

Herauszufallen aus der Einheit mit Gott, das ist die Botschaft der Anfangsseiten der Bibel, macht den Menschen innerlich so heimatlos, ausgesetzt, aufgewühlt, gehetzt und unruhig, dass er bis in seinen Körper hinein, bis in seine Träume hinein, bis in sein Denken hinein nicht mehr sich selbst gehört, sondern sich immer fremder, immer gespaltener wird.

Und legte ihnen die Hände auf 90

Kain und Abel: Konkurrenz um Ansehen und Liebe

Man kann, der jahwistischen Darstellung zufolge, die Geschichte des »ersten« Mordes, man kann das *Wesen* aller mörderischen Energie im Menschen nur begreifen, wenn man die *Vorgeschichte* der Vertreibung des Menschen aus dem »Paradies« der Welt, aus der Geborgenheit am Ort, da die Welt ihren »Mittelpunkt« besaß, im Hintergrund vor Augen hat. Nie würde ein Mensch sich aufs Tödliche einem anderen Menschen in den Weg stellen, wenn er nicht selber aus seiner inneren »Ordnung« herausgefallen wäre – ein Mensch auf der Flucht, ein Heimatloser, ein Getriebener, ein Verängstigter inmitten einer paranoisch getönten, einer durch und durch ängstigenden, weil angstgejagten Welt. Nur jemand, dem sich die Grundlagen seines Lebens von Vertrauen und Dankbarkeit in Angst und Verzweiflung verwandelt haben, wird gegen den Anderen, gegen seinen »Bruder«, bis hin zur Tötungsbereitschaft um sein Leben kämpfen. [...] Was die jahwistische Erzählung gerade beschreibt, ist das flehentliche Bemühen der Menschen, das verlorene Ansehen eines Gottes zurückzugewinnen, der drohend und dräuend, wie ein Gewitter, mit seinem Zorn über der Welt lagert. Kain und Abel können nicht für die »Schuld« ihrer »Eltern«; es ist einfach ihr *Grundgefühl*, an sich selber, von vornherein ablehnenswert zu *sein*. [...]

Das Paradox tritt ein, dass plötzlich der eine den anderen als *Konkurrenten* entdeckt, und zwar umso mehr, je verwandter, je ähnlicher, je näherstehend der Andere erlebt wird. [...] Gerade Menschen, die an sich gut miteinander harmonieren könnten, werden einander spinnefeind, sobald sie als Konkurrenten um die gleiche Gunst derselben Person zu kämpfen gezwungen sind, und je wichtiger ihnen die Liebe, desto tödlicher schließlich ihr Hass. Selbst die kleinsten naturgegebenen Differenzen erscheinen jetzt im Feld der Ausgesetztheit, der Nicht-Akzeptiertheit als Ungerechtigkeiten des Schicksals, als parteiische Wettbewerbsverzerrungen der Natur, als Kränkungen des angekränkelten Narzissmus. Es gibt keinen Gott, der jenseits von Eden als *nicht-ungerecht* erscheinen könnte.

Jesus von Nazareth 142–144

Niemand ist freiwillig böse

Das, was wir böse nennen, ist lediglich das Ergebnis einer Verzweiflung, in der ein Mensch durchaus nicht mehr weiß, wer er ist, in der er nicht mehr weiß, wofür er ist, in der er sich selbst so weit verloren hat und so tief an sich gescheitert ist, dass alles, was er sein könnte, ihm unerreichbar wird; alle *Hoffnung* bricht deshalb zusammen, alles, was Ich sein sollte, geht zugrunde.

Ein Mensch braucht mehr als nur Moral 279

Krankheit aus Angst

Nicht um Moral und Gebotsübertretungen geht es im Kern, wenn wir von Sünde – in der Einzahl – reden, sondern darum, wie sehr verstört und zerrissen unser Herz sein kann inmitten der Angst, im Bannkreis eines grundsätzlichen Misstrauens sich selbst und aller Welt und schließlich dem Grund unseres Daseins insgesamt gegenüber. Der Gegenbegriff zum Glauben ist nicht das Laster oder die Untugend oder der moralisch schwache Wille – der Gegenbegriff zum Glauben ist das Unvermögen, vertrauen zu können unter dem Lastdruck nicht endender Ängste. Aus *diesen* entstehen, buchstäblich, Krankheiten. Wenn wir uns nur noch fühlen wie Vertriebene, Ausgesetzte, Verlaufene inmitten einer fremden und gottverfluchten Welt, dann ist es kaum anders zu erwarten, als dass wir, Exzentriker der Angst, die wir sind, bis in den Körper hinein uns fremd werden und als bedroht erleben. Für gewöhnlich fühlen wir uns sogar gehalten, so abgespalten zu sein, dass wir ohne Rücksicht auf uns selber alles Mögliche durchzusetzen und durchzupeitschen suchen, bis dass am Ende unsere Seele nur noch in der Symbolsprache der Träume sich meldet und in der Symptomsprache der Krankheit unser Körper.

Leben, das dem Tod entwächst 231

***

Nicht einen Akt des »Ungehorsams« oder des »Stolzes« beschreibt daher das Symbol der »Erbsünde«, sondern es kennzeichnet die Deformation eines Daseins, das von Grund auf durch Angst geprägt ist. Eben deswegen ist es nicht möglich, auf die Not des menschlichen Daseins mit moralischen Mitteln: mit Geboten und Appellen, zu antworten. Die Angst eines Menschen löst sich nicht mit Willensentschlüssen und guten Vorsätzen, sondern nur im Gegenüber einer Person, der er absolut vertrauen kann; dann auch begreift er erst, wie sinnlos all die verzweifelten Fluchtmechanismen der Angst, die vormals so unvermeidbar schienen, in Wirklichkeit sind. Erst wenn ein Mensch das Gefühl wiederbekommt, trotz allem geliebt zu werden, wird er auf dieser Welt wieder zu Hause sein. Dann erst, als ein »durch Gnade« »Erlöster«, vermag er den Zustand der Verzweiflung seines Daseins aus Angst als etwas Unnötiges, als »Daseinsschuld« zu begreifen. Nicht zur Anklage, sondern zum tieferen Verstehen des Menschen in seiner Entfremdung sollte die Lehre von der »Erbsünde« dienen.

Hat der Glaube Hoffnung? 304

Biblische Zeugnisse angsterfüllter Existenz

Die Jordanerfahrung Jesu – Überwindung der Angst (Mk 1,9-13)

Alles, was Jesus später, vom Jordan zurückgekehrt, in den Dörfern Galiläas rund um den See von Genezaret sagen wird, ist wie ein kohärent leuchtendes Licht, das von diesem einen einzigen Punkt aus sich an den verschiedenen Themenstellungen der jeweiligen Situation wie an einem Prisma bricht und, je nach Standort, in allen Farben des Regenbogens funkelt und leuchtet: Es ist möglich, *von Gott her* die Angst zu überwinden, die ein Mensch aus Angst dem anderen macht, wenn es nur erst gelingt, die Angst im Untergrund unseres Lebens, die *Angst vor* Gott zu überwinden! [...] Die Grundangst des menschlichen Daseins lässt sich nur im Gegenüber einer anderen Person überwinden, die durch ihre Nähe so »mütterlich« wirkt, dass sich ein buchstäblich »grundlegendes« Vertrauen zu bilden vermag. In der Szene der »Taufe« ist Jesus, biblisch gesprochen, für sich selbst in die andere Richtung geflohen: nicht wie in der ganzen jahwistischen Urgeschichte von Gott weg, sondern unmittelbar in Gottes Arme hinein; er ist den Weg der Angst zurückgegangen, vorbei an den Engeln mit dem Flammenschwert, um »nackt« und unverstellt Gott unter die Augen zu treten.

Religiös betrachtet, ist es jetzt wirklich gleichgültig, wie »historisch glaubwürdig« die Geschichte von der Taufe Jesu im Jordan ist; wichtig ist einzig, dass diese Szene eine Vorstellung von dem Geheimnis gibt, aus dem heraus Jesus lebte. Es wird den Kern von allem bilden, was Jesus dieser Welt zu sagen haben wird: »Wenn ihr wieder in der Gestalt der ›Schlange‹ den Abgrund des Nichtseins, die Einflüsterungen der Nicht-Notwendigkeit, das Echo der Angst in euch reden hört, wenn ihr euch wieder auf den hohen Turm euerer Freiheit gestellt seht und es schwindelt euch unter den Füßen, hört nicht auf die Stimmen der Verzweiflung, starrt nicht hinab in das gähnende Loch vor euch, klammert euch nicht an euch selbst, haltet euch vielmehr fest an der unsichtbaren Hand, die euch trägt. Stellt euch Gott vor, wie er wirklich ist!«

Tatsächlich ist in der Symbolsprache der Mythen das Bild von Taufe, Wasser und Sintflut in gewissem Sinne identisch mit der Chiffre der »Schlange«, die selber immer wieder für das Chaoswasser der Urflut steht. Es ist daher nicht zu viel gesagt, wenn man in der Taufe Jesu die erste und einzig gültige Antwort auf die Frage der Schlange von Gen 3,1 erblickt. »Obwohl Gott gesagt hat ...?« Im Moment der Taufe geschieht es, dass Jesus auf die Infragestellung des Gottesbildes im Bannkreis der Angst eine andere Lösung findet, als sie sich immer wieder psychologisch wie notwendig nahezulegen scheint: Man muss überhaupt nicht um sein Leben kämpfen; es ist überhaupt nicht nötig, irgendetwas zu tun, um sich beliebt oder gar notwendig zu machen; es besteht durchaus die Chance, sich vorbehaltlos zu überlassen: – es ist möglich, nach Art der Buddhisten sich auf den grundlosen Grund, der uns trägt, mit allem, was wir sind, und so, wie wir sind, einzulassen. Wir tun gar nichts mehr; wir sind einfach da; wir lassen uns nicht mehr verwirren ... Es ist die wohl größte Kunst, die es zu üben gilt.

Eine taoistische Geschichte erzählt einmal von einem Mann, der über Land ging und plötzlich im Sonnenschein seinen eigenen Schatten sah; da bekam der Mann Angst, er fing an zu laufen, der Schatten mit. Der Mann lief immer schneller, bis zur Erschöpfung, bis er zusammenbrach. Er hätte nur sich in den Schatten eines Baumes setzen und sich ausruhen müssen; doch eben: Darauf kam dieser Mann in seiner Angst nicht. – Was Jesus im Moment der Taufe widerfährt, ist gerade ein solches Eingeholtwerden von dem vermeintlichen Verfolger, ein solches Innehalten trotz aller Angst, ein solches Stillstehen in einer überraschenden, ungeahnten *Geborgenheit*, wie sie nie war.

Jesus von Nazareth 167–170

Formen der Angst im Gleichnis vom Sämann (Mk 4,1-9)

Es ist möglich, dass Menschen die aufrüttelnden Worte ihrer ewigen Berufung durchaus gehört haben, und doch muss man zur Kenntnis nehmen, dass sie auf viele Jahre hin sich außerstande zeigen zu verstehen, wovon da eigentlich die Rede ist. Buchstäblich hat man ihnen jeden Gedanken an Gott aus dem Herzen *gestohlen.* Alles, was man sie zu denken und zu fühlen gelehrt hat, scheint gegen den Glauben der Christen zu sprechen. [...] Man wird geboren und man stirbt, man kommt zur Welt und man verwest, was ist darüber hinaus noch zu sagen? Die Frage ist allein, wie man in der Zwischenzeit einigermaßen glücklich lebt – alle anderen Überlegungen scheinen nutzlos und überflüssig. [...] Gegen diese Leere des Geistes, gegen dieses *Wegpicken* jedes Gedankens an Gott findet man keine Worte.

Andere gibt es, die *das Wort verstehen* und voller Begeisterung aufnehmen, aber merkwürdigerweise können sie ihm nicht folgen aus *Angst vor der Tiefe,* aus Furcht vor sich selber. Immer wieder hat man sie gelehrt, jedem tieferen Gefühl zu misstrauen und jede leidenschaftliche Erregung des Herzens wie etwas Gefährliches zu unterbrechen, mit der Folge, dass sie sich in ihrem Leben fühlen wie in einer Zentrifuge, immer rascher um sich selber rotierend, immer weiter nach außen an die Peripherie geschleudert, immer mehr jedes Inhalts entleert. Wie können wir uns selber die Chance wiedergeben, in die Tiefe zu wachsen, die Ruhe zu lernen und Worte nicht nur zu hören, um sie sogleich nach außen zu tragen, sondern um sie in uns selber sich entfalten zu lassen? [...] Unser eigenes Leben verdient das Vertrauen, dass alles, was darin angelegt ist, ein Recht hat zu reifen.

Es gibt eine dritte Gruppe von Menschen, die werden sagen: »Wir begreifen schon, was Jesus wollte, als er vom Reich Gottes sprach; es ist etwas Zauberhaftes um seine Botschaft von der Sorglosigkeit, der Weitherzigkeit, der Güte, der Geduld im Einklang mit der Macht des Schöpfers; aber wir können es nicht leben – die Umstände hindern uns: all die Pflichten, all die Aufgaben, all die Erfordernisse des Alltags, all dieser Verschleiß und das Gehetze von früh bis spät – dagegen kommt man nicht an. Das Reich Gottes steht nicht in dem Terminkalender, den man uns erlaubt [...] Es geht im Kampf gegen die *»Dornen«* wesentlich darum, dass wir einmal merken, wie sehr wir die scheinbare Allmacht der Umstände in jedem Augenblick selber erschaffen – aus Angst. Es ist unsere Angst, die uns glauben macht, dass andere in unser Leben dazwischenzureden hätten. [...] In Wahrheit gibt es nicht die objektiven Zwänge; wohl aber gibt es in uns eine Angst, die Zwänge aller Art benötigt und erschafft.

Markus I, 329–333 (Zum Weiterlesen: *Strukturen des Bösen II,* XIII f. [Angst als Versuch, wie Gott zu sein])

Einige Wohnungen im »Getto der Angst«

Weil die Menschen ein totales Nichts sind ohne Gott, eben deshalb möchten sie selbst wie Gott sein, fallen aber nur um so heftiger ins Nichts zurück.

Strukturen des Bösen II, 574

***

[S]ähe ich einen Menschen, der nicht so wäre, der nicht zutiefst von der angstbesetzten Verzweiflung aller getrieben wäre, so würde ich alles tun, um ihn in meinem Bewusstsein oder in seiner Realität umzubringen: In meiner Angst könnte ich seine Existenz nicht aushalten, ja, ich könnte gar nicht zugeben, dass die Existenz eines solchen Menschen überhaupt möglich wäre. Schon weil es keine Alternative gibt und weil alle so sind, kann es im Getto der Angst und der Verzweiflung auch kein Bewusstsein mehr davon geben, verzweifelt zu sein; vielmehr muss die Permanenz der Verzweiflung und der Selbstzerstörung als die wahre Form von Weisheit und Glück gepriesen werden.

Strukturen des Bösen III, 549 f.

Die verlorene Kindheit macht infantil: keine Schwäche zeigen können

Man mache die Probe aufs Exempel: Bei wem, und stünde er uns noch so nahe, wäre es erlaubt zu sagen: »Ich bin *nicht* groß, *nicht* fertig, *nicht* vollkommen, *nicht* tüchtig, *nicht* leistungsstark, *nicht* selbstsicher, *nicht* aufsteigend, *nicht* mannhaft?« Wo wäre es erlaubt, Gefühle zu äußern, die stimmen, zu weinen, wenn man sich so fühlt, zu lachen, wenn einem danach ist, seine Träume zu erzählen, wenn die verschwiegenen Enttäuschungen, die verborgenen Hoffnungen, die Ahnungen eines wirklichen Lebens nach einem Ausdruck suchen, und all die Teile des noch ungelebten Lebens ins Gespräch zu bringen – all das, was in uns schlummert seit den Anfangstagen, da wir hervorgingen aus den Händen Gottes? Stattdessen ist es fast etwas Peinliches, an die eigene Kindheit auch nur erinnert zu werden. Lieber verdrängt man sie oder hüllt sie ein in eine Wolke von Selbststilisierungen und -heroisierungen, von Verfälschungen aus Schamgefühl; ganze Jahrzehnte sind schließlich aus unserer Erinnerung infolge von Schuldgefühlen und Ängsten aller Art vollkommen gelöscht. Ganz im Ernst behaupten später viele auf solche Weise erwachsen Gewordene, sie wüssten sich an ihre Kindheit, ihre Jugend überhaupt nicht zu erinnern, wie wenn es so etwas in ihrem Leben gar nie gegeben hätte. Und sie haben mit ihrer Meinung nicht unrecht: Sie hatten wirklich in gewissem Sinne niemals eine Kindheit; sie mussten groß sein, noch ehe sie Kinder waren; und die unausbleibliche Folge davon ist, dass sie in ewigen Wiederholungszwängen niemals aufhören, große Kinder zu sein, indem sie in ständigen Infantilismen immer denselben grausamen, zwanghaften Kinderängsten und -verhaltensweisen unterliegen.

Markus II, 48

Eine Empörte, eine Scheidungsidee und das Leid ihrer Tochter

Vor einer Weile hielt ich einen Vortrag über das Verständnis der katholischen Kirche zu Ehe und Ehescheidung. Ich plädierte an Beispielsfällen dafür, dass es unter Umständen möglich sein dürfe, Menschen, die aneinander über Jahre hin nur gelitten hätten, ohne es zu wollen, ohne irgendeine Art von Versagen oder Schuld, aus einer solchen Ehe, wenn sie denn nicht anders könnten, mit der Erlaubnis Gottes und der Kirche zu entlassen. Dies hatte ich grad gesagt, als eine Frau unter den Zuhörern ganz erbost aufsprang und sagte: »Wenn die Leute, die Sie schildern, nur gebetet hätten, wären sie heute noch beisammen.« (Seit dem Tag gelte ich im Übrigen als einer, der für die Ehescheidung sei; so einfach kann man Dinge verstehen oder eben nicht verstehen.) Vierzehn Tage später aber kam ihre magersüchtige Tochter und erzählte die Geschichte der Ehe dieser Frau, die so viel betet. Es gab eigentlich nur die eine Perspektive: was es kostet, wenn Menschen gegen jedes Gefühl, nur weil man muss, weil man sich schuldig fühlt, auch nur anders zu fühlen, beieinanderbleiben. Die Tochter ging seit Langem nicht mehr zur Kirche, sie sagte: »Ich hasse die Bigotterie meiner Mutter.« Aber dann beschwor sie sich selber, wie sehr sie ihre Mutter doch liebe. Es war deutlich, wie viel Wut und Zorn über eine Frau sie seit Kindertagen verdrängt, die vom Gürtel, ja vom Kragen an abwärts nicht mehr lebt und die sich Gott und die Welt so zurechtlügt und -biegt, wie es gewiss nicht der Realität entspricht, aber wie es sein muss, wie es feierlich ist, wie es richtig gelehrt wird im Sinne der Kirche. Und diese Frau muss man ehren, achten und lieben, denn der Hass gegen sie wäre maßlos, so zerstörerisch, wie die Magersucht zerstörerisch ist, ein schleichender Mord. Man darf davon kein Wort sagen. Alles spielt sich nur physisch, äußerlich, ohne Beteiligung innerer Empfindungen ab – ein gestohlenes Leben, kaum dass es begonnen hat. Diese Frau meint es ganz sicher nur gut, sie hat nie etwas anderes tun wollen als alles, was richtig ist, so wie man es sie selbst gelehrt hat, als sie noch ein Kind war. Sie hat niemals ihre Tochter quälen wollen, aber sie hatte [...] ein ständiges Schuldgefühl, einfach deshalb, weil sie als Frau auf der Welt war, und das abzuarbeiten war ihr nur möglich in der Flucht vor sich selbst, immer weiter weg von allem eigenen, jedem wirklichen Leben. Das eigene Ich zu unterdrücken schien wie die Rettung. Und jetzt muss man wieder sagen: Die Erkenntnis, die Offenbarung, wenn denn Bilanz gemacht wird über ein solches Leben, kann nur lauten: Du hast, um nicht schuldig zu sein, in dem Gefühl, an allem schuldig werden zu können, wirklich schuldhaft gehandelt an all deinen Mitmenschen, die dir überantwortet wurden.

Wir müssen auf uns selber hin nur noch einen Schritt weitergehen, und Sie werden merken, dass jeder von uns in ähnlicher Lage ist. Jeder von uns strebt aufs Verzweifeltste danach und keiner glaubt doch wirklich, dass man ihn liebhat. Jeder strengt sich deshalb an, etwas zu tun, mit dem er sich sehen lassen kann und das ihm so etwas wie eine Eintrittskarte, eine Anwesenheitsberechtigung im Klub der Menschen verleiht, in dieser illustren Gesellschaft von lauter hehren Charakteren, deren kein einziger zu sagen wagt, wie er sich selber fühlt, und inmitten deren die Lüge die Kunst bedeutet, sich so darzustellen, dass es in den Augen der anderen den Anschein von Erlaubtheit, sogar von Ehre, von Hochachtung erweckt.

Zwischen Staub und Sternen 174 f.

Auf der Suche nach dem Ausweg

Unseren unendlichen Hunger und Durst in den Himmel werfen

Es gibt Lebewesen, die nur in zwei Dimensionen die Welt wahrnehmen können; es ist möglich, sie in vier kleinen Streichhölzern, zum Quadrat gelegt, einzusperren; sie bleiben darin Gefangene, weil es die Dimension der Höhe nicht gibt. Gerade so bewegen wir Menschen uns in den meisten Konflikten unserer Welt. Wir sind Gefangene unseres eingeschränkten Vorstellungsvermögens, sodass wir auf Angst nur antworten können, indem wir dem anderen Angst machen, sodass wir auf den Schmerz, den wir empfangen, nur reagieren können, indem wir anderen Schmerz bereiten, sodass wir Unsicherheit mit Gewalt zu überwinden suchen, ganz so, wie im Raum der Natur an unserer Seite es die Tiere auch tun würden. Wohl, wir Menschen können unseren Verstand gebrauchen, doch der ist eine zwiespältige Begabung; denn alle Ursachen der Angst verlängern sich ins Unendliche durch den Verstand; aus lauter Angst werden wir dann schlimmer als alle Tiere, ja, wir werden zu der größten Gefahr dieser Erde. Wir können unsere Vernunft aber auch dazu benutzen, um unseren unendlichen Hunger, um unseren unendlichen Durst in den Himmel zu werfen. Wir können unsere Vernunft dazu gebrauchen, noch einmal ganz anders zu sehen, buchstäblich vom Himmel her erscheint dann vieles als derart klein, als derart eng, als derart primitiv, dass wir uns dafür schämen müssten, bei dieser Sichtweise zu bleiben. Es ist möglich, weitherzig und offen zu sein statt angstverengt und verschlossen; es ist möglich, diese kleine Erde mit den Augen des Himmels zu betrachten.

Johannes I, 303 f.

Ein angstverzerrtes Gottesbild: das Märchen vom Marienkind

Wer das Märchen vom »*Marienkind*« recht verstanden hat, wird die quälende Möglichkeit nie wieder vergessen, dass alles Sprechen von Gott unter Umständen lediglich die verinnerlichten Ängste aus Kindertagen widerspiegelt und ein Leben in Schuldgefühlen verstrickt, die sehr viel mit Menschenfurcht und kindlichen Abhängigkeiten, wenig aber mit Gott zu tun haben. […]

Der Maßstab für diese Unterscheidung ist im Grunde leicht zu gewinnen. Nur in der *Angst* fühlen Menschen sich so sehr an den Abgrund gedrängt, dass sie sich in absoluter Weise an andere Menschen gebunden fühlen, die über sie eine göttliche oder dämonische Macht erlangen können [...] Umgekehrt ist es allein die Liebe, durch die das Sprechen von Gott seine Zweideutigkeit verlieren kann. Nur die Liebe führt vom Abgrund weg ins Herz der Dinge, und Menschen verfügen über die wunderbarste aller Fähigkeiten, einander so zu begegnen, dass sie nicht mehr dem Göttlichen im Wege stehen, sondern einander wechselseitig in ihrer Liebe ein Weg sind ins Unendliche. [...] Die Religion verfügt über so wunderbare Bilder wie die Gestalt der Madonna, diesen Archetyp der Ewigen Frau; doch erst wenn das Göttliche nicht länger mehr als ein moralisches Ideal, sondern, weit ursprünglicher, als Hintergrund eines nicht endenden mütterlichen Erbarmens verstanden wird, gewinnt das Bild der ewig jungfräulichen Mutter Gottes seine Wahrheit wieder und öffnet sich zu Gott, der uns als seine Kinder, nicht aber als »Marienkinder« wollte.

Marienkind 56 f.

Lehren eines Märchens: auf Menschen zu bauen überfordert sie

[Das »Mädchen ohne Hände«] hat bisher erfahren, dass es nicht leben kann, solange es einen absoluten Menschen in seinem Leben gibt, der aus ihm alles herauspresst und in Wahrheit ein »Teufel«, die reine Verneinung seines Lebens ist: seinen Vater; es hat umgekehrt erleben müssen, dass es genauso gut zum Tode verurteilt ist, wenn es einen anderen Menschen in seinem Leben gibt, der ihm alles schenkt und zur Verfügung stellt und wie ein König, wie ein Gott zu ihm ist. [...] Die Erkenntnis reift, dass es weder im Positiven noch im Negativen, dass es überhaupt nicht angeht, irgendeinen anderen Menschen zur Grundlage des eigenen Lebens zu machen; dass alles Menschliche zwischen Verteufelung und Vergöttlichung hin- und hergerissen wird, wenn ihm eine lebensentscheidende, absolute Bedeutung zukommt; dass man niemals aus dem sadomasochistischen Kreislauf herauskommt, wenn man dem anderen alles sein und geben muss, damit er leben kann, oder wenn umgekehrt der andere einem die ganze Welt zur Verfügung stellen muss, damit man selber von dem Schuldgefühl entlastet wird, selbst zu leben. [...]

Auch psychologisch wird man nur unterstreichen können, was das Märchen behauptet: Ohne den ausdrücklichen Bezug zu Gott, ohne die Gewinnung eines absoluten Haltes bei einer Person, die zu einem steht, die aber kein Mensch ist und sein darf, findet man auch zu einem Leben unter den Menschen nicht zurück. Es geht im wortwörtlichen Sinne an diesem entscheidenden Wendepunkt im Leben des Mädchens ohne Hände um die Erfahrung von *Gnade.* Nach all den Todesängsten und Lebensunmöglichkeiten, nach all den erzwungenen und freiwilligen Selbstopfern bedarf es jetzt einer solchen eminent religiösen Erfahrung: dass man nicht durch das lebt, was man selber tut oder was andere für einen tun, sondern ohne Vorleistungen, gratis. […]

Kein Mensch kann einem anderen so etwas sagen; niemand kann dem anderen dieses Gefühl einer absoluten Berechtigung geben, denn im Gegenteil bewirken alle guten Absichten und Werke, wie sich gezeigt hat, nur noch mehr Abhängigkeit und nur noch tödlichere Schuldgefühle. Aber Gott kann durch seinen »Engel«, durch seine Art, in unsere Seele einzutreten, uns in dieser Welt zu einem Haus führen, an dessen Tür die Worte stehen: »Hier wohnt ein jeder frei.«

Das Mädchen ohne Hände 40 f.

Vertrauen allein bricht die Angst

Gegen Angst hilft nicht die Parole, die Hacken zusammenzuschlagen oder Mut und Haltung anzunehmen oder geradeaus weiterzumarschieren; gegen Angst hilft nur ein persönlich gebundenes Vertrauen, und das wird einzig geboren durch die Nähe eines anderen Menschen. Alles aber, was das Gegenüber einer anderen Person an Vertrauen uns zu schenken vermag, wirft sich in die Vorstellung einer absoluten Macht, die die Liebe selber ist, und es ist diese Kraft, die wir Gott nennen. Der Glaube an diese Macht vermittelt das »Wort«, das der johanneische Jesus uns bringen möchte. Denn nur dieses Vertrauen schafft *Licht* im Dunkeln, sodass wer *ihn* hört, eine Stimme hört, die zu ihm durch die Zeiten sagt: »Ich liebe dich; und der Tod hat nicht länger Gewalt über dich.«

Johannes II, 101

Gott und das Nichts

Nur auf dem Hintergrund der Angst ist Gott dem Menschen *wesentlich,* und nur in der Überwindung der Angst versteht man, was der Glaube ist. Denn es gibt nur einen Punkt, an dem die Schöpfung mit ihrem Schöpfer unmittelbar zusammenhängt, und dieser Punkt ist das Nichts, aus dem Gott die Kreatur hervorgerufen hat, vom menschlichen Bewusstsein aber wird das Nichts als Angst erlebt. Allein am Umgang mit der Angst entscheidet sich, ob das Dasein sich verzweifelt in sich selbst verschließt oder sich zu seinem Schöpfer hin öffnet.

Strukturen des Bösen III, 578

Wo ist Gott in der Ausweglosigkeit?

Der letzte Trost, der dem Propheten oder zumindest doch uns, die wir seine Geschichte lesen, geblieben ist, liegt in der kleinen Bemerkung, Gott selbst, Jahwe, habe *den Fisch verschafft* in der Absicht, *Jona zu verschlingen* (Jona 2,1). Bedeutet das nicht so viel, wie dass wir denken dürfen, es gäbe gar keine Tiefe und gar keinen Abgrund menschlicher Verzweiflung, der, ob es der betreffende Mensch selber weiß oder glaubt oder ob er es nicht einmal mehr glauben, geschweige denn zu wissen vermag, umgriffen wäre von der Macht und von dem Erbarmen Gottes?

Und der Fisch spie Jona an Land 36 f.

Das Christentum treibt die Angst notgedrungen auf die Spitze

Aber das Feld der Angst wird zweifellos unendlich erweitert, wenn der Einzelne, wie es im Christentum geschieht, aus den Bindungen des Stammes so weit gelöst wird, dass sich die Zugehörigkeit zur Gemeinschaft einzig und allein nach der Entscheidung oder besser: der Erwählung der eigenen Person richtet. [...] Die Angst, die das Christentum durch die Personalisierung der archetypischen Bilder und rituellen Gebärden hervorruft, ruft und verlangt deshalb auch nach einer Form des Glaubens, die noch tiefer in der Mitte der menschlichen Person verwurzelt sein muss, als es in den üblichen Formen der Stammesreligionen der Fall sein könnte.

Tiefenpsychologie und Exegese II, 140 f.

***

Der Unterschied zwischen Heidentum und Christentum, das ist unsere These, liegt nicht in der Lehre vom Leiden des Gottessohnes, sondern in der Differenz von Angst und Selbsterlösung einerseits und Glauben und Angstüberwindung andererseits. Daher kommt alles darauf an, dass das Leiden Christi nicht als ein Prinzip neuer Angsterzeugung verstanden wird, sondern als der Weg begriffen wird, in dem die grundlegenden Angstsituationen des menschlichen Daseins auf Gott hin durchgegangen und geöffnet werden.

Strukturen des Bösen III, 513

II. Vertrauen

Die Erfahrung Gottes

1. Glauben, um leben zu können

Gottesferne: das Gleichnis vom verlaufenen Kind

Ohne Gott ist es, wie wenn ein Kind auf einem Kirmesplatz seine Eltern verloren hat und voller Angst durch das Gewühl der Menge irrt; die Karussells drehen sich weiter, die Stimmen der Ansager haben nicht aufgehört, die Glücksräder sind nicht stehengeblieben. Aber das Kind in seiner Angst weiß nicht, wohin es sich wenden soll. Verwirrt läuft es hierhin und dorthin, nirgendwo findet es Ruhe. Alle Dinge sind ihm egal, nichts gilt ihm mehr. Vielleicht dass es sich schließlich weinend irgendwohin setzt und nach Vater und Mutter ruft. Gott aber – das ist so ähnlich, wie wenn plötzlich Vater und Mutter von hinten heranträten, ihr Kind streichelten und bei der Hand nähmen. Alles ist wieder gut. Kein Weinen mehr, kein Rufen. Dies Kind weiß wieder, wohin es gehört. Und mit einem Mal bekommt alles seine Wirklichkeit zurück: der Straßenhändler mit den dunkelroten Äpfeln, der alte Mann mit den bunten Luftballons, der Losverkäufer mit dem gelben Teddy … Wie ein böser Traum verschwindet, so tauchen die Dinge aus dem Dunst des Unwirklichen wieder auf. Man erwacht, kann sich selber und die Dinge wieder objektiv sehen. Diese Veränderungen von innen, dieser Umsturz der Welt von einer leeren Wüstenei zu einem Tanzplatz sinnerfüllten Lebens, das heißt es: Gott als Herrn des eigenen Lebens anerkennen. Es heißt, dass auch mein Leben sein darf und zu etwas gut ist. Ich darf mir sagen, dass Gott auch mein Leben für irgendetwas geschaffen hat. Das ganze Glück, die ganze Unruhe, das ganze Geheimnis unserer Freiheit und unseres Daseins besteht darin, dass wir uns selbst nicht annehmen können, ohne so etwas wie Gott anzunehmen, dass Gott uns helfen kann, uns selbst zu akzeptieren.

Was uns Zukunft gibt 158

Ein alter Irrtum: was ist eigentlich Sünde?

Es geht entscheidend um den biblischen Begriff der Sünde. Fasst man ihn moralisch auf, bedeutet er nichts weiter als die ungehorsame beziehungsweise hochmütige Übertretung göttlicher Gebote; in ihrer schlimmsten Art ist diese Form der »Sünde« dann als Tat ein Verbrechen, als Haltung ein Laster; als das Gegenteil zur »Sünde« müsste, moralisch verstanden, demnach das verdienstvolle Tun beziehungsweise die Tugend gelten, und der Weg dahin könnte kein anderer sein als [...] die rechte Unterweisung zur Einsicht des Guten und die rechte Anleitung des freien Willens zum Tun des Erkannten. Recht verstanden, versetzt die »Erlösung« des Menschen durch Christus damit eigentlich nur die Moraltheologie in die Bequemlichkeit, fortan [...] wieder in Reih und Glied mit der philosophischen Ethik der bürgerlichen Gesellschaft mitmarschieren zu können und sich kraft göttlicher Beglaubigung an allen Stellen des reflexiven Zweifels in entschiedener Gewissheit »staatstragend« zu geben.

Demgegenüber wies *Kierkegaard* in seiner Schrift *Die Krankheit zum Tode* aus dem Jahre 1849 darauf hin, dass »der Gegensatz zur *Sünde* nicht Tugend ist, sondern Glaube«. Glaube aber ist für den »Vater« der Existenzphilosophie nicht länger mehr ein rhapsodistisches Heruntersagen kirchlicher Lehrformeln zur Homogenisierung der Massenpsyche in den Händen kirchlich-staatlicher Herrschaftsausübung. [...] Zum einen: Wer »Sünde« moralisch – als Gebotsübertretung – auffaßt, *kann* nur an den Willen zur Besserung appellieren und nach dem der Justiz zur »gerechten« Bestrafung des Übertreters rufen. *Kierkegaard* aber übersetzte und ersetzte diesen ethisch missverstandenen Begriff Sünde mit Nicht-Selbst-Sein, mit *Verzweiflung.* Wenn ein Mensch verzweifelt ist, verbietet sich alles Reden mit dem erhobenen oder gar mit dem ausgestreckten Zeigefinger von selbst; ein Verzweifelter braucht nicht noch mehr Vorwürfe und Ausgrenzungen – er braucht Hilfe. Die Diagnose ist hier identisch mit dem Postulat eines »therapeutischen« Vorgehens. Doch wohlgemerkt: Was in der Psychoanalyse soeben als bloßer Krankheitsfall beschrieben werden konnte, als Abweichung vom »Normalen«, wird jetzt, bei der Interpretation der christlichen Lehre von der »Ursünde«, zu einer Grundbefindlichkeit des menschlichen Daseins. *Jeder* ist ein in Kierkegaard'schem Sinne Verzweifelter, der seine Freiheit allein (zurück)gewinnt im Vertrauen auf Gott.

Dies ist die zweite zentrale Neubestimmung der theologischen Begrifflichkeit. Glaube, damit er rettend, heilend, erlösend wirken kann darf nicht länger mehr als ein intellektuelles Fürwahrhalten bestimmter kirchendogmatischer Inhalte verstanden werden [...] Glaube als Rückgewinnung des »Selbst« beschreibt ein Gleichgewicht der Existenz zwischen den gegensätzlichen Komponenten, aus denen die Freiheit des Menschen zusammengesetzt ist; Glaube als Vertrauen ist das Ende der Verzweiflung. Was also muss geschehen, um einen Menschen von *Angst* zu *Vertrauen* zu führen, um ihn aus der Verzweiflung des Selbstverlustes im Feld der Gnadenlosigkeit zu sich selbst zurückzugeleiten?

Wege und Umwege der Liebe 23 f.

Glaube ist das Vertrauen, umfangen zu sein

Was wir *Glauben* nennen, hat eigentlich diese zwei Seiten: *Gott zu* erblicken wie den Regenbogen nach der Sintflut und an *den* Mann sich halten zu dürfen, der vor zweitausend Jahren es wagte, in dieser Überzeugung von Gott als dem »Regenbogen« alles anders zu machen als gewohnt. Was wir in seinem Sinne *Glauben* nennen, ist nichts anderes als ein großes *Vertrauen,* als eine tiefe Überzeugung, die der menschlichen Existenz einen Grund unter den Füßen gibt, ein unerschütterliches Umfangensein in Armen, die sich um alle Armen legen, eine Geborgenheit, die unerreichbar ist gegenüber jeder Drohung und Dreinrede. [...] »Ich *glaube* dir das«, sagt man im Deutschen und meint damit: »Was du mir jetzt erzählst, kann ich nicht nachprüfen, will es auch nicht nachprüfen, aber ich bin überzeugt, es stimmt, weil du mir das so sagst, und du hast die Übersicht, das glaub ich dir.« Da hängt der *Glaube* an dem Vertrauen in die Person eines andern in Bezug zu einem bestimmten mitgeteilten Inhalt. Aber es ist wichtig, dass man zu diesem Inhalt nur über die Person des anderen begründeten Zugang gewinnt. An sich wäre in diesem Falle das Verhältnis allerdings noch ersetzbar durch eine sachorientierte Kontrolle. »Ich glaube dir das – weil ich mir die Mühe nicht machen will nachzuprüfen. Aber theoretisch wäre es möglich!«

Einen Schritt weiter und wir sagen: *Ich glaube dir.* Das ist viel mehr, denn es geht jetzt gar nicht mehr darum, *was* der andere gesagt hat; er hat dies gesagt und das gesagt, und es war auch wichtig, aber man möchte ihm glauben. *»Ich glaube dir«* heißt so viel wie: »Ich glaube dir in diesem Falle und eigentlich immer. Auch was du noch sagen wirst – es wird in meinen Augen stimmen, weil ich dich als diese Person erlebe und schätze, ja, weil ich dich *liebe.*«

Noch einen Schritt weiter betreten wir ein fast unheimliches Gebiet. Zwischen Menschen ist es möglich zu sagen: *Ich glaube an dich.* Das bedeutet: »Ich setze mein ganzes Leben aufs Spiel in der Liebe zu dir; ich gebe es dir in die Hände wie eine Kostbarkeit, wie eine chinesische Vase: Wenn du nicht sehr behutsam bist, wirst du sie fallenlassen, und sie zerspringt in tausend Stücke. Aber *ich glaube an dich,* und deshalb tu ich's.« Diese Formulierung muss man im Deutschen übersetzen mit: Du bist mein Halt, du bist mein Schutzbunker, du bist mein Versteckraum. – Das Hebräische vor 3000 Jahren kannte noch keine Bombenangriffe und keine »Bunker«, aber heute kann man die entsprechenden Bibelworte nicht mehr übersetzen mit: Du bist meine *Burg;* wenn aber da etwas ist, worauf's prasseln kann, wie's will, und es hält, wo ein Unterschlupf ist, an dem ich spüre, dass es an mich nicht herankommt und es mir ein Leben schenkt, jenseits der ständigen Angstsicherung im Überlebenskampf, dann finden wir den Sinn der Redewendung: *Ich glaube an dich.* Die griechische Sprache des Neuen Testamentes variiert diese Redewendung oft, und man kann sie kaum richtig übersetzen. *Ich glaube an dich* – das gibt es wirklich im *Johannes*-Evangelium; aber *ich glaube dir* gibt es auch; *ich glaube dich* kommt sogar vor. Das sind Nuancen im Griechischen, die wir in den normalen Bibelübersetzungen überhören. Sie werden flachgeschliffen unter dem Begriff eines inhaltsbezogenen Glaubens, der uns die Vorstellung einer bestimmten Art zu sprechen, Erkenntnisse zu sammeln und zusammenzustellen, vermittelt.

Eben deswegen ist das, was wir *Glauben* im Sinne Jesu nennen, als ein großes *Vertrauen,* fast verdorben worden. Wer ist da Gott, wenn er derart verhüllt statt offenbart wird von den Nebelwolken der orthodoxen Formeln? Wie viele Menschen heute gibt es, die ganz einfach erklären: »Ich glaube nicht an Gott«, oder: »Ich glaube keinen Gott.« Doch wollen sie das wirklich so sagen? »Glauben« sie das womöglich nur, weil sie all dem widersprechen, was sie je kirchlicherseits gehört haben?

Ein Mensch braucht mehr als nur Moral 236 f.; 240 f.

Angst oder Vertrauen – die einzige Alternative

Genau besehen gibt es wohl nur diese eine Wahl, wenn man dies denn als eine Wahl bezeichnen möchte: zwischen Himmel und Hölle, zwischen Angst und Vertrauen, zwischen Selbstverachtung oder Selbstannahme, und sie entscheidet sich je nach unserer Stellung zu Gott. *Entweder* wir sehen ab von Gott und nehmen unser Leben, wie es ist; dann werden wir finden, dass es aus Staub gemacht ist, dass es eine mangelhafte Form besitzt und dass es endlos verbesserungsbedürftig ist; und schon werden wir beginnen, an uns herumzupressen und herumzumodeln, um etwas Besseres, Festeres, Konsistenteres aus uns zu machen, als wir sind, ein jeder selbst sein eigener Schöpfer, ein Ersatzgott im privaten, inmitten einer gnadenlosen Welt, und jeder zugleich folglich auch sein eigener Henker; und es wird dieser Terror des Selbsthasses nicht aufhören. Immer wieder wird es heißen: Verflucht ist, wer schwach ist, und: Weh dem, der arm ist. *Oder* es beginnt eine Welt außerhalb der »Pharaonenherrschaft«, außerhalb der Menschendespotie […]; dann ist es erlaubt, so zu sein, wie Gott uns wollte, keinen Deut anders, nicht mehr und nicht weniger; und alles fände sein Ende, womit wir uns sonst quälen, und wir hätten endgültig nichts mehr zu fürchten; wir wüssten, wie sehr Gott auf unserer Seite steht, und alle Seiten der Bibel würden wir neu verstehen, vor allem die Worte, die Jesus sprach, als er selber, nicht am Berg der Seligpreisungen, wohl aber am Ölberg, sein Schicksal und sein Leben in die Hände Gottes zurückgab (Mt 26,39).

Auf keine andere Weise wird ein Mensch zu sich selbst befreit, als dass er es in dem Akt eines solchen äußersten Einverständnisses lernt, seine Beschränktheiten und Grenzen anzunehmen. Es ist die Grundformel zur inneren Befreiung und Erlösung aller Menschen, die

Grundformel zur Wiederherstellung des Menschen aus seinen zwanghaften Deformationen: dass alle Schuld und Selbstverfehlung im letzten eine Art Selbstüberforderung aus Ekel an der eigenen Schwäche darstellt und es nur einen einzigen Gedanken gibt, der den Menschen vor sich selbst in Schutz nimmt und ihm die notwendige Selbstachtung zukommen lässt: der Glaube, dass Gott uns geschaffen hat *mit unserer Armseligkeit,* mit unserer Begrenztheit, mit all dem, was uns fehlt.

Matthäus I, 370 f.

Wer uns Mut gibt

Was wir menschliche Tapferkeit nennen, lässt sich weder üben noch lernen, indem man dem andern sagt: »Beiß die Zähne zusammen!«, oder schlimmer: »Hau drauf!« Was sich aber lernen und einüben lässt, ist ein Vertrauen auf Hilfe und ein Gefühl für die Berechtigung auch des eigenen Standpunkts, des eigenen Wegs, des eigenen Lebens. Auch das hat eine religiöse Qualität. Es gibt eine Legitimation, selbst sein zu dürfen, notfalls gegen Widerspruch und im Widerspruch. Erst wenn das feststeht: über unserem Leben liegt die Hand Gottes, die uns führt und beschirmt, lassen sich die Details trainieren.

Den eigenen Weg gehen 86

Mose steht vor Gott (Ex 3,1–4,17): Mut zur Schwäche

Es ist das Wunder, an das Moses glaubt und das die ganze Religion der Bibel bestimmt, dass Gott von diesem Wertlosen, das wir sind, auf eine Weise Besitz ergreift, dass er darin zur Erscheinung kommt. Er macht uns nicht anders, formt uns nicht neu, will uns nicht besser. So, wie wir sind, sind wir imstande, die Flamme des Göttlichen zu tragen und weiterzugeben. […]

Da steht in der Selbsterfahrung des Mose alles dawider, dass es jemals so kommen könnte. Es ist nicht, dass er in diesem Moment am Inhalt dessen zweifelt, was zu sagen wäre: Es ist ja die Wahrheit selber, vollkommen stimmig und glaubhaft. Aber alles zerbricht an seiner eigenen Person, so wie er sie kennt, und nicht erst heute, sondern seit gestern und vorgestern, immer schon. […]

Es gibt im Leben von Menschen keine schlimmere Form von Verzweiflung, als zu wissen, wie das Leben aussähe und was nötig wäre, es zu ergreifen, dass dagegen aber als wesentliches Hindernis all das steht, was man von sich kennt. Derselbe Mann, der den Ägypter erschlägt, lebt im Feuereifer der Freiheit, dass es ihn selbst buchstäblich förmlich verzehrt, aber er ist nicht imstande, Worte zu setzen und langsam zu reden und geduldig zu erklären. Er, wie alle großen Seher, möchte Gott jetzt, unmittelbar, so eindringlich und nahe wie nur möglich. Und es kommt aus ihm heraus wie ein Katarakt von Ungeformtem, Klobigem, und so wird es bleiben. Was tut man, wenn man auf solch furchtbare Weise sich selbst der Wahrheit im Wege fühlt? Es ist ein Experiment, das Gott an dieser Stelle mit seinem Mann Mose unternimmt. [...]

Es ist am Ende, dass wir selber unsere Gebrechen und Mängel nicht mehr als Einrede gegen Gott verstehen sollen, sondern als etwas, was wir von Gott zugeschickt erhalten haben. Und so steht gegeneinander: das Ich des Mose mit seiner Erfahrung im Negativen und das Ich Gottes, der alles will, was wir sind und was wir nicht sind – in jedem Fall *genug* für ihn in seinen Händen. [...] Kein Prophet in Israel war so bis zum Rand der Verzweiflung Mensch und gerade deshalb fähig, von Gott zu reden. Und ganz Israel wird nie etwas anderes sein, als dass es in Mose Gestalt gewinnt, ständig suchend und zweifelnd und leidend an der Last der Berufung und immer zu schwach, Gott auf den Lippen zu tragen, aber immer auch ein Dornbusch, welcher nicht verbrennt.

Leben, das dem Tod entwächst 68–70

Gott ruft uns ein Leben lang zum Aufbruch

Alles, was uns umgibt, ist die Liebe dieser unsichtbaren Augen, die uns anschauen mit Vertrauen und Zärtlichkeit und mit dem leisen Wort: Komm und mach dich auf und geh und wage dein Leben! – Gott wird von uns gerade so viel erkennen, wie wir ihm von uns zur Verfügung stellen, und indem wir es tun, werden wir selbst uns erkennen. Das war das ganze Rätsel am brennenden Dornbusch.

Es hört der Gott der Bibel nicht auf, Aufbruch zu sein statt fester Besitz, Verheißung zu bleiben statt beruhigte Erfüllung, Wagemut zu schenken statt ungefährdeten Schutz und Beistand zu sein in den Stunden der Angst. Der Mann Moses, wirklich, war größer als alle in

Israel mit seinen Wundertaten vor dem Pharao und vor allem Volk. Niemand stand auf wie er, aber machen wollte er, dass es immer wieder sei.

Den eigenen Weg gehen 206 f.

***

Gott beruft einen Menschen. Wohin? und wozu? beruft ihn Gott, und wie erfährt er diese Berufung selber für sich? [...] Sagen muss man, dass ein Mensch generell gar nicht anders vermag, als in sich, in seiner Person und Individualität, etwas von dem zu spüren, was mit ihm gemeint ist. Je länger er lebt, wird er finden, dass der Aufbau seiner gesamten Biografie, wie in einem Turm der Treppenaufgang, sich um immer wieder ein und dieselbe Stelle dreht. Mit jeder Treppe, die er in der Stufenbewegung der Zeit weiter emporsteigt oder getragen wird, meldet sich wieder das gleiche Thema, und sooft er es auch überhört haben mag, irgendwann muss er es erkennen. [...]

Allein diese Entdeckung ist verbunden mit einer tiefen Angst, einem Schrecken geradezu. Denn eine solche Erfahrung bedeutet in gewissem Sinne, sich abzugrenzen und abzusondern von allen anderen. Fortan lässt sich die Frage: Wer bist du denn selbst? nicht mehr beantworten mit den Konventionen des Allgemeinen draußen, mit den gesellschaftlichen Beauftragungen, mit der sozialen Rolle, mit der Funktion im Gruppenverband. Plötzlich wird deutlich, dass hier ein Einzelner eben als Mensch und Person allen anderen gegenübersteht. Es mag von den Zeitumständen und von der Persönlichkeit selber abhängen, ob diese Spannung sich auswächst zu einem frontalen Gegensatz wie hier bei Jona zum »Sprechen dagegen«; der Mut selbst aber zu einer derartigen Unterscheidung, die Energie notfalls auch zum Widerspruch, wenn es drauf ankommt, liegt in der Geschichte der Individuation selber. Und sie macht Angst! Das vor allem war die große Entdeckung in der Existenzphilosophie des Sören Kierkegaard: [...] *Verzweifelt* sei ein Mensch dann, wenn er im Grunde genau spüre, was seine Wahrheit ist, wenn er aber aus lauter Angst sich zugleich außerstande sehe, sie zu ertragen und durchzutragen.

Und der Fisch spie Jona an Land 17 f.

Religiosität als Beziehung zu Gott

Es ist *religiös* ein *Fehler*, vor der persönlichen Begegnung mit der Person Gottes ins Allgemeine fliehen zu wollen. *Religiosität* existiert nicht außerhalb der ganz und gar persönlichen Beziehung des Einzelnen zu seinem Gott. [...] Nicht das »Wissen«, nur das Sich-Bergen in die Hände Gottes macht uns zu »Kindern«, zu *Söhnen* (und Töchtern) Gottes und eben dadurch untereinander zu Geschwistern.

Matthäus III, 162;180

2. Die Selbstfindung als Suche nach Gott

Vorrang des persönlichen Gotteserlebens

»Glaube« darf und kann wesentlich nichts anderes sein als die Erfahrung, durch ein unbedingtes *Angenommensein* bei sich selber *angekommen* zu sein. Wenn es eine »Offenbarung« »Gottes« in unserem Leben gibt, so liegt sie, wie wir noch zeigen werden, an *dieser* Stelle; alle »Lehren«, »Symbole«, »Dogmen« und »Riten« hingegen können nichts anderes sein als Beschreibungen, Kommentare und Konsequenzen eines solchen Erlebens. [...] Oder anders gesagt: das einzige »Außen« des christlichen Glaubens kann selber nur *personal* sein – als die Person Gottes selbst beziehungsweise als die Person Jesu; alle weiteren Inhalte der Glaubenssymbole sind als Anregungszustände, als Resonanzschwingungen in der Psyche des Menschen selbst zu verstehen. Der christliche *Glaube*, mit anderen Worten, muss *als* eine *Synthese von personaler Erfahrung und deutenden Bildern*, aus individuellem Erleben und kollektiven Chiffren verstanden werden.

Glauben in Freiheit 208

Selbstfindung – Gottfindung

Ich glaube, dass Selbstfindung und Gottfindung die Voraussetzung ein und desselben Vorgangs darstellen. So nämlich, dass wir Gott nur finden, indem wir möglichst intensiv unter den Bedingungen, in die wir hineingestellt sind, versuchen, Mensch zu sein; und das kann oft genug geschehen durch Widerspruch, Leid und Schmerz. Wenn ich Selbstfindung sage, meine ich keineswegs ein subjektiv gelungenes und zu Ende gekommenes Dasein. Aber den Versuch, ein solches zu leben, niemals aufzugeben, das halte ich für ein wesentliches Stück Glauben. Umgekehrt scheint es mir, dass, je sichtbarer ein Mensch gegen alle Angst das zu leben vermag, was in ihm angelegt ist, was sein Wesen ist, er desto mehr für sich selbst und für die Menschen an seiner Seite wie ein Fenster wirkt, durch das sehr viel Licht Gottes fällt. Wir sehen Gott nie anders als durch die Menschlichkeit anderer Menschen.

Wort des Heils – Wort der Heilung II, 136

Mit uns steht für die Mitmenschen etwas auf dem Spiel

Jede Enge unseres Herzens macht Gefahr, andere Menschen einzuengen. Jeder Traum unseres Wesens, den wir nicht wagen zu leben, wird Träume im Herzen anderer zerstören. Jede Hoffnung, die wir selber verweigern, wird andere Menschen der Hoffnung berauben. Ein jeder Mensch trägt in sich mindestens die Sehnsucht, dass sich die Gestalt des Menschen einmal unverfälscht und rein zu erkennen gäbe.

Dein Name ist wie der Geschmack des Lebens 106

3. Die neue Glaubensform

Seit dem 19./20. Jh. wird man Religion gar nie mehr anders verstehen denn als eine Form der Wiedergeburt in jenem allerpersönlichsten und allerprivatesten Raum, den wir Liebe nennen.

Johannes I, 86

Glaube und Welt in ständiger Bewegung

Die Naturwissenschaftler sind grade dabei, ein phantastisches Bild der Welt zu entwerfen. Es hat mit dem Gott der Bibel womöglich mehr zu tun als alles, was in unseren dogmatischen Handbüchern steht. Da wird ein Gott vermutet, eine Welt jedenfalls konzipiert, die niemals abgeschlossen ist, die immer weitergeht, die von den Startbedingungen aus nie exakt berechenbar ist. Mit anderen Worten: Selbst wenn es am Schöpfungsmorgen einen Gott gibt, muss er bis heute gespannt auf die Welt sein, die er gemacht hat, er kennt ihren Ausgang nicht, weiß nicht das Morgen festzulegen, sondern sitzt vor einer Art von Spieltisch und würfelt, ungewiss, wie viele Nummern in seinem Becher erscheinen. [...]

Immer geht es weiter, schafft sich die eigenen Voraussetzungen, formt sie neu, Wirkungen wirken zurück auf die eigenen Grundlagen, gestalten sie um, verändern sich daran selber – ein ständiges Fluten und Kreisen und Drängen nach vorn. Und da ist es plötzlich beides in eins: Liebe und Wahrheit, Verbindlichkeit und Risiko, da nähert es sich dem, was wir Leben nennen, am allermeisten an. Und da bleibt nun nichts, als sich darauf einzulassen, ehrfürchtig, dankbar, staunend, entsetzt und betroffen, rätselnd und beunruhigt, aber eben dies ist das Leben, das uns Menschen gegönnt wird. Es ist ein Glaube, atemberaubend, spannend und groß, und ein Vorschlag, darüber zu reden. Denn das soll nicht mehr gelten, dass ein Vater, eine Mutter, eine Tochter, ein Sohn sagen: »Die Fragen der Religion sind für uns so erhaben, dass wir sie dem Pfarrer überlassen oder den Fachleuten, und wir sind die Entmündigten.« Jeder Schrei nach Hilfe, alle Tränen, alle Seufzer, jedes Stöhnen der Qual, aber auch jedes Stöhnen der Lust, jeder Augenblick der Wonne, jedes Lied der Freude ist eine Weise, von Gott Zeugnis zu geben. Außerhalb des Lebens ist er nicht, er ist das Leben selber.

Daß alle eins seien 149 f.

Religion muss so zweckfrei sein wie der Mensch

Religion nützt *nichts*. Sie hat nie genützt, ja, schlimmer, sie hätte in der Weise, wie es dann war, nie »nützlich« sein sollen. Sie ist ein überflüssiger, unnützer Kraftaufwand. Nicht dass besonders viele, in gedanklicher Konsequenz, heute bereits diesen Standpunkt verträten, aber sie teilen ihn praktisch im alltäglichen Verhalten. [...] Eine unnütze Religion aber – wen sollte *die* noch erreichen? Wer sollte so etwas suchen? Die erstaunliche Antwort ist: Jeder sucht eine solche »unnütze« Religion, wenn er's nur richtig begreift. [...] Es geht buchstäblich um die *Zwecklosigkeit* der Religion; es geht, darin eingeschlossen, um die *Zweckfreiheit* des Menschen als Person. Es geht um etwas, das wir vor allem in der westlichen Kultur so dringend brauchen wie Luft zum Atmen und Wasser zum Trinken.

Hat der Glaube Hoffnung? 15 f.

Wahrer Glaube ist unspektakulär

Natürlich sind die Marktstrategen und Medienmogule daran interessiert, das leicht Verkäufliche, das Trendgerechte, das Unterhaltsame, das mit den höchsten Absatzzahlen und Einschaltquoten »anzubieten« – »Glaube« als »Wunder«, als etwas völlig Verrücktes, als Humbug; oder: »Glaube« als Skandal, als Geschwätz, als »was wird der Papst oder der Bischof jetzt sagen« – in keinem Falle »Glaube« als etwas, das Dein und mein Leben völlig verändert, im Widerspruch zur herrschenden Macht in Staat, Kultur, Kommerz und Kirche. Wäre »Religion« *dies* – man käme damit nicht länger in die »Schlagzeilen«, in die »News«, in die Spot- und Highlights; man erregte kein Aufsehen, man besäße kein Ansehen, und die einzige Aufregung, die noch verbliebe, bestünde darin, all den Tumult durchaus nicht zu brauchen, ihn nicht zu wollen, ja, ihn geradewegs zu vermeiden, um dem Jesus der »Feldrede« nahe zu bleiben [vgl. Lk 6,43-49].

Lukas I, 458

Sinnloses und sinnvolles Beten

Die meisten Menschen, selbst wenn in der Kindheit »religiös« streng erzogen, haben als Erwachsene das Beten, wie die Kirche in Gegenwart es noch als »Glauben« lehrt, verlernt. Der Grund dafür liegt einem Gutteil gewiss schon in der öden Langeweile, mit der dem Kind bereits rein mechanisch das Hersagen bestimmter Gebetsformeln, Kirchenlieder und Psalmenverse antrainiert wurde, zum anderen aber liegt er wesentlich in der *Enttäuschung,* die das kirchliche Prämiensystem göttlicher Belohnungen für rechte Frömmigkeit unfehlbar nach sich ziehen muss: »Bete zum lieben Gott, dass er das Wetter am Schulausflug schön macht!« »Bete, dass du die nächste Klassenarbeit gut schreibst!« »Bete, dass Mutter bald wieder gesund wird!« »Du musst aber auch sonst ein anständiges Mädchen, ein anständiger Junge sein, sonst wird Gott dich nicht erhören.« »Du musst aber auch voller Vertrauen beten – ob Gott es dann tut, musst du ihm überlassen« …

Es fällt schwer, sich religiös ein unsinnigeres Erziehungsverfahren auszudenken als dieses. Denn selbst den Dümmsten muss es irgendwann dämmern, dass sie es im Leben nicht sowohl mit der Wünschbarkeit des Wirklichen zu tun haben als vielmehr mit einer Fülle von

Zufällen und Zwängen, gegen die kein Beten hilft, allenfalls ein vernünftiges Handeln in Kenntnis der jeweiligen Komplexität der Lage. [...] Viele Menschen sind heute, die im formellen Sinn der Kirchenerziehung schon längst nicht mehr beten oder die in kirchlichem Sinne niemals zu »beten« gelernt haben; und doch empfinden sie Freude bei der Lektüre einer Erzählung wie Adalbert Stifters *Nachsommer* mit den so sorgfältigen Schilderungen der Maserungen und Holzverarbeitungen an einem Haus, der Pflege der Rosensträucher im Garten, der allmählichen Reifung zweier Kinder zu den ernsteren Gefühlen ihres Geschlechts; sie genießen die Andacht eines Spaziergangs am Waldrain; sie träumen wie zeitenthoben vor sich hin unter einem hohen offenen Himmel, an welchem in endlosem Formenspiel die weißen Wolken ziehn; sie können kaum davon lassen, auf einer Brücke stehenzubleiben und den strömenden Wellen im Fluss zuzusehen, wie sich die Abendlichter im Wasser spiegeln; sie empfinden ein tiefes Glück beim Anblick ihres tollenden Hundes auf der Wiese, der in seiner Begeisterung einem Stöckchen nachspringt, oder, heimgekehrt, beim Betrachten ihres schlafenden Kätzchens auf dem Sofa ... Niemand von ihnen nennt seine innere Einstellung »Beten«, und doch, wenn wir unter »Gebet« im Sinne der *Mystik* ein Freiwerden der Aufmerksamkeit von allen Zwecksetzungen verstehen, ein *Schauen* in einer Haltung wohlwollenden Zulassens, ein *Betrachten* der Welt als eines unerklärlichen, dankbaren Wunders, so sind all die genannten geistigen (Un)Tätigkeiten die ersten Teile bereits eines stummen Gebets.

Der sechste Tag 313 f.; 316 f.

Beten als Akt der Aufmerksamkeit

Zu beten gilt weithin (noch immer) als ein quasi magischer Akt in Augenblicken menschlicher Hilflosigkeit: An Stellen, da wir nicht mehr weiterwissen, soll Gott uns sagen, wie es weitergeht; in Situationen, da für uns nichts mehr zu machen ist, soll Gott zu unseren Gunsten etwas machen. Gebet als Mittel, die Gottheit mit unseren Bedürfnissen zu konfrontieren und unsere eigenen Interessen auszudehnen bis zum Himmel – wenn es so steht, ist Beten nur ein erster Akt, auf sich selbst aufmerksam *zu machen*; weit wichtiger indessen ist es, im

Gebet auf sich selbst aufmerksam *zu werden*. Und das geschieht! Kein Mensch würde sich an die Gottheit wenden ohne Vertrauen, irgendwie gehört zu werden – gehört, nicht unbedingt erhört. Zu beten – das ist eine Rückbesinnung auf den Ort des Ursprungs unseres Lebens: eines unbedingten Gewollt-Seins, einer absoluten Bejahung, einer umfassenden Erlaubnis zum eigenen Leben; zu beten – das ist eine machtvolle Erinnerung daran, dass wir im letzten nur aus einer unverdienten Gnade leben; das ist eine Selbstvergewisserung des Eindrucks, von einer Liebe getragen zu sein, die das Leben zum Geschenk macht; das ist das Eintauchen in die Gewissheit, mit unserem eigenen Namen von Gott in unser Leben gerufen zu sein, von Ihm selbst gemeint und gewollt, und zwar nicht erst für nachgewiesene Nützlichkeit oder für eine erbrachte »Sehr gut«-Leistung, sondern für die Einmaligkeit der eigenen Person, für die Erwünschtheit dessen, was wir wirklich sind; zu beten – das ist die Begegnung mit jenem Gegenüber, dem wir verdanken, dass wir sind; das ist das Einschwingen in ein grundlegendes Einverständnis; das ist das Grundgefühl eines Umfangenseins, das ein für alle Mal unwiderruflich gilt. Insofern ist die Einsamkeit des Betens immer ein Akt der Individualität. Wohl mag man rituell auch in dem Sozialverband von »Kirche« beten – doch das ist etwas anderes, schon Abgeleitetes, in jedem Fall erst Sekundäres. Nie ist die Gruppe Gott, nie ist die Kirche »Christus«, nie ist ein Kollektivverband die Antwort auf das unerhörte Wagnis, *selbst* zu sein.

Lukas I, 645 f.

Gebet ist Liebe

Gebet und Liebe sind im Wesen ein und dasselbe: Stets fühlen Liebende sich miteinander verbunden in einem Empfinden von Andacht und Vergegenwärtigung – wie im Gebet der Gläubige mit Gott; das eine ist vom anderen nicht zu trennen: Jeder Betende liebt und jeder Liebende betet in einem steten inneren Dialog zwischen Ich und Du.

Lukas I, 795

4. Gott macht unser unmögliches Leben erst möglich

Sünde ist Gespaltenheit, richtiges Leben Ganzheit

[G]efragt, worauf es im Leben entscheidend ankommt, fasst Jesus in Mk 12,30-31 zwei Bibelstellen (Dt 6,4-5; Lev 19,18) in einem einzigen Satz zusammen: »Du sollst den Herrn, deinen Gott, lieben von ganzem Herzen, von ganzer Seele, von ganzem Gemüt und von allen deinen Kräften … Du sollst deinen Nächsten lieben wie dich selbst.« Immer wieder wird bei der Auslegung dieses Wortes zu Recht auf die Einheit von Gottes- und Menschenliebe in der Botschaft Jesu hingewiesen; doch untergehen sollte dabei nicht die *Einheit der menschlichen Existenz,* die das »richtige« Leben vor Gott allererst möglich macht. Wie gelangt ein Mensch dahin, mit »ganzem Herzen« zu lieben und mit »ganzer Seele« und mit »ganzem Gemüt« und mit »allen Kräften«? Ohne die Einzelheiten dieser Formulierungen erörtern zu wollen, ist doch deutlich, dass die Haltung, die Jesus als »Frömmigkeit« vorschwebt, mit der Überwindung aller (neurotischen) Zerspaltenheit der Seele und der menschlichen Wirklichkeit einhergeht. »Richtig« leben kann nur, wer *ganz* zu leben vermag; alle »Sünde« aber ist als Erstes eine »Sonderung«.

Im Anfang … 1169 f.

Die Hoffnung, niemals ganz scheitern zu können

[D]ies ist eigentlich, was Christus meint und spricht: Ihr könnt die ganze Welt immer wieder so betrachten: wie viel es kostet, sie im Dasein zu erhalten, wie viel verlorene Mühe, wie viel Scheitern und Tragödie – ihr werdet schließlich an den Punkt kommen, wo ihr euch fragen müsst, warum das alles überhaupt besteht, warum es euch selber gibt; ihr werdet schließlich, wenn ihr nur tief genug in den Abgrund schaut, noch einmal der Hand begegnen, die alles trägt und alles schuf. Im menschlichen Leben gibt es das Scheitern; im menschlichen Leben gibt es die Tragik. Irgendwann ist der Sprung in den Abgrund nötig. Bei Gott gibt es das Scheitern nicht. Bei Gott sind die Zerstörungsfälle umfangen von einem weit größeren Plan. Selbst wenn unser eigenes Leben uns so winzig vorkommt, selbst wenn wir glauben, Grund zu haben, wir selber gehörten ganz gewiss zu dem Saatgut, das man besser gar nicht erst ausgestreut hätte, aus uns werde ganz sicher niemals etwas werden, meint Jesus, es sei vielleicht das Wichtigste im Leben, denken zu sollen, dass Gott uns gar nicht geschaffen hätte, uns gar nicht dem Acker der Erde anvertraut hätte, wenn es nicht von ihm her einen Plan mit uns gäbe. Irgendetwas wird er mit uns vorhaben, dies ist ihm zuzutrauen.

Wenn der Himmel die Erde berührt 87

Die Grenzen der kirchlichen Glaubenstradition

Das falsche Verständnis des Glaubens als rechte Lehre
Vielleicht gibt es keinen größeren Skandal in der Christenheit, als dass wir uns dahin erziehen lassen und schon fast ganz und gar gewöhnt sind, den Glauben vor allem für eine Art der rechten Lehre zu halten. Wenn es so stünde, wäre unser Verhältnis zu Gott wesentlich ein intellektuelles Verhältnis. Richtig zu denken und vor allem das richtig Beigebrachte zu denken, wäre dann der entscheidende Punkt, der uns zu Christen machen würde. Ganz entsprechend ist der Apparat der Lehre im Christentum gewaltig ausgedehnt. Es gilt uns als selbstverständlich, dass jemand, der heranwächst, über Gott von außen her in Kenntnis gesetzt werden muss. Die Eltern müssen ihre Kinder erziehen, die Eltern müssen erzogen werden durch den Stand der Schriftausleger, der wiederum muss erzogen werden durch eine Kaste von Fachleuten. Es ist ein Lehrbetrieb, wie er im Umgang mit jeder Sache sonst auf Erden seine Legitimation haben mag, im Umgang mit Gott aber geradezu absurd wirken muss, denn Gott lebt im Herzen eines jeden Einzelnen. »Ihr«, sagt Christus, »sollt euch nicht Lehrer nennen lassen«, was doch wohl auch so viel sagt wie: nicht als Lehrer betätigen, indem ihr dünkelhaft vor dem anderen steht und ihm erläutern wollt, was Gott ist und in seinem Leben zu sagen hat. Es ist keine kleine Sache, den Glauben in etwas Äußeres zu verwandeln. Es ist so schlimm, wie wenn man ein richtiges Medikament falsch anwendet: Je stärker es ist, desto schlimmer wird der Schaden sein.

Und legte ihnen die Hände auf 72

Die Religion der Äußerlichkeit und der Frühlingswind Jesu

Der Konflikt war und ist unvermeidbar. In einer Religion der Äußerlichkeit und der Außenlenkung sind alle Angelegenheiten der Wahrheit scheinbar sicher verwaltet, institutionell wohlgeborgen und rituell wohlverwahrt, eben indem man sie äußerlich wohlfeil verordnet, festschreibt und verfügt. Alle Dinge scheinen da evident und sicher zu stehen, alle Zweifel gelten für ausgeräumt, alle Bedenken für aufgehoben, jeder Einzelne im Verband eines solchen Religionssystems hat seinen Ort, besitzt seinen Halt, es gibt keine Fragen mehr, die nicht längst durch die Tradition beantwortet wären. Eigentlich brauchte alles nur so weiterzugehen, und wehe den Unruhestiftern, die das verhindern wollten! Eine solche Religion liegt da wie eine Landschaft im Winter unter Schnee. Sie ist sauber und ordentlich; an jeder Stelle ist die Erde hart und kalt gefroren; sogar die Seen und die Flüsse sind sicheren Fußes begehbar, und die Eisflächen liegen spiegelblank unter dem Nordwind. Nichts muss eine solche Landschaft mehr fürchten als den Frühlingswind, der mit seinem wärmeren Atem die Böden in Morast und Sumpf verwandelt, die Flüsse zu Überschwemmungen treibt, die Seenflächen aufreißt, bis nichts mehr eindeutig, klar vorgezeichnet und tragfähig scheint.

Ist nicht, diesem Bilde entsprechend, die menschliche Freiheit ein einziges Chaos, etwas geradewegs Fürchterliches für all die ordentlichen Leute? Doch eben diesen Frühlingswind hat Jesus gewollt, ja, er hat ihn verkörpert. Er hat sogar noch hinzugefügt, er betrachte sich selber, seine ganze Mission, wie ein Feuer, das vom Himmel komme und endlich brennen wolle, mit aller Leidenschaft und verzehrenden Glut (Lk 12,49).

Johannes II, 183 f.

Ein Gott, der sich nicht festlegen lässt

Wir brauchten religiös und religionsgeschichtlich einen Aufbruch, einen Fortschritt, der darin besteht, dass Gott weniger gegenständlich erscheint, weniger festgelegt, weniger dinghaft, ein wirkliches Du, das schwebend ist und doch stets gegenwärtig, ungreifbar und doch umso näher, etwas Geheimnisvolles, das sich nicht umsetzen lässt in Völkerauftrag, in politisch gestaltete Ideologie, in religiöses Herrschaftswissen, sondern das menschlich glaubwürdig wird. Das scheint der Grund zu sein, warum über Isaak hinaus in den Jakobs-Geschichten, vor allem dann in den Geschichten Josefs in Ägypten Gott dem Namen nach kaum mehr vorkommt, sondern nur Menschen. Es gibt den Gott Abrahams, aber vielleicht leben wir heute mehr noch mit dem Gott Isaaks, der in der Ferne um Rebekka, seine Frau, wirbt, und Jakobs, der um die Tochter Labans, seines Oheims, um Rahel wirbt. Wie Religion und Liebe, Gott und das Glück sich miteinander verbinden, das bleibt die Frage, das Problem und die Richtung der Bibel.

Ich lasse dich nicht, du segnest mich denn 197

Eine Religion von innen

Alles, was die Religion zu sagen hat, muss unsinnig, unfrei, gezwungen und sogar unmenschlich erscheinen, solange sie äußerlich genommen wird. Erst wenn man sie von innen her auffasst, wenn es in einem selber so ist und stimmt, merkt man, wie alles sich neu ordnet und ins Lot kommt […]

Was uns Zukunft gibt 156

***

In der Tat: *Fortschreitende Verinnerlichung* ist die wahre geistige Bewegung der Religion auf dem Weg zur Freiheit. Man wird Feuerbachs Entfremdungstheorie nur überwinden können, wenn man die Identität des Menschen in seinem Gefühl als den Inbegriff des Religiösen versteht, statt, wie in der christlichen Theologie immer noch üblich, alles Gefühlsnahe, »Psychologische«, als Verrat an der Religion zu diffamieren.

Markus I, 269 Anm. 2 (Zum Weiterlesen:
Tiefenpsychologie und Exegese II, 36–42)

Ein innigeres Verhältnis zu Gott

[Z]u Ende geht ein für allemal, und sollte es auch noch so lange währen, die Zeit der Wundergläubigkeit, der Gebets»erhörungen«, einer »Theologie« der ständigen »Eingriffe« Gottes zur Korrektur der

Welt und Geschichte; zu Ende auch geht jene kindliche Frömmigkeit »ödipaler« Haltungen und Einstellungen, in denen die infantilen Bindungen an die Mutter (und, erweitert dann, an die »Mutter« Kirche) aus der Religion eine Institution der Außenlenkung und der verinnerlichten Selbstzensur im Überich gemacht haben; zu Ende geht insbesondere jene »Gläubigkeit«, die, bachkieselgleich, ebenso dumpf wie fest, sich nur dem Strom der Zeit, das heißt der tragenden und prägenden Kraft der Vergangenheit, der Augenblickslaune dogmatischer Kirchen»entscheidungen« sowie den vermeintlichen Tages»bedürfnissen« der jeweiligen Bezugsgruppe »verdankt«; anheben wird stattdessen eine neue Form von Freiheit und Mündigkeit der Gesinnung, von Klarheit und Wahrheit des Geistes, von »Ungehaltenheit« und »Ungebärdigkeit« des Gemüts gegenüber dem alten, allzu festen Reglement von Zeichen und Gebärden. Was uns bevorsteht, ist nicht ein geringeres, sondern ein innigeres, ein innerlicheres Verhältnis des Menschen zum Göttlichen.

Im Anfang … 27

Möglichkeiten der Offenbarung

1. Glaube ist innerlich

Die Träume der Menschen sind die wahren Eingebungen und Offenbarungen Gottes; das, was dann als Geschichte geschieht, ist Auftrag, Bewährung, Scheitern, Neuanfang und vielleicht manchmal sogar Erfüllung.

Matthäus I, 161

***

Gott, könnten wir sagen, ist immer gegenwärtig, redet allerorten. Das, was er zu sagen hat, lebt in einem jeden. Das wirkliche Wunder ist nur, dass es ab und an Menschen gibt, die das Kellerfenster öffnen und das

Licht hereinlassen, das draußen scheint, und es *sehen* wollen. »Raus aus der Höhle.« Das ist die ganze Berufung.

Den eigenen Weg gehen 38

Gott teilt sich innerlich mit

Allein schon die Entdeckung, wie verwandt religiöse Anschauungen und Überlieferungen, vollkommen unabhängig von irgendeiner historischen Vermittlung, sein können und wie gleichgeartet also die menschliche Psyche sein muss, wenn sie immer wieder, unter vollkommen verschiedenen kulturellen und gesellschaftlichen Voraussetzungen, dieselben Vorstellungen ausbildet, muss zu einer radikalen Veränderung des bisherigen »christlich-abendländischen« Weltbildes führen, wonach wir selber in jeder Hinsicht als die von Gott Bevorzugten und in die Pläne des Ewigen auf einzigartige Weise Eingeweihten zu betrachten sind: das, was sonst nur Ahnung und Hoffnung sein kann, werde bei uns, so die christliche Vorstellung, in die Klarheit von Wissen und Wirklichkeit gehoben. Der Dünkel der Exklusivität muss zerbrechen, wenn wir sehen, dass gerade die Glaubenssymbole der eigenen Frömmigkeit offensichtlich nicht, wie erwartet, das Einmalige und Unvergleichbare, sondern vielmehr das Ubiquitäre und Allgemeingültige darstellen. Selbst der Begriff der Offenbarung, dieser ganze Stolz der biblischen Religion, muss theologisch neu durchdacht werden, wenn sich zeigt, dass die Inhalte auch und gerade des Offenbarungsglaubens allem Anschein nach nicht von außen, durch historische Begebenheiten, in den Menschen hineinkommen, sondern allenfalls umgekehrt: aus dem Menschen heraustreten, sobald die Voraussetzungen dafür gegeben sind. Gott selber ist, wenn das zutrifft, dem Menschen weit innerlicher als gedacht, und die Art seiner Selbstmitteilung muss weit sanfter und organischer vorgestellt werden, als man es bisher hat glauben wollen. Die gesamte Sprache der Religion zwischen den Kulturen müsste sich dementsprechend wandeln – vom Exklusiven zum Integrativen, vom Dozierenden zum Kommunikativen, wenn wir nur versuchen, einer kleinen Indianermythe gerecht zu werden […]

Milomaki 23 f.

Offenbarung in der Seele und in der Schöpfung – personale Offenbarung

Was ist »Offenbarung«?, lautete unsere Frage. Und: Wie lässt sie sich so beschreiben, dass sie nicht länger als ein Instrument autoritärer Fremdbestimmung und beamteter Außenlenkung sich missbrauchen lässt? Auf dieses Problem kennen wir, zumindest bereits in den Grundstrukturen, jetzt die Antwort: Offenbarung ist *religionspsychologisch*, nach dem bisher Gesagten, das Auftauchen einer Grundgestalt des Unbewussten, ausgelöst durch eine dazu geeignete personale Erfahrung im Raum des Geschichtlichen. Die *»Inhalte«* des »Glaubens« haften dabei, wenn diese Auffassung zutrifft, entscheidend an der Person des Religionsstifters beziehungsweise des Offenbarungsträgers, doch enthält dessen historische Geschichte nur den *Auslöser* für das Auftreten all der symbolischen Aussagen, die sich mit ihm aus den Tiefenschichten der Psyche deutend verbinden. Dass der »Glaube« *»mehr«* ist als »nur« eine Haltung bloßen Vertrauens, dass er überhaupt zu einer Lehre, zu einem Mythos, zu einem Ritual sich ausdehnen kann, ist demnach nicht aus der historischen Biografie des Offenbarungsträgers, aus seinen Taten und Worten (etwa durch besondere Stiftungen und Einsetzungen), zu begründen, sondern ist wesentlich aus der *Wirkung* zu verstehen, die sein Auftreten in den unbewussten Schichten der menschlichen Psyche hinterlässt, indem sie dort *Bilder* freisetzt, die den Umkreis seiner »wirklichen»Bedeutung für die Menschheit festlegen; es ist dann sein »Geist«, der die Gläubigen, die von ihm Faszinierten, »in alle Wahrheit einführt« (Joh 16,13). *Im Bild* gesprochen: So wie im Körper ein Hormon nur wirksam werden kann, weil es eine Struktur besitzt, die, gleich einem Schlüssel zum Schloss, spezifisch zu der Membran einer Zelle »passt«, so kann religiös ein historisches Ereignis oder eine bestimmte Person nur dann zum Träger einer göttlichen »Offenbarung« werden, wenn es zu einem bestimmten vorgegebenen Bildinhalt »passend« ist; und so wie die Wirksamkeit eines bestimmten Hormons darin besteht, die vorgegebenen Schaltpläne im Inneren einer Zelle zu aktivieren, so besteht auch die »Offenbarung« Gottes wesentlich darin, die in der menschlichen Psyche angelegten Kräfte freizusetzen. Der »inhaltliche« Teil der »Offenbarung« ergibt sich folglich aus der *Öffnung* des Reservoirs an symbolischen

Bildern und Konfigurationen im Unbewussten für das Bewusstsein selbst. […]

Wieso, muss man sich fragen, kann denn und darf denn nur *das* als »Offenbarung« Gottes gelten, was im Verlauf der menschlichen Geschichte von Abraham bis Jesus sich »ereignet« hat, nicht aber das, was zum Beispiel sich in Mohendjodaro, in Memphis, in Benares, in Mekka, in Tollan oder in Chichen Itza zugetragen hat? Und wieso muss man, um ein gläubiger Mensch zu sein, daran festhalten, dass die Geschichten der israelitischen »Patriarchen« oder die neutestamentlichen Erzählungen um die Person Jesu zumindest im Großen und Ganzen geschichtlich »wahr« gewesen sind, selbst wenn wir historisch nicht einmal wissen, ob »Abraham«, »Isaak« und »Jakob« jemals gelebt haben oder ob sie nicht vielmehr bloße Chiffren für bestimmte aramäische Wanderbewegungen im ersten Drittel des zweiten Jahrtausends vor unserer Zeitrechnung gewesen sind? Selbst von Jesus als dem »Christus« wissen wir durchaus nicht, wie er jemals »jungfräulich« hat zur Welt kommen oder »leibhaftig« aus dem Grab hat erstehen und zum Himmel auffahren können; was wir stattdessen bei einiger Ehrlichkeit wissen, ist die Tatsache, dass es sich hier um Bilder handelt; und wenn es eine religiöse Wahrheit gibt, die in ihnen liegt, so entstammt sie gewiss nicht bestimmten äußeren Ereignissen in Raum und Zeit, sondern der Aktivierung von Vorstellungskomplexen, die in der menschlichen Seele selbst angelegt sind […]

Statt also in der kirchlichen Unterweisung immer wieder zwischen »Fakten« und »Fiktionen«, zwischen *äußerer* Realität und »Traum« zu unterscheiden, nur um damit die religiöse Wahrheitssuche zu einem abergläubigen Offenbarungseid zwingen zu müssen, kommt im Gegenteil alles darauf an, die *Verbindlichkeit* und den *Realitätsgehalt* der religiösen Bilder dort zu suchen, wo deren eigentlicher Ursprung *im Inneren des Menschen*, nicht im Äußeren der Geschichte. Im Äußeren der Geschichte findet sich die entscheidende *personale* Erfahrung, die das Ich des Menschen so verwandelt, dass es in den Stand gebracht wird, bestimmte Teile seines Unbewussten in einer neuen Weise zu integrieren – die Person Jesu zum Beispiel gab es auch in historisch äußerem Sinne wirklich; die deutenden Inhalte dieses Erlebens aber sind prinzipiell innerseelischen, mythischen Ursprungs; sie entstammen keiner äußeren, sondern einer inneren Erfahrung; ihre Wahrheit und ihr Anspruch liegen nicht in dem, was äußerlich *war*, sondern in dem, was sich innerlich ereignet und sich durch ein verwandeltes Menschsein auch in der Welt draußen, im Raum der Geschichte, geltend machen sollte. Sie enthalten keine Informationen über Vergangenes, sondern sie beschreiben Wandlungszustände der Psyche des Menschen auf dem Wege zu sich selbst. [...]

Entscheidend ist dann, dass wir in der Psyche des Menschen nicht länger mehr einen offenbarungsneutralen Raum erblicken, der beschaffen sein kann, wie immer er will; wir müssen vielmehr die Seele des Menschen gerade als den »Ort« betrachten, in dem es allererst möglich ist, »Gott« zu vernehmen. [...] Erst wer versteht, wie Menschen sind, versteht, wie ihnen Gott erscheinen kann.

Dann aber hindert uns jetzt nichts mehr zu denken, dass die »Offenbarung« Gottes keinesfalls erst zu einem bestimmten Zeitpunkt der Geschichte, sagen wir mit der Bibel, vor ein paar tausend Jahren, begonnen hat, sondern wir sehen uns zu der Ansicht gedrängt, dass die gesamte Schöpfung eine einzige Form der Selbstmitteilung Gottes darstellt, ganz wie es im Abendland John Toland im siebzehnten Jahrhundert bereits vorschlug. Der »Ruf« Gottes ergeht mithin keinesfalls nur »punktuell«, sondern er ertönt, ähnlich der Entwicklungslehre der Hindus, quer durch die gesamte Evolution. Ja, mehr noch: Statt rein *religionspsychologisch* zu sagen: die »Offenbarung« Gottes bestehe in der personalen Erfahrung, als Mensch in einer Tiefe angenommen zu sein, die eine Integration einer Vielzahl unbewusster Bilder erlaube, können wir jetzt auch theologisch sagen: Offenbarung ist die personale *Vollendung* dessen, was durch die »Schöpfung« in der Natur des Menschen *angelegt* ist. [...]

Fragt man sich [...]: »Und wann also offenbart sich die Gottheit?«, so kann man nur sagen: *Immer!* Es *gab* nie eine Zeit und es *wird* nie eine Zeit geben, da Gott nicht ist. Im Gegenteil: Er *umgibt* uns zu *jeder* Zeit wie das Licht, wie die Luft, und immer wieder treten Menschen auf, die angstfrei und offen genug sind, um den Wind der Freiheit zu atmen und das Licht der Liebe in ihr Herz aufzunehmen.

Glauben in Freiheit 256–261

Artikulierte Grundgefühle statt Formeln

Wann je hätten Theologen *so* nach Gott gefragt, dass sich entsprechend der Antwort *ihr ganzes Leben* geändert hätte? Doch die Menschen, wenn überhaupt, fragen so, und es bedürfte einer anderen, einer neuen »Theologie«, um zu solchen Fragen hinzuführen. Die *Sprache* einer solchen »Theologie« müsste frei sein von den Formeln des gefrorenen »Glaubenswissens« der Vergangenheit; sie müsste so bildhaft und persönlich verbindlich sein, dass sie die Erfahrungen auch wirklich vermittelt, von denen sie spricht. Statt in herkömmlichem Sinne mit Begriffen wie »Sünde« und »Erlösung« als mit fertigen Vokabeln um sich zu werfen, müsste sie die Gefühle der Verlorenheit, der Nicht-Akzeptiertheit, des Verstoßenseins so radikal artikulieren, dass im Hintergrund des Daseins die zentrale Spannung zwischen Angst und Vertrauen als den alternativen Vorentscheidungen über Misslingen und Gelingen des Lebens wieder deutlich würde.

Glauben in Freiheit 36

(Zum Weiterlesen: *Strukturen des Bösen III,* 514–533 [Die Folgen der Mythenfeindlichkeit für das Christentum])

2. Die Rückkehr zum eigentlich Gemeinten: Wort und Sinn in der Bibel

Was bedeutet das, was da steht, wenn's dir gesagt wäre, und was spielt sich ab in dir, wenn du es hörst?

Ich lasse dich nicht, du segnest mich denn 199

Gleichzeitigkeit zu Gott: die Notwendigkeit des persönlichen Bezugs

Dementsprechend folgt, dass die eigene Person, die eigene Existenz, der entscheidende Erkenntnisort religiöser Rede ist. Die Frage stellt sich religiös niemals, was eine Rede für andere bedeutet haben mag, sie lautet stets: Was bedeutet das entsprechende Wort hier und jetzt für mich? Erst wenn ich selbst ein religiöses Wort so erlebe, dass es unmittelbar in meine Gegenwart hineinspricht, verstehe ich es religiös.

Ich muss deshalb die Problemstellung im Hintergrund der religiösen Rede unmittelbar als meine eigene Frage erfahren, und ebenso spontan muss sich mir die religiöse Rede selbst als die einzig evidente Antwort erschließen. Nur so befinde ich mich als Hörer in der gleichen »Zeit«, im Umkreis der gleichen Aktualität, aus der heraus der religiöse Lehrer spricht; abweichend davon, durch historische Forschung, mache ich mich selbst durch die Untersuchung des Vergangenen zu einer vergangenen, ungleichzeitigen Existenz. Alles, was nicht die eigene Person näher zu sich selbst und damit zu Gott bringt, ist als unwesentliches, ablenkendes Beiwerk von der Exegese *auszuschließen* bzw. als buchstäblich »vorläufig« zu betrachten.

Tiefenpsychologie und Exegese II, 754 f.
(Zum Weiterlesen: *Tiefenpsychologie und Exegese I,* 431–454
[Die Identifikationsmöglichkeit für uns heute mit den Legenden])

Das Neue Testament in sich wirksam werden lassen

Das also muss jetzt das Ziel alles Weiteren sein: Wir müssen *die Bilder,* die das Neue Testament, vornehmlich also die ersten drei Evangelien von der Person Jesu zeichnen, auf uns in einer Weise wirken lassen, dass sie uns selber *verwandeln*; wir müssen *die Art* des Sprechens und Handelns Jesu in den Evangelien so in uns aufnehmen, dass sie Kräfte in uns freisetzen, die unser Leben richtungweisend gestalten können; wir müssen *die Inhalte* der Botschaft Jesu so übersetzen, dass sie aus der Zeitbedingtheit ihrer Formulierung und Überlieferung unmittelbar in unser Leben zu reden beginnen und wir Worte hören, die uns helfen, die Welt ringsum zu ertragen, indem wir selber sie erträglicher *machen*; und wir müssen uns fragen, was *das Schicksal* eines Menschen sein wird, der so, wie der Mann aus Nazaret, versuchen sollte, zugunsten der Menschen Partei zu ergreifen gegen alle Instanzen und Institutionen, die im Namen Gottes Menschen verwalten zu können glauben [...]

Jesus von Nazareth 160

Die Gefahren der Bibelinterpretation von außen

Jede äußere Interpretation dieser Texte führt wieder zurück in den Formelkram: Gott hat uns ein Land versprochen, Gott hat uns auserwählt,

Gott will es. Und schon geht es los mit dem Morden um Landbesitz, Grenzziehungen, Rechtsansprüche.

Den eigenen Weg gehen 75 f.

***

Wer überhaupt wird doch die Bibel lesen? Und wenn er es tut, wie wird er sie dann verstehen, und wenn er sie versteht, wie wird er sie dann nicht missverstehen? Muss man sie nicht Stelle um Stelle erklärt bekommen? Was aber gilt dann von all dem? Die Antwort des *Johannes* auf diesen berechtigten Einwand wäre gewesen so wie vor zweitausend Jahren: Es gilt bei allem Geschriebenen einzig, was das persönliche Leben betrifft, so wie Jesus es uns vorgemacht hat. Einzig durch die Erfahrung, was Menschen leben lässt, wird sich herausfiltern lassen, was an überlieferten Worten Gottes wirklich von Gott war und ist.

Johannes I, 136

Bibelauslegung als Verkündigung

Jede Auslegung der Bibel, gleich welcher Methode, ist nur ein Mittel, kein Selbstzweck; sie erreicht erst dann das Niveau ihrer Vorlage, wenn sie selber zu dem wird, was die Texte der Heiligen Schrift ihrem ganzen Wesen nach sind: Verkündigung. So wie man ein Gedicht eigentlich erst dann wirklich »verstanden« hat, wenn es im eigenen Inneren eine Resonanz erzeugt, die sich selber zu einem neuen Gedicht formt, so kann man ein Wort Gottes nur verstehen, wenn sich darunter die eigene Existenz zum Ort seiner Wahrheit verdichtet. [...] Erst wenn der Punkt ganz klar ist, an dem unter einem Text der Bibel sich etwas Wesentliches für das eigene Leben entscheidet – entschieden hat –, lässt sich ein Wort von Gott, beglaubigt mit der eigenen Existenz, als Wort des Glaubens anderen weitersagen. Es hilft nichts und bietet nur eine falsche Beruhigung, dieses existenzielle »Essen der Buchrolle« (Ez 3,1-5; Apk 10,9) mit mystisch klingenden Verfeierlichungen zu umschreiben und es damit unter dem Vorwand einer nichtssagenden Erhabenheit um seinen Ernst zu bringen. Nur der innerlich Begeisterte hat ein Recht, sich auf den

»Geist« zu berufen – nur der Begeisternde redet »geistig« in religiösem Sinne.

Markus I, 108

Historisch-kritische und tiefenpsychologische Exegese der Bibel

So unerlässlich die historisch-kritische Methode als Verfahren einer objektiven Erkenntnis des historischen Befundes eines Textes auch ist und so wichtig sie war, um die Bibelauslegung aus der Starre des kirchlichen Dogmatismus zu lösen, so sehr muss sie, wenn es um *religiöse* Erkenntnis gehen soll, durch Auslegungsmethoden ergänzt werden, die den subjektabhängigen Anteil des Verstehens hinreichend zur Geltung bringen, und hier ist [...] die Tiefenpsychologie mit ihren symbolischen und einfühlenden Deutungsverfahren die Methode der Wahl. Auch die Tiefenpsychologie besitzt dabei keinen Monopolanspruch oder Wert an sich; aber sie ist (heute!) unerlässlich, um etwas äußerst Wichtiges zu erreichen: dass der latent atheistische Graben sich schließt, der aus der Subjekt-Objekt-Spaltung des neuzeitlichen Wissenschaftsmodells folgt: der Graben zwischen Wissen und Glauben, Historie und Mythos, Denken und Fühlen, Wirklichkeit und Symbol, Mensch und Gott – historisch gewendet: zwischen der Gestalt Jesu von Nazaret und dem Christus der christlichen Verkündigung.

Markus I, 106

Theologie ohne Tiefenpsychologie ist eine Monstrosität

Methodisch gesprochen: Erst durch die Tiefenpsychologie der Angst wird deutlich, was die Haltung des Vertrauens inhaltlich bedeuten kann. Die Tiefenpsychologie ist mithin ein unentbehrliches Hilfsorgan zum Selbstverständnis einer Theologie des Glaubens. Ohne die Tiefenpsychologie deformiert die Theologie sich selbst von einer Lehre, die dazu bestimmt ist, den Menschen durch Verständnis und Güte zu heilen und in das Zentrum seiner Persönlichkeit von Gott her zurückzuführen, in eine Doktrin lebensfremder moralisierender und verrechtlichender Missverständnisse. Ohne den Abgrund der Angst in der Tiefe der menschlichen Existenz vor Augen zu haben, verkommt die Theologie, ganz in Übereinstimmung zu dem Programm der Aufklärungsphilosophie, bei ihrem Sprechen von Gott zu einer reinen

Moral- und Rechtslehre, zu einem Teilzweig der Gesellschaftskunde, die im Grunde Gottes wie des Glaubens völlig entraten kann. […] Aus einer Heilslehre wird dann ein Symptom der Selbstentfremdung des menschlichen Bewusstseins, eine Glaubensform, in welcher schon die Vokabeln Selbstfindung und Selbstverwirklichung schließlich als Chiffren des Antichristlichen und Glaubensfeindlichen aus dem theologischen Sprachgebrauch ausgemerzt werden müssen.

[…] Solange die christliche Theologie fortfährt, an ihrer eigenen Bewusstseins- und Verstandeseinseitigkeit festzuhalten, gerät sie nolens volens mit Recht in den Verdacht, selber ein System der Veräußerlichung und Entfremdung zu sein.

Wege und Umwege der Liebe 195 f.

Entweder Gott oder ich?

Nichts ist unsinniger als der Dauervorwurf mancher Theologen: »Selbstfindung ist das Egoistische, das Individualistische, das zu Persönliche, man muss sehen auf die andern, hören auf die andern, da sein für die andern, wer sich selbst finden will, verleugnet den Christus, lebt an Gott vorbei.« Genau das Gegenteil! Nur ein Mensch, der seinen Wert, seine Größe, seine Berufung, sein Ich findet, wird irgendetwas Rechtes bewirken für die andern, und er wird sich nur finden unter den Augen einer Bejahung, die stark genug ist, alle Selbstzweifel zu widerlegen.

Den eigenen Weg gehen 266

Der psychotherapeutische Ansatz hilft beim Verständnis der Botschaft Jesu

»Man kann nicht alle Menschen therapieren.« Das ist wahr. Doch steht ein jeder Mensch vor der Aufgabe, er selbst zu werden, und »Psychotherapie« ist eigentlich nichts weiter als ein künstlicher Weg zu eben diesem natürlichen Ziel des Menschen. Anders gesagt: Nicht alle brauchen den Arzt, aber nur dann nicht, wenn sie gesund leben; nicht alle bedürfen eines Psychotherapeuten, doch nur dann nicht, wenn sie selbst dahin gelangen, wozu die Psychotherapie sie notfalls einlädt und begleitet: selbständige Menschen zu werden. Wer das politische Engagement gegen das therapeutische Bemühen um die Lösung dieses Grundproblems der menschlichen Existenz ausspielen will, der verwechselt ganz simpel die logischen Ebenen der jeweiligen Aufgabe: Pazifistische Propaganda mag einen gewissen Nutzen beim Prozess politischer Willensbildung besitzen, doch kommt sie allemal zu früh (oder zu spät), wenn es darum geht, auch nur einen einzigen Menschen wirklich friedfertig werden zu lassen. *Hier* hilft das psychotherapeutische Modell am besten weiter, um zu verstehen, welch eine Chance und Aufgabe zur Befreiung des Menschen die Botschaft Jesu in sich schließt.

Jesus von Nazareth 313

Priester und Arzt

Von daher ergibt sich die paradoxe Tatsache, dass die im Erbe Freuds sich so atheistisch artikulierende Psychoanalyse in dem Verfahren der Traumheilung und in der wechselseitigen Übertragung zwischen Therapeut und Klient *de facto* in eine Sphäre der Heilung zurückführt, die seit ihren Anfängen, seit der Zeit der Schamanen, der Wunderheiler und der göttlichen Ärzte der Antike, stets nur religiös begriffen wurde und letztlich auch nur religiös begriffen werden kann. *Der Arzt,* der heilt, ist wesenhaft *Priester,* Mittler zwischen dem Leben eines Menschen und der gütigen Kraft, die es trägt; der *Priester* umgekehrt ist als ein Glaubender ein *Arzt,* ein Mensch, der durch das Stück Vertrauen, das er selber lebt, Angst überwindet und im Segen Gottes heilt.

Tiefenpsychologie und Exegese II, 198

Porträt des Priesters als Schamane

[I]hrem ganzen Dasein nach sind die Schamanen Priesterpropheten: Dichter und Künder, göttliche Ärzte, Seher und Weise – traumgeleitete Suchwanderer auf dem Wege zu den geheimnisvollen Jenseitszonen des menschlichen Bewusstseins. Gewiss sind die so Berufenen in strengem Sinne »anormale«, »abartige« Charaktere – sie sind außerstande zu dem gewöhnlichen Leben des Stammes, und wer, wie sie, dem Geiste nahe ist, mag in der Welt alltäglicher Normalität wohl mit gewissem Recht in soziologischem Sinne als »verrückt« gelten, unfähig jedenfalls, als Jäger und als Krieger, als Ehemann und als Familienvater, als Herrscher und als Staatsmann sich hervorzutun. [...] Die Tiefe der seelischen Gefährdung bestimmt dabei als ihre Reaktionsbildung die

Stärke der heilenden Kraft; denn recht verstanden werden berufene Schamanen später nie etwas anderes tun, als anderen Menschen, die an sich selbst und an der Welt bis zur Zerstörung leiden, die Wege zu zeigen, auf denen sie als Kinder bereits in ihren Großen Gesichten zu sich zurückgefunden haben. Schamane zu sein ist für sie die einzige Form, der lauernden Zerstörung zu entgehen – eine wahrhaft »göttliche« Berufung, nicht anders als bei der Berufung jedes wirklichen Dichters, Malers oder Musikers. Schamanismus – das ist das Leben als vollzogenes Künstlertum, als realisierte Poesie, als Existenzverdichtung durch ein äußerst angespanntes, symbolisches Leben; das ist die Synthese von Gegensätzen, an deren Lösung ein weniger ingeniös veranlagter Geist unfehlbar zerbrechen müsste.

Kleriker 48 f.

Das prophetische Selbstverständnis

Was groß ist an diesen glühenden Gestalten der Religionsgeschichte, das ist der größere Atem, der sie durchweht. Es ist die *Größe der Aufgabe,* der sie sich weihen, die ihre Persönlichkeit ausmacht und hinter der das Private zum unbedeutenden Beiwerk herabsinkt. Eben dieser Kontrast: mit der gesamten eigenen Person für eine Wahrheit einzutreten, die unendlich viel größer ist als alles Eigene, macht das Wesen einer prophetischen Existenz aus: auf höchst persönliche Weise durchdrungen zu sein von dem überpersönlichen Anruf ihrer Mission – das ist die Art ihres Lebens.

Daraus, des Weiteren, ergibt sich die spezifische *Wirkung der prophetischen Rede:* Sie erlaubt keinen Rückzug in die private Ausrede; sie reißt den Einzelnen unter der Schutzdecke des Allgemeinen hervor; *sie stellt den Hörer unmittelbar sich selbst gegenüber.* [...] Wer ihnen widersprechen will, kann es nicht tun in der Hoheit eines Amtes – es wirkt lächerlich, gemessen an der einfachen Redlichkeit einer prophetischen Existenz; er kann es auch nicht tun in der Feierlichkeit von Belesenheit und Gelehrsamkeit; er muss *selber* Zeugnis geben *mit seinem eigenen Dasein.* [...]

In gewissem Sinne sind die Propheten stets »*Reformatoren*«: sie verlangen und erwarten die Wiederherstellung des »Ursprünglichen«, des wesenhaft Gemeinten, sie betreiben mit äußerster Leidenschaft die

Zerstörung all der Verfälschungen und Übermalungen, die sich über den reinen Anfang der göttlichen Offenbarung gelegt haben. Das »Im Anfang war es nicht so«, mit dem Jesus die Frage nach dem vermeintlichen Recht der Männer zur Entlassung ihrer Frauen beantwortet (Mk 10,6), gehört zentral zur Prophetenrede. Doch dieser »restaurative« bzw. »konservative« Zug prophetischer Frömmigkeit hat nichts zu tun mit der nostalgischen Sehnsucht nach der Wiederherstellung einer »guten alten Zeit«; die Propheten möchten ganz im Gegenteil die Erlebnisdichte, die Offenheit, die kreative Ursprünglichkeit des Anfangs für die Gegenwart zurückgewinnen. [...] *Nichts* ist deshalb den Propheten *verhasster als die Ritualisierung, die Stilisierung* und *die Formalisierung des Religiösen.* [...]

Die menschliche Situation jetzt in ihrer *Forderung nach unmittelbarer Menschlichkeit* – darin allein besteht das eigentlich prophetische Metier. *Aus der jeweiligen Situation heraus* in die aktuelle Gegenwart hinein, in ständigem *Dialog mit den Angeredeten* – so reden Propheten. [...] Sich in Ruhe aus der Gegenwart zu stehlen, um später gemütlich den Gang der Ereignisse nachzulesen und am liebsten: ihn zu »beurteilen« und »einzuordnen« in Kenntnis des Ausgangs, den die Sache seinerzeit nahm – genau diese Flucht aus dem Existieren ins Kommentieren und Dozieren erscheint, prophetisch betrachtet, als absolut unstatthaft, als der einzig wirkliche Fehler in religiöser Hinsicht. [...] Die Sprache der *Schriftgelehrten* und *Priester,* so rational klar, allgemeingültig und überzeitlich sie sich auch zu geben sucht, wird niemals verständlich sein außerhalb der engen Gleise der eigenen Kultur- und Begriffsgeschichte, ja, es zeigt sich, dass sie nicht einmal innerhalb ein und derselben Kultur allgemein zu vermitteln ist – näher betrachtet handelt es sich stets um eine Stände- oder Kastensprache zum Zwecke einer elitären Verständigung der Zunftmitglieder und Machtinhaber untereinander [...]. Die *prophetische* Rede hingegen, gerade weil sie dichterisch den *Augenblick* gestaltet, erhebt sich wie von selbst über die Enge ihres Ausgangspunktes und wird zum *Sinnbild* menschlicher Erfahrung insgesamt.

Glauben in Freiheit 53–57; 60

3. Der innere Ansatzpunkt: Bilder in der Seele

Evolution ist Gottes Suche nach dem Menschen

Ich bin sehr froh darüber, zu glauben oder zu denken, dass Gott in unsere Seele eine Fülle von Bildern gelegt hat, die uns helfen, gegen die Verzweiflung ein Stück Halt und auch Orientierung zu finden. Diesen Bildern zu folgen ist der Versuch der Menschheitsreligionen, so weit wir in die Geschichte zurückblicken können. Und zu solchen Bildern gehört offensichtlich auch der Gedanke, dass wir nicht einfach wie Blätter sind, die der Herbststurm von den Bäumen reißt, sondern dass mit uns etwas Ewiges ist. Ich glaube, dass Gott uns nicht erst seit ein paar tausend Jahren sucht, sondern dass er uns gesucht hat in dem Moment, als er uns schuf und bei uns war in all den Formen, durch die unsere Seele selbst geprägt wurde, dass die ganze Evolution ein Suchen Gottes nach den Menschen ist und dass man das nicht so eng festmachen kann an einem bestimmten Volk nur, an einer bestimmten Gestalt nur; sonst hätte es keinen Sinn zu glauben, dass Christus der Herr der Geschichte sei. In ihm verdichtet sich all das, was menschlich ist, so sehr, dass es sich auf Gott bezieht. Damit wird es dann auch möglich zu sagen: Indem Gott uns sucht, finden wir uns selber. […] Aber unter Personen suchen wir im Grunde leidenschaftlich immer das, wovon wir selbst getragen werden. Und das meine ich, wenn ich sage, Selbstfindung und Gottfindung sei im Grunde ein und derselbe Vorgang.

Wort des Heils – Wort der Heilung II, 130

Wie Gott zum Menschen spricht

[W]ir Menschen [bringen], wie wir jetzt sehen, jederzeit bestimmte Vorstellungen und Deutungsbereitschaften an die geschehende Geschichte mit, und wann immer etwas geschieht, das diese Vorstellungsmuster zur Gestaltung und Deutung aktiviert, verschmelzen in unserem Erleben »Ewigkeit« und Zeit miteinander. Da tritt etwas Göttliches in der sonst so profanen Geschichte in Erscheinung; da »offenbart« sich uns Gott. Er tut es, wohlgemerkt, nicht, indem er stupende »Tatsachen« in die Zeit und in den Raum setzt, er tut es, *in religionspsychologischer Deutung,* indem aufgrund bestimmter geschichtlicher Gegebenheiten die entsprechenden Handlungs- und Deutungsmuster in der Psyche des Menschen wachgerufen werden.

Ein Ereignis gilt mithin dann für »göttlich« beziehungsweise für eine »Offenbarung« Gottes, wenn sich auf der Erlebnisseite des Menschen eine geschichtlich bedingte Situation mit einem archetypisch vorgeprägten Deutungsmuster verbindet.

Der sechste Tag 425

Archetypen sind geronnene Evolutionsgeschichte

Die archetypischen Symbole, deren die Mythen sich mit Vorliebe bedienen, um die Einheit von Mensch und Natur zum Ausdruck zu bringen, haben sich selbst in ungeheuren Zeiträumen der Evolution geformt, und sie waren zunächst Gegebenheiten der äußeren Natur, ehe sie sich in der menschlichen Psyche niederschlugen und nun im mythischen Denken als menschliche Symbole in die Natur reprojiziert werden können. Die Psychoanalyse ist im Umgang mit den Traumsymbolen von daher eigentlich erst dann zu ihrem Ziel gelangt, wenn sie die Fähigkeit wieder freisetzt, sich selbst in der Natur und die Natur wieder in sich zu sehen und zu fühlen, wie es in dem hochpoetischen, zugleich dichterischen und musikalischen Verhältnis des Mythos zur Natur lebendig gegenwärtig ist. […]

Auf dem Hintergrund der Evolution zeigt sich in der Tat, dass die Archetypen – wie das Unbewusste insgesamt – dem ältesten Bestandteil der Menschheitspsyche überhaupt angehören, und schon dadurch befinden sie sich jenseits der Zeitvorstellungen des Bewusstseins. Ein so wichtiges Symbol wie das Mandalasymbol des Kreises z. B. lässt sich nachweislich durch Reizung des *Stammhirns* auf den Plan rufen; zahlreiche instinktive Reaktionen im Menschen, die den Grundstock archetypischen Erlebens bilden, sind in den hypothalamischen Schichten lokalisiert, kurz: Es sind die *alten* Hirnschichten, denen die archetypischen Vorstellungen ihre Existenz verdanken. […] Ernst Haeckels »biogenetische Grundregel« (Anthropogenie. Keimes- und Stammesgeschichte des Menschen, 1874), die biologisch in vielen Punkten mit Recht umstritten ist, kann daher sehr wohl als Leitfaden zur Begründung der psychischen Symbolsprache dienen. […] Die Archetypen sind es also, die den Einzelnen mit dem Leben der menschlichen Art verbinden und, über [C. G.] Jung hinaus, mit den Gesetzen des Lebens selbst. Sie sind älter als alles Bewusste, Zeitbedingte, Historisch-Relative; sie liegen allem Menschlichen zugrunde und sind älter noch als dieses selbst [...] Darin allein liegt der Grund, dass eine Erzählung aus einer längst vergangenen Zeit oder aus einer weit entlegenen Kultur symbolisch etwas aussagen kann, das den Einzelnen in seinem Dasein zu allen Zeiten zutiefst angeht und bestimmt. Dieses Kollektive am Archetypischen aber ist nicht als soziale, sondern menschheitliche, letztlich religiöse Größe zu verstehen. [...] Die Archetypen sind, worauf es uns hier besonders ankommt, *in dem gleichen Maße* archaisch wie utopisch, retrospektiv wie prospektiv, Erinnerung wie Antizipation; *in ihnen bilden Anfang und Ende, Ursprung und Ziel* eine Einheit.

Tiefenpsychologie und Exegese I, 139; 230; 269–271; 237

Die Objektivität der archetypischen Bilder und ihre Bedeutung für das Christentum

Es ist wohl die wichtigste Einsicht der Psychoanalyse, dass die Bilder des Unbewussten gerade keine subjektiven Phantastereien darstellen, sondern objektiv vorgegebene Wahrheiten ausdrücken, die buch-stäblich über Glück und Unglück, Heil und Unheil, Tod und Leben entscheiden. [...] Die Tiefenpsychologie löst auf diese Weise ein Problem, das in der historisch-kritischen Methode der Bibelauslegung niemals zu überwinden ist: Sie zeigt auf, dass die (archetypischen) Vorstellungen der Mythen nicht nur kulturgeschichtlich notwendig *waren*, sondern dass sie menschheitlich notwendig sind, und zugleich erschließt sie die Bedeutung der entsprechenden Bilder in einer Weise, die ihrer Aktualität und Verbindlichkeit für das gegenwärtige Erleben allererst gerecht wird. Eben deshalb ist es für die Theologie *wesentlich*, sich selber in ihrer dogmatischen Verstandeseinseitigkeit und in der Selbstberuhigtheit ihres historischen Positivismus angesichts der Einsichten der Psychoanalyse zu korrigieren und neu zu definieren.

Allerdings ist es an dieser Stelle auch umgekehrt für die psychoanalytische Betrachtung unerlässlich, sich von Seiten der Theologie ergänzen und vertiefen zu lassen, wenn sie selbst nicht in eine andere Form von

Positivismus verfallen will. Genauso wie gegenüber der menschlichen Verstandestätigkeit kann man auch gegenüber dem Ensemble archetypischer Vorstellungen in den Tiefenschichten der menschlichen Psyche geltend machen, dass es sich hier um rein menschliche Anschauungen handle, die möglicherweise für den Menschen eine innere Berechtigung und Überzeugungskraft besäßen, aber nichtsdestoweniger (in transzendentalem Sinne) subjektiv und relativ blieben; wäre der Gang der Evolution zufällig auch nur ein weniges anders verlaufen, so hätten sich [...] ganz andere psychische Strukturen und intellektuelle Fähigkeiten des Menschen ergeben, als sie uns heute vorliegen, und die Welt erschiene uns erheblich anders gefügt und begründet. [...] Auch von den archetypischen Bildern in den Tiefenschichten der menschlichen Psyche werden wir in dieser Weise denken müssen: Sie sind durch und durch das Ergebnis der Evolution auf diesem unserem Planeten, und sie sind durch und durch menschliche Vorstellungen, die mit dem Dasein Gottes, wie es an sich selbst beschaffen ist, von sich aus nichts zu tun haben; und dennoch müssen und dürfen wir diesen Bildern gerade infolge ihrer Menschlichkeit zutrauen, dass in ihnen etwas Wahres von Gott sichtbar wird, ja, dass es theologisch berechtigt ist zu sagen, Gott habe uns gerade diese Bilder mit auf den Weg gegeben, damit wir uns in dieser Welt zurechtfinden können und den Weg zurück zu unserer ewigen Heimat nicht aus den Augen verlieren. – Natürlich handelt es sich, wie leicht zu erkennen, bei dieser Argumentation um einen theologischen Zirkelschluss: Wir glauben, dass Gott gütig ist, weil er uns Bilder in die Seele gelegt hat, die zeigen, dass Gott gütig ist, und umgekehrt: Die Vorstellungen eines väterlichen (oder mütterlichen) Gottes – Vorstellungen, die ohne den evolutiven Hintergrund warmblütiger Säugetiere überhaupt nicht entstehen könnten – ermöglichen uns ein gewisses Vertrauen in die »Richtigkeit« unserer seelischen »Apparatur«: Wir sind mit unseren Sehnsüchten, Hoffnungen und glaubenden Gewissheiten nicht bloße Irrläufer der Natur. Insofern darf und muss man auch und gerade die archetypischen Bilder der Mythen theologisch als *objektiv* im Sinne von vorgegeben, verbindlich und nicht-willkürlich betrachten. [...] Wenn etwas Göttliches sich im menschlichen Leben mitteilen soll, so müssen zu diesem

Zweck nicht erst ganz neue Fenster in die Wand des Kirchenraumes der Welt geschlagen werden; es genügt, dass der Strahl der Sonne in neuem Glanz durch ein bestimmtes Fenster hereinströmt, und es wäre eine zu naive Vorstellung zu denken, die »Fenster« existierten überhaupt erst seit dem Zeitpunkt, da sie für unser Auge neu sichtbar wurden. Was in der geschichtlichen Offenbarung Gottes durch Christus *neu* begründet wird, darf mithin nicht auf der Ebene der Glaubenssymbole selbst gesucht werden; diese Bilder liegen vielmehr in jedem Menschen und finden ihren Ausdruck mehr oder minder in jeder nicht völlig bilderlosen Religion. Wohl aber können und müssen wir uns fragen, welch ein Gebrauch, welch eine Sinnbedeutung, welch eine Perspektive sich mit dem Lichtstrahl verbindet, der in der christlichen Religion z. B. durch das Bild der jungfräulichen Geburt des göttlichen Erlöserkindes in die Seele des Menschen hineinfällt; auf der Ebene der »Beleuchtung«, nicht auf der Ebene der Gestalt ergeben sich die historisch bedingten Unterschiede zwischen den verschiedenen Religionen.

Nur aus einer solchen Begegnung von Menschheitlichem, Archetypischem, Urewigem einerseits und Individuellem, Historischem, prinzipiell Neuem andererseits kann dieser spannungsreiche Gegensatz entstehen, den das Christentum mit den Worten aussagt, es sei das ewige Wort Gottes eingetreten in die Zeit; in Bethlehem im Lande Juda, zur Zeit des Quirinius, sei Gottes Sohn aus einer Jungfrau zur Welt geboren worden. Wenn wir erfahren wollen, was eine solche Aussage bedeutet, dürfen wir sie nach dem Gesagten nicht in der äußeren Geschichte suchen, sondern wir müssen die Bilder der Religionsgeschichte selber in ihrem gültigen Sinn zu erschließen uns bemühen. [...] Was aber bedeuten dann die alten Bilder in sich selbst, mit denen die Bibel den Erlöser beschreibt? Um zu verstehen, wer Christus ist und was die Geburtsgeschichten der Evangelien über ihn sagen wollen, müssen wir uns im Folgenden so konkret wie möglich in die (archetypischen) Bilder der alten Mythologie von der jungfräulichen Geburt königlicher Menschen und von dem Geheimnis der Gottessohnschaft des Erlösers vertiefen.

Dein Name ist wie der Geschmack des Lebens 28–31

Jesus weckt Bilder des Heils in der Seele –
Gott existiert jenseits der Psyche

So wie am Beginn des Frühlings die Wärme der Sonne Blumen aus der Erde hervorlockt, indem sie die in ihnen schlummernde Gestalt nicht erschafft, wohl aber zur Entfaltung weckt, so wird man auch die Offenbarung Gottes in dem Menschen Jesus von Nazaret nicht anders verstehen können, als dass von der Person Jesu eine solche Güte und Wärme ausging, dass die Bilder des Heils, die in der menschlichen Seele angelegt sind, durch seine Nähe auf den Plan gerufen wurden, sich mit seiner Gestalt verbanden und sich zu einem Gesamtgemälde formten, in dessen Widerschein ein jeder Mensch die Wahrheit Christi zu erkennen vermag, indem er sich selber darin offenbar wird. Von diesem Ansatz einer tiefenpsychologischen Vermittlung von Historie und Mythos, den wir an dieser Stelle freilich nur mehr vorschlagen denn beweisen können, lassen sich gleich drei Probleme auf einmal lösen.

Zum einen erscheint es unter der gegebenen Voraussetzung zum ersten Mal als wirklich sinnvoll und notwendig (!), dass die Bibel kein Leben Jesu überliefert und, zur Enttäuschung der historischen Forschung, nicht einmal die eigentliche Botschaft Jesu inhaltlich historisch getreu tradiert – die Nähe Gottes allein ist der ganze Inhalt dessen, was Jesus lebte und wollte, und gerade indem er nicht sich selbst verkündete, vermochte er alles im Menschen wachzurufen, was von Gott her an Bildern der Heilung im Menschen angelegt ist.

Zum anderen wird deutlich, dass der immer wieder gegen die tiefenpsychologische Hermeneutik erhobene Gnosisvorwurf wohl gegen manche Äußerungen C. G. Jungs erhoben werden mag, auf die hier vorgeschlagene Konzeption aber durchaus keine Anwendung findet. Mit aller Entschiedenheit haben wir immer wieder betont, dass der Mensch inmitten seiner Ängste den Kräften des Unbewussten hilflos ausgeliefert ist, solange er nicht im Gegenüber einer absoluten Person seine eigene Personalität und Freiheit zu riskieren vermag; ja, wir haben gesehen, dass die Personwerdung des Menschen ohne eine ausdrückliche Erfahrung der Personalität Gottes sich niemals hätte vollziehen können. Von daher gilt es immer wieder zu betonen, dass Gott nicht als Teil der Gesamtheit der menschlichen Psyche verstanden werden darf und dass es unbedingt erforderlich ist, jenseits des Meeres des Unbewussten an ein anderes Ufer zu glauben, an dem Gott auf uns wartet.

Tiefenpsychologie und Exegese II, 768 f.

Wegweisende Bilder in jedem Menschen (»Der Trommler«)

Jeder Mensch verfügt in seinen *Träumen* über die Fähigkeit, sein Leben in dichterischen Bildern so zu beschreiben, dass darin Symbole der Lebenserneuerung und der Heilung aufscheinen; desgleichen verfügt *die Religion* in ihren Riten und Glaubensvorstellungen über einen menschheitlich aufbewahrten und durch Erfahrung bewährten Schatz an Angst vermindernden, Vertrauen schaffenden, Wege zeigenden Bildern, und vor allem die Schamanen und Priesterärzte der Stammesreligionen wissen immer wieder aus ihrem eigenen Traumerleben den Vorrat tradierter Symbole von Heil und Erlösung zu erneuern und zu bereichern.

Der Trommler 30

Mythen als kostbares Erbe, Mythen als Gefahr

Es ist eine poetische Sicht des Menschen, ihn so zu betrachten, wie nach meiner Überzeugung Jesus ihn gesehen hat, indem er sagte, ein jeder, selbst der Niedrigste in Galiläa oder in Kafarnaum, dürfe sich betrachten als Sohn eines Königs und habe eine solche unveräußerliche Würde, dass das alte Märchenbild von dem Prinzen, der auszieht zur heiligen Hochzeit, das Drama jedes Menschenlebens darstellen müsste und könnte. In gewissem Sinn hat das Christentum selber diese großartigen Mythen erfunden: vom heiligen Mahl, auf das Jesus in Bildern zu sprechen kommt, von einer Menschheitsfamilie, die sich gruppiert und Hunger überwindet. Die einzige Lektion der alten archaischen Rituale von heiligen Mahlzeiten ist die Lehre eines universellen Teilens. Und statt dass nun jede Jägerhorde oder jeder Staat seinen Individualegoismus auf dem Weltmarkt geltend macht, könnte das Christentum gerade zeigen, dass ein tiefer Archetypus, z. B. der des heiligen Mahles, Menschen verbinden kann über alle Kulturschranken hinweg. Da brauchen wir das Ewige im Menschen: Hunger nach Speise, nach Gerechtigkeit, nach Kleidung, aber vor allem nach Würde, nach

Menschlichkeit, nach Größe. Diese Bilder muss man zunächst selber fühlen dürfen, und sie sehe ich dann auch im individuellen Leben tatsächlich nachvollzogen. Jemand, der weniger verhuscht, weniger verbissen ängstlich, weniger nur rational in seinen Zwängen gefangen ist und sich erlaubt, ein Stück menschlicher zu fühlen, ist auch ein Stück gütiger, hat Mitleid mit den Tieren, hat Mitleid mit aller Not und wagt mehr als vorher. Umgekehrt fürchte ich allerdings sehr, dass wir, wenn wir den Filter des Individuellen bei der Auslegung dieser alten Bilder, z. B. auch der Exodusgeschichte des Alten Testaments, vermeiden, sehr schnell in eine Form von Mythos geraten, die auch mir suspekt ist, indem wir nämlich alte Mythen ideologisieren und zur Staatsmoral erheben, wie im »Dritten Reich« gehabt. Gegen solche Mythen habe ich sehr viel.

Wort des Heils – Wort der Heilung II, 100 f.

Ideologien: Die Rache des verdrängten Unbewussten

Die entscheidende Voraussetzung für die psychotische Auslieferung ganzer Nationen und Kulturen an die Macht des Unbewussten, die zentrale Ursache für das Auftreten kollektiver Wahnzustände ist zweifellos, parallel zu dem Befund der individuellen Psychologie, die Veräußerlichung oder langdauernde Missachtung des Unbewussten selbst. Wenn ein Volk der Grundlage seines geistigen und seelischen Lebens beraubt ist, wenn ihm vor allem die Religion, diese wichtigste Vermittlerin zum Unbewussten, nur noch in einer auswendig gelernten Äußerlichkeit dargeboten wird, ohne innere Beteiligung und Erfahrung, wenn ein Großteil der inneren Werte verlorengegangen ist in dem Getriebe äußerer Geschäftigkeit, womöglich noch verstärkt durch die Enttäuschungen äußerer Glückserwartungen – wenn dies der Zustand einer großen Menschengruppe geworden ist, dann wird notwendig das einseitig gewordene Bewusstsein nach den Inhalten des Unbewussten greifen, um sich seiner zur Stabilisierung des sozialen Zusammenhaltes zu bedienen. Die Entstehung kollektiver Mythen, des Mythos von der Gleichheit aller Menschen, von dem ewigen Fortschritt der Menschheit, von der ewigen Fruchtbarkeit und dem ewigen Wachstum, oder auch von dem Recht des Stärkeren und der Rechtlosigkeit des Unglücklichen, das massenweise Auftreten fanatisch geglaubter Ideologien mit ihrer verheerenden Zerstörungskraft, die künstliche Erfindung von utopischen Ersatzreligionen aller Art wird dann zu einem unvermeidlichen Mittel der sozialen Selbsterhaltung und, wie die Geschichte lehrt, zu einem Hauptfaktor der Selbstzerstörung.

Strukturen des Bösen II, 536 f.

Der Traum als Zugang zu religiösen Texten

Man kann einen religiösen Text nicht anders verstehen, als man einen befreundeten Menschen zu verstehen sucht: indem man sich, statt für die Ebene der Fakten und Gedanken, wesentlich für die seelische Bedeutung seiner Mitteilungen interessiert, und indem man des Weiteren den unbewussten Äußerungen seiner Worte und Verhaltensweisen mehr Aufmerksamkeit und Bedeutung beimisst als den Versuchen seiner vom Bewusstsein arrangierten Selbstdarstellung. Man muss in gewissem Sinne buchstäblich die Träume des anderen mitträumen, um ihn tief genug zu verstehen; tut man dies, so wird man es bald durchaus nicht mehr sonderbar, sondern ganz normal und natürlich finden, dass jemand z. B. zwanzig Jahre nach dem Tode eines ihm nahestehenden Menschen einen Traum, eine »ersonnene Fabel« träumen kann, die ihm zeigt, wer der andere wirklich war. Wohlgemerkt verfügt der Träumende heute über keinerlei neue historische Informationen mehr, ja, er wird sogar vieles aus der historischen Wirklichkeit vergessen, in der Erinnerung verfälscht und manches aus eigener Phantasietätigkeit in einer Weise ergänzt oder umgeformt haben, dass es mit dem Hergang der »wirklichen« Geschichte nicht das Geringste noch gemein zu haben scheint. Und dennoch ist er womöglich überhaupt erst in seinen Träumen, heute erst, nach Jahren, wirklich imstande, die eigentliche Bedeutung, die innere Wahrheit des anderen in symbolischen Szenen verdichtet so deutlich und angemessen auszusprechen, wie er es zu Lebzeiten des Geliebten niemals vermocht hätte. Was in historischer Kritik als bloße »Phantasie« erscheint, stellt sich, psychologisch betrachtet, mithin oft genug als die einzig mögliche Weiterentwicklung und Selbstmitteilung des nur geschichtlich Vergangenen, des seelisch aber durchaus Unvergänglichen dar, und das historisch »Erdichtete« ist in psychologischer Sicht oft gerade als Verdichtung der wirklichen Essenz des Lebens des anderen zu verstehen. Gewiss kann und muss man auch dann noch zwischen wahr und falsch unterscheiden – nicht alle Träume sind gleichermaßen »einleuchtend« und offenbarend; aber das Kriterium dafür kann nicht länger mehr in der Historie selbst liegen, sondern es muss sich danach richten, inwieweit der entsprechende Traum sich als Fortwirken der Gestalt des anderen, seiner wesentlichen Intentionen und Anregungen zu erkennen gibt.

Markus I, 99 f.

4. Märchen als Weggeschichten

Der Froschkönig – eine Beziehungs- und Wandlungsgeschichte

Zum Glück sind Märchen nicht zudringlich. Sie behaupten nicht, das Leben zu kennen nach Art psychologischer und psychiatrischer Handbücher. Den Märchen genügt es, das Leben in Bildern zu schildern. Die Bilder dieser Schilderungen sind in gewissem Sinne typisch – sie passen zu den Charakteren und Schicksalen einer Vielzahl von Menschen und Lebensläufen; eben deshalb vermögen sie Ermutigung und Anregung zu bieten, sich selber mit Hilfe derartiger Bildgeschichten als Person zur Sprache zu bringen. Geschichten, deren Aussagewert wesentlich darin besteht, dass sie uns helfen, unsere eigene Geschichte leichter zu finden und zu begreifen, sollte man bevorzugt als »therapeutische« Erzählungen interpretieren. Denn nichts weiter ist »Psychotherapie«, und nichts mehr kann sie leisten, als uns zu begleiten auf dem Weg zu uns selbst – eine Lesehilfe als Lebenshilfe, die enthüllt, wer als Personen wir selber sind. In diesem Sinne sind Märchen beides: Sie sind reine Poesie und darin wohltuendste Therapie. […] Ein Märchen wie die Geschichte vom Froschkönig kann nicht versprechen (kein Märchen überhaupt kann versprechen), dass die Wandlung, von der es berichtet, je eintritt. Doch schon dass sie als möglich geschildert wird, kann manch einer schier Verzweifelten Mut schenken, weiterzumachen, will sagen, sich an entscheidender Stelle selber zu ändern. […]

Fragen wir also: Wer ist *der* Frosch? Wer *die* Prinzessin? Als Sinnbild! Als Typ! Als exemplarisches Individuum! […] Nicht zuletzt darin erweist sich der Nutzen, ja die Notwendigkeit einer tiefenpsychologischen Märcheninterpretation, dass Erzählungen wie diese vom

Froschkönig Bilder anbieten, die verbindlich genug sind, bestimmte biografische Konstellationen zu deuten, die aber zugleich vielschichtig genug sind, um niemanden bloßzustellen. […]

Diese ebenso unverhoffte wie schicksalhafte Begegnung mit dem Froschkönig schenkt der »Prinzessin« ein Gefühl für den eigenen Wert zurück. Sie, die »Vornehme«, die sich in ihrer Niedergeschlagenheit erlebt als jemanden, dem »alles« verloren ging, erfährt von jemandem, der sich chronisch ablehnt bei gleichzeitigem Anspruch auf ein »eigentlich« ganz anderes höherwertiges Ich; dieses »höherwertige Ich« aber müsste und möchte entdeckt werden von jemand anderem, der aufgrund seiner eigenen Hochrangigkeit gewissermaßen als kompetenter Zeuge für den eigenen Wert in Frage kommt. Ein solcher aber *muss* schon eine »Prinzessin« sein, um als Retterin eines Froschkönigs tauglich zu werden.

Wenn wir das Bild vom Heraufholen der goldenen Kugel als eine Verhaltensform deuten, so lässt sich auch sagen, der »Froschkönig« suche in der »Prinzessin« *die* Mutter zu gewinnen, deren Wertschätzung ihn zu einem König gemacht hat – und abzuschütteln suche er die Mutter, deren Überbewertung seiner Person ihn in einen »Frosch« verwandeln musste, dafür bietet er sich der »Prinzessin« an als dienstbarer Geselle. In Wort wie Verhalten gibt er ihr zu verstehen, dass er nur liebend gern so sein möchte, wie ihr Vater einmal war, und so mütterlich, wie sie *ihre Mutter* stets vermisste.

Der Froschkönig 8 f.; 13; 44 f.

Der goldene Vogel – ein Weg zu sich selbst

Geht man noch einmal die einzelnen Stadien des Märchens durch, so hat man den Eindruck einer in sich vollkommen geschlossenen Entwicklung, innerhalb deren kein Detail zufällig, vermeidbar oder überflüssig ist. […] Wer diesen Weg zur Menschlichkeit beschreiten will, der wird vor allem sein Vertrauen in die Allmacht des Verstandes fahren lassen müssen; er wird erstaunt, erschrocken und bestürzt zur Kenntnis nehmen müssen, dass ihn das Urteil des Verstandes gründlich in die Irre führen kann und dass es letztlich nicht damit getan ist, sich seinen eigenen Lebensweg selbst auszuklügeln. Weit wichtiger ist es, nach innen, in sich selbst hineinzuhorchen und auf die Stimme einzugehen, die sich im Herzen jedes Menschen von seinem eigenen Wesen her an sein Ich wendet. Freilich ist es nicht leicht, auf diese Stimme achtzuhaben. Solange noch ein Funken Hochmut in uns wohnt, werden wir diese Stimme möglichst überhören, auslachen, verdrängen oder geradewegs bekämpfen. Allein die eigene Schwäche, das Gefühl der Ohnmacht und der Ausweglosigkeit, lehrt uns nach und nach, bescheidener zu werden [...] Am Ende erscheinen selbst die Schuld, der Irrtum und der Ungehorsam mit all der Not und der Verzweiflung, die sie uns bereiten, auf dem Wege zu uns selber notwendig zu sein. Der Weg, den jeder zu sich selber gehen muss, könnte an sich gewiss weit rascher, kürzer und gehorsamer ausfallen; aber ans Ziel gelangt, wird man sich höchstwahrscheinlich sagen müssen, dass es letztlich nicht kürzer ging und dass, die eigene Konstitution vorausgesetzt, sogar die Fehler unvermeidlich waren. Am Ende allen Stolzes wird man sich schließlich sogar seiner Fehler wegen glücklich preisen dürfen. Vor allem aber weiß man dies: Es gibt in dieser Welt mehr, als man mit den Augen sieht. Es gilt, den goldenen Vogel und das goldene Pferd und eine wunderschöne Jungfrau zu erlösen. Und sich darauf mit ganzem Herzen einzulassen – das heißt trotz Not und Irrtum menschlich leben. Schließlich darf man den Himmel dafür preisen, dass es im Menschen eine Wahrheit gibt, von der das Evangelium zu Recht sagt: »verborgen vor den Weisen und den Klugen, den Kleinen aber offenbar« (Mt 11,25).

Der goldene Vogel 56

Frau Holle – die Frage nach der Gerechtigkeit auf Erden

Folgt man dem Symbol der »Stiefmutter« am Anfang des »Frau-Holle«-Märchens, so erscheint das Gute in dieser Welt in einer äußerst unglücklichen Lage: Es wird benutzt und gequält, drangsaliert und gestoßen, und es darf nicht nur auf keine Gegenliebe hoffen – es muss sich überhaupt vollkommen der Erwartung begeben, dass es auf dieser Erde so etwas wie Anerkennung und Gerechtigkeit erlangen könnte. Das Gute – so lehrt dieses Märchen – mag sich auf Erden blutig arbeiten, es wird doch stets »auf der Straße« stehen und kein wirkliches Zuhause haben; ja, wenn es seine Pflicht und Verantwortung, wie es sollte, bis zu Ende leben will, wird dieser Entschluss für es selbst das

Ende bedeuten: Ein wirklich guter Mensch, jemand, der wirklich ein »Sonnenschein« sein könnte, wird in dieser Welt alles Mögliche erfahren, nur nicht, dass er geschätzt und geachtet wird; er muss im Gegenteil die Erfahrung machen, dass man ihn für seine ganze Wesensart, für seine »Herkunft«, für seine Andersartigkeit geradezu hasst und verstößt – bis hin zum Absturz in den Brunnen. [...] Das Sonnenmädchen, das seinen Erwartungen an die Menschen abgestorben ist, erfährt mit einem Mal, dass die Dinge selber mit ihm ein Gespräch beginnen. Nachdem der Lärm und der Schmerz, den die menschlichen Grausamkeiten und Ungerechtigkeiten hervorriefen, allmählich verstummt sind, fangen die Dinge der Welt selbst zu sprechen an, und wenn es schon aussichtslos schien zu erwarten, dass einem selber Gerechtigkeit widerfahre, so ist es doch möglich, von sich her den Dingen gerecht zu werden. Der unverhoffte Trost, der darin liegt, wird jetzt entscheidend. Auch das biblische Buch *Ijob* kennt im Ansatz eine solche »Therapie« gegen die Verzweiflung über die Ungerechtigkeit der Welt: In einer sehr feinfühligen Weise schildert es, wie Gott aus dem Wettersturm den klagenden und mit seinem Schicksal hadernden Ijob von sich selbst und seinem Gram ablenkt, indem er ihn auf die Schönheit, die unvergleichliche Weisheit und Ordnung der Tiere und der Sterne, der Naturgewalten und der Naturgegenstände hinweist.

Aber das »Frau-Holle«-Märchen geht noch einen Schritt weiter, wenn es die Dinge selber zu dem Sonnenmädchen sprechen lässt. Alle Lebewesen und Dinge tragen, entsprechend dieser menschheitlichen Vorstellung von einem Paradies am Anfang aller Welt, eine innere Botschaft und Stimme in sich, durch die sie sich an dem Konzert der Harmonie des Alls beteiligen. [...]

Das Hauptkennzeichen der »Philosophie« des »Frau-Holle«-Märchens, wie sie sich bisher dargestellt hat, liegt in der Zweiteilung der Welt in Vordergrund und Hintergrund, in äußere und innere Wirklichkeit, empirische und transzendente Realität. Wenn es eine Gerechtigkeit auf Erden geben kann und soll, so lautete die Überzeugung des Märchens bisher, dann darf man sie sich keinesfalls als eine äußere Belohnung vorstellen – äußerlich, in der sichtbaren Welt, lohnt sich das Gute eben nicht; auf einer anderen, unsichtbaren Ebene der Wirklichkeit, zu der man nur wie durch einen Tod gelangt, indem man auf die Erwartung an ein äußeres Glück völlig verzichtet, kann man jedoch eine überraschend andersartige Erfahrung machen: Das Gute, wenn es nicht mehr aus Angst, Abhängigkeit, Zwang und Unfreiheit geschieht, sondern einzig und allein um den Dingen der Welt gut zu sein und ihnen bestmöglich zu dienen, trägt, wie man jenseits der Verzweiflung merken kann, seine Belohnung in sich selbst; im Hause der Frau Holle kann derjenige von innen her seine Geborgenheit, sein Glück und seine Stärke finden, der die Welt der Äußerlichkeit und der Oberfläche endgültig hinter sich zu lassen hat. Demnach gibt es also doch eine Gerechtigkeit, aber diese Gerechtigkeit ist nur sichtbar, wenn man die Welt in zwei verschiedenen Ebenen betrachtet; beide Ebenen widersprechen einander gerade wie Böse und Gut, wie Ungerecht und Gerecht, wie Grausam und Gütig – wie das Diesseits und Jenseits in den meisten großen Religionen der Menschheit. Nur in der verborgenen, jenseitigen Wirklichkeit ist der Mensch und die Welt so, wie sie sein sollten; in der Härte der äußeren Realität hingegen widerspricht sich alles. Von daher wird deutlich, warum das Sonnenmädchen in die Welt der Stiefmutter zurück muss. [...] Es wäre in der Tat unendlich traurig, wenn das Gute nur im Hause der Frau Holle, nur in einer paradiesischen Jenseitswelt sich am Leben erhalten könnte, hier und jetzt aber in der Welt, wie sie ist, ohnmächtig und unsichtbar bleiben müsste. Von daher kommt alles darauf an, die Probe aufs Exempel zu machen und den Schritt zurück in diese Welt zu wagen; denn allein hier und jetzt entscheidet es sich, ob das Gute nur ein schöner Traum ist oder in sich selbst eine lebbare Wirklichkeit sein kann. [...]

Alles hängt mithin an der Frage, ob und wie das Sonnenmädchen in die Welt der äußeren Wirklichkeit zurückfinden kann, und darauf weiß erneut Frau Holle die Antwort mit Hilfe des Goldenen Himmelstores zu geben. Zur Belohnung der treuen Dienste des Sonnenmädchens führt sie selber das Kind in die äußere Welt zurück, indem sie es mit ewigem Gold überschüttet und ihm die verlorene Spule zurückgibt. [...] Wie in der Bibel der leidende Ijob schließlich all seine Habe siebenfach zurückerhält, so ist auch im »Frau-Holle«-Märchen letztlich die Goldmarie gerade nach all ihrem ungerechten Leid und ihrer Verzweiflung die einzig wirklich Beneidenswerte und Glückliche. Auf diese Weise existiert also doch eine Gerechtigkeit auf Erden – das ist die Quintessenz des »Frau-Holle«-Märchens. Gewiss, wenn man sich diese Aussage verdeutlicht: Man sieht diese Gerechtigkeit nicht, solange man im Äußeren verhaftet bleibt; von außen her gewahrt man vielmehr gerade das Gegenteil: das gröbste Unrecht und den selbstverständlichen Triumph der Bosheit. Aber schon, dass es Menschen gibt, die ihrer ganzen Art nach nicht davon lassen können, an der Bosheit und dem Unrecht dieser Welt zu leiden, beweist mit aller Klarheit, dass man sich nicht mit diesem negativen Eindruck einer oberflächlichen Weltbetrachtung zufrieden geben darf. Man muss schon »tiefer gehen«, man muss schon den Absturz in den Brunnen wagen, um den Dingen auf den Grund zu kommen. Dann aber kann man sehen, dass das Gute in sich selbst auf Lohn und Strafe gar nicht angewiesen ist, ja dass man zuallererst die Hoffnung gänzlich fahren lassen muss, man könne für das Gute irgendeinen Lohn in dieser Welt erwarten. Erst in der resignierten Abkehr von der gesamten Äußerlichkeit dieser Welt gibt sich das Gute als ein einfacher gehorsamer Dienst an den Dingen zu erkennen; und jetzt, wo die Erwartung äußerlichen Lohns ganz in den Hintergrund getreten ist, beginnt das Gute paradoxerweise sich selbst zu belohnen, so sehr, dass es am Ende sogar in die äußerliche Welt zurückwirkt und sich in Bereichen geltend macht, in denen es ursprünglich wie ein Fremdling ausgenutzt und ausgestoßen wurde. Obwohl man mit ihr gar nicht mehr rechnen konnte, gibt es sie schließlich doch: die schwer vermisste und scheinbar ganz unmögliche Gerechtigkeit auf Erden. […] Die Antwort, die das »Frau-Holle«-Märchen auf die alte Menschheitsfrage nach dem scheinbaren Glück der Bösewichte gibt, läuft letztlich ganz und gar auf die Erkenntnis hinaus, die in der Bibel der Beter des Psalms 73,18 gewinnt, als er sieht, wie flüchtig und traumhaft das hochmütige, dickwanstige und gewissenlose »Glück« der Bösen ist: »Nur auf Schlüpfriges hast Du es ihnen gestellt«, sagt er zu Gott – es müsste ein Tor sein, wer den bloßen Augenschein des Glücks des Bösen für bare Münze nähme (vgl. Ps 92,7.8). In Wahrheit hat das »Frau-Holle«-Märchen völlig recht, wenn es, vom Ende her gesehen, das Gute für das eigentlich Beneidenswerte und Glückliche, das Böse aber für das bedauerliche Opfer einer Selbsttäuschung erklärt. […]

Das Böse, dessen Übermacht am Anfang der Erzählung so ausweglos erdrückend schien, ist dieser Konzeption zufolge in Wahrheit vollkommen ohnmächtig und ohne eigene Kraft. Das Einzige, wozu das Böse von sich aus imstande ist, besteht in einer phantasielosen Nachbildung des Guten – so wie die Philosophen des Mittelalters den Teufel als »Affen Gottes«, als Zerrform des Guten, bezeichneten, als eine Selbstkarikatur, die bei dem Versuch entsteht, das Gute auf rein äußerliche Weise nachzuzeichnen. Das Unglück des Bösen liegt demnach in seinem eigenen Wesen begründet: in seiner Äußerlichkeit und in dem Unvermögen, überhaupt irgendetwas von innen her aufzugreifen und mit ganzem Einsatz durchzustehen; es liegt in gewissem Sinne in der Flucht vor dem Leid, in dem Willen, sich aufzusparen, es liegt buchstäblich in einer wesenhaften Verweigerung, in einer »Faulheit«. Das Böse zeigt sich dem »Frau-Holle«-Märchen zufolge als das trügerische Bemühen, auf äußerliche Weise eine Schönheit zu imitieren, die nur innerlich erworben werden kann. Das Böse ist im letzten hohl und eitel, indem es stets nur so tut »als ob« und sich scheut, den Preis zu entrichten, mit dem die Schönheit des Guten bezahlt werden muss: den Preis der Angst und der Verzweiflung, der Not und der Resignation, der Treue zu sich selbst und eines absichtslosen Gehorsams gegenüber dem, was den Dingen der Welt guttut. Es »ist« in Wahrheit überhaupt nicht, es besteht in sich selbst, nur als geborgtes Dasein; es gibt sich nur den Anschein eines Daseins, indem es so tut, als sei es selbst das Gute, nur zu ermäßigten Gebühren. Mit anderen Worten: Das Böse ist im Grunde nur als die Weigerung begreifbar, überhaupt in sich selbst ein eigenes Dasein auszubilden; oder umgekehrt: Es besteht ganz und gar in dem Verlangen nach hohlem Schein; es ist ein rein ästhetisches Phänomen, die blendende Verkleidung purer innerer Nichtigkeit. Auch dies gehört zur Gerechtigkeit der Frau Holle: dass schließlich das Böse sich in seiner vollendeten Hässlichkeit aller Welt zu erkennen geben muss.

Frau Holle 29 f.; 33 f.; 39–41; 44; 47–49

Bilder, die uns ändern können

Märchen bieten uns Bilder, die unsere Ansichten über uns selber vom Grund auf zu ändern vermögen; sie führen uns zu Einsichten, die uns helfen, Leid in gewissem Maß zu vermeiden und uns selber und anderen weniger wehzutun; sie erzählen vom menschlichen Leben in einer

Weise, die uns im Umgang miteinander verständnisvoller und gütiger macht. Derartige Geschichten, die dazu beitragen, mit uns selber identischer zu leben, andere leichter akzeptieren und sie in ihren Eigenarten zu erkennen und anzuerkennen – solche Geschichten ändern nicht die Welt, doch sie verwandeln unsere Welt.

Denn das Versprechen lautet: Sind wir erst einmal bei uns selber zu Hause, so kann auch diese geschundene und geschändete Erde wieder unser Zuhause werden. [...] Märchen, so unscheinbar sie als »Volksliteratur« auch wirken mögen, können uns als Formen reiner Poesie, wie die großen Romane der Weltliteratur, doch die Augen öffnen für die wahren Themen unseres Lebens, indem sie uns zu den Fragen zurücklenken, um die es wirklich geht: um Angst und Vertrauen, um Entfremdung und Reifung, um Zerstörung und Einsicht, um Krankheit und Genesung. Geschichten, die inmitten dieser Welt trotz aller Widersprüche, Bitterkeiten und Enttäuschungen so bedingungslos an die Liebe zu glauben versuchen wie Märchen, sind alles andere als bloße Wunschträume; sie sind nur weit weg von der durch Geld und Geltung, durch Macht und Verwaltung rein funktional definierten »Realität«. Das aber müssen sie sein, denn sonst wären sie nicht, was sie sind: Meilensteine am Rande des Weges zum »Reiche«.

Der Froschkönig 87

Die Funktion der Religion

Die Bilder, die in der Religion zu gefühlsstarken *Symbolen* ausgestaltet werden, bleiben ganz und gar subjektzentriert; ihr Wert liegt in der Bedeutung, die ihr Inhalt für das menschliche Dasein besitzt; sie wollen nicht die Zusammenhänge der Natur erklären, sie möchten den Menschen in angezeigter Weise zu einem »Ort« führen, an dem er sich »zu Hause« *fühlen* kann.

Im Anfang ... 733

Die Religion als Therapie, die niemanden ausschließt

Jede Religion, tief genug aufgenommen, will gewaltfrei die Menschen aller Zeiten und Zonen im Kern ihrer Menschlichkeit zusammenführen und einen; es ist nur das Dogma, es ist nur die Absolutsetzung der jeweils kultur- und zeitabhängigen Auslegungsform der religiösen Erfahrung, die selbst aus der Frage nach Gott ein Streitobjekt göttlicher Rechthaberei und gnadenloser Exklusivitätsansprüche macht. […]

Nein, gerade angesichts der menschlichen Geschichte geht die religiöse Frage im Sinne Jesu nicht vom Menschen an Gott, sie geht von Gott an den Menschen. Nur in dieser Umkehrung der Theologie ist die »Umkehr«, die der Mann aus Nazaret verkündete (Mk 1,15), ernsthaft möglich. Nicht Gott zu dozieren – ihn wahrzunehmen und wahrzumachen, darauf allein kommt es an. Gott in seinem Dasein ist der Erlöser, der »Heiland«, der »Helfer«; er greift nicht ein, er muss nichts tun, es genügt, dass es ihn gibt, dass er sich gibt. Mehr ist nicht nötig und mehr auch nicht möglich, um von der Botschaft Jesu her den Menschen mit sich selbst zu versöhnen.

Der sechste Tag 22 f.

Der Mensch als Selbstzweck

Religion bestünde darin, den einzelnen Menschen so *absolut* zu setzen, dass er ganz und gar aus der Hand Gottes hervorgeht und in der Hand Gottes steht; kantianisch ausgedrückt: Er ist *nie* ein Mittel zum Zweck, sondern stets ein Zweck an sich selbst, das wirklich Absolute wäre der Mensch, und da wohnte Gott, wo dies begriffen würde.

Das Königreich Gottes in unserer Seele 383

Wie glaubhaft ist Religion?

Ist die Religion nicht vielleicht nur eine Dichtung, die vergessen hat, dass sie Dichtung ist, eine Projektion, die sich an den Vorgang ihrer eigenen Entstehung nicht mehr erinnert, eine Poesie, die ihrem eigenen Zauber magisch erliegt, eine Autosuggestion im Gefälle der eigenen Projektionen, eine *Selbsthypnose* mit einem Wort? Oder verhält es sich gerade umgekehrt: so nämlich, dass die Religion den *Gefühlen* und *Sehnsüchten* Recht gibt, indem sie deren *Berechtigung* und *Erfüllbarkeit* voraussetzt und begründet?

Im Anfang … 25

Leben aus der Perspektive der Natur oder aus der Perspektive der Religion

So wie ein einzelner Mensch seiner selbst nur bewusst werden kann im Gegenüber der Zuwendung einer anderen Person, der er zu vertrauen und sich zu öffnen vermag, so basiert die Menschwerdung der gesamten Menschheit auf dem Glauben an die Unbedingtheit der »Gnade«. In jedem Augenblick stellt sich im Leben eines Menschen die Entscheidungsfrage, was er als »eigentliche« Wirklichkeit betrachtet. Die »Gesetze« der »Welt« sind, wie sie sind, und sie werden sich nicht ändern: Solange es sie gibt, werden Raubtiere auf die Jagd gehen nach Beutetieren und werden die Beutetiere sich durch Flucht oder Angriff zu verteidigen suchen; solange es sie gibt, werden Bakterien und Viren versuchen, sich zwischen den Zellen und in den Zellen ihrer »Wirtsorganismen« zu vermehren und werden die »Wirtstiere« ihre Immunabwehr zu verbessern trachten; solange es sie gibt, werden die Pflanzen, von den Blaualgen bis zu den Mammutbäumen, um einen »Platz an der Sonne« untereinander konkurrieren; und all dieses stumme Ringen um einen Ort zum Leben bedeutet den endlosen Kampf, den alle gegen alle um Sein und Nichtsein führen. [...] An Gott zu glauben aber heißt, all die Gefühle, Antriebe, Gedanken und Verhaltensweisen *absolut* zu setzen, die dem Leben dienen. So jedenfalls sieht es das Neue Testament, wenn es von Christus spricht als von dem, *der Amen heißt, der treue und wahrhaftige Zeuge, der Anfang der Schöpfung Gottes.* (Apk 3,14) Ein Ja, das kein Nein in sich schließt, ein Licht, das keinen Schatten wirft, ein Leben, das den Tod nicht kennt – das ist der Gott, den Jesus in die »Welt« zu bringen kam. Ein Schlüsselsatz des vierten Evangeliums erklärt deshalb: *Denn das Gesetz ward durch Moses gegeben; die Gnade, die Unverborgenheit Gottes ward durch Jesus Christus.* (Joh 1,17) Diese Grundlage einer absoluten Bejahung ist der eigentliche Inhalt aller Religion.

Insofern bleibt es die alles entscheidende Frage, ob ein Mensch (johanneisch gesprochen) sich von der »Welt« oder von Gott her versteht.

Moby Dick 429 f.

III. Leiden

Die Unerträglichkeit der Welt – Schrecken (in) der Natur

Leben heißt essen – der Bezug zur »Urschuld«

Man kann nicht leben ohne Tiere und Pflanzen – für die alten Kulturen die Inkarnationen von Göttern und Geistern – zu töten und sich ihren Körper anzueignen. [...E]s war und ist offenbar eine gemeinsame und richtige Erfahrung der alten Mythen, dass das Dasein selber schuldig ist, und allerorten wissen die Überlieferungen der Völker davon zu berichten, dass bereits am Anfang der Welt das erste Menschenpaar sich durch eine Schuld vergangen habe, die das gesamte Leben in seinen Grundvoraussetzungen ins Negative, Leidvolle, Bösartige verzerrt habe.

Wege und Umwege der Liebe 95 f.

Fressen und Kampf von Anfang an

Was wir mit Bezug zu unserer theologischen Fragestellung auf diese Weise gewinnen, ist – bei aller Mühsal in der Schilderung molekularbiologischer und genetischer Details – eine ebenso wichtige wie schmerzhafte Erkenntnis. Immer noch gibt es (zum Beispiel im Schatten der römischen Dogmatik) Theologen, die in den grausamen Zügen der Evolution die Folgen irgendeines »Fehlers«: einer dämonischen oder menschlichen Verfehlung erkennen wollen; wir haben bereits bei der Schilderung des Kampfs der Lebewesen um Energie und um Reproduktion gezeigt, wie elementar und fundamental das »Fressen und Gefressenwerden« und die »Selektion der Fittesten« den Gang des Lebens bestimmen; dabei haben wir freilich wesentlich vom Prinzip des Mangels her gedacht: *Mangel* an Energie, *Mangel* an Raum usw. – selbst ein *Überschuss,* zum Beispiel bei der Zuckerproduktion am Beginn des »Landgangs« der Pflanzen, lässt sich in der Geschichte des Lebens als *Not,* als Mangel an »Platz wohin damit« interpretieren. Immer aber konnte noch die fiktive Hoffnung bleiben, dass irgendwie die Anfänge des Lebens, seine Ursprungsformen, denn doch »unschuldiger«, »harmloser«, weniger »grausam« erscheinen könnten: Pflanzen wirken auf uns Menschen weniger rücksichtslos als Tiere, die Pflanzen fressen; die Vegetarier unter den Tieren (und Menschen) scheinen uns weniger zerstörerisch als die Raubtiere (und Fleischkonsumenten). Dabei stand uns natürlich die ganze Zeit vor Augen, dass dieser Anschein trügerisch ist, da er ganz und gar auf der erkennbar unangemessenen Sichtweise unserer menschlichen Qualifikationen basiert. [...] Von Anfang an, so müssen wir feststellen, haben die Lebewesen, wenn irgend sie konnten und wann immer es ihnen nützte, andere Lebensformen in sich aufgenommen und in ihren Dienst gestellt.

... und es geschah so 758 f.

»Tragik Gottes« – konstitutives, unausweichliches Leid

Sehr viel schwieriger muss es hingegen der Theologie fallen, eine [...] Form des Tragischen anzuerkennen, die nicht mehr in einer Notwendigkeit der Schuld, sondern umgekehrt gerade in der Schuldlosigkeit eines gleichwohl notwendigen Versagens besteht.

Die Gestalt, die das Tragische hier annimmt, ist gewissermaßen jenseits aller Schuld. Sie betrifft Menschen, die in sich integer und besten Willens sind, und sie ereignet sich in Umständen, die an sich nichts Tragisches oder Schuldhaftes bedeuten müssen, und dennoch führt hier der Charakter des Einzelnen und die Struktur der Umstände einen Konflikt herauf, der nur einen tragischen Ausgang zulässt. Es ist dies die *Tragik der Überforderung,* und sie beruht auf dem, was *Stefan Zweig* [in: *Marie Antoinette. Bildnis eines mittleren Charakters*] sehr treffend das »Missverhältnis eines Menschen zu seinem Schicksal« genannt hat. [...]

Um ein solches tragisches Scheitern zu vermeiden, müsste das Schicksal in jedem Einzelfall anders gefügt sein: Es müsste größere Persönlichkeiten für die Lösung seiner übergroßen Aufgaben bestellen und umgekehrt Charaktere kleineren Formates wählen, wenn es darum geht, nur im durchschnittlichen Einerlei seine Zufriedenheit zu finden.

Dass jedoch immer wieder Menschen, die von der Natur zur Fahrt auf hoher See geradezu bestimmt erscheinen, an den Engen und Untiefen ihrer von außen auferlegten Lebensaufgaben wie an einer Sandbank scheitern müssen, während andere, die ihren seelischen Möglichkeiten nach nur in sicherer Küstennähe zu bleiben bestimmt sind, vom Sturm des Lebens gerade ins offene Meer hinausgetrieben und verwüstet werden – dieses Schauspiel der bizarren Unverhältnismäßigkeit von Lebensauftrag und Vermögen ist, jenseits aller Menschenschuld, wenn überhaupt, dann Schuld des Schicksals selbst, dann Tragik Gottes. *Sie* anzuerkennen fällt der Religion am schwersten, obwohl doch nur die Religion den Menschen fähig machen könnte, gerade mit dieser Art des Tragischen zu leben. [...]

Eben deshalb fällt es der Religion so schwer, gerade diese Form des Tragischen zu akzeptieren. [...] Statt Gott von dieser Form des Tragischen im Innersten der Schöpfung rein zu waschen, sollte sie vielmehr die so praktischen Einteilungen in Gut und Böse, Frei und Unfrei, Schuld und Reue gänzlich über Bord werfen und zu einer unmittelbaren Ehrfurcht vor dem menschlichen Leid zurückfinden. [...]

Auf der Bühne des Lebens jedenfalls scheint die Tragik Gottes inmitten und im Angesicht seiner Schöpfung einzig dazu bestimmt, die menschliche Hartherzigkeit so anzurühren, dass ihre steinerne Unerbittlichkeit, der ausnahmslose Rigorismus des sittlichen Urteils, einer menschlicheren, gütigeren Stellungnahme und Einstellung weicht. Die Tragik Gottes an den Notwendigkeiten und Bedingtheiten seiner Schöpfung nötigt den Menschen um so mehr, an eine Vergebung jenseits des Scheiterns, jenseits der Vergeblichkeit und jenseits des Versagens zu glauben. Oder – wir litten umsonst.

Wege und Umwege der Liebe 113; 118 f.

Das schlimmste Leid kommt von Fanatikern des Guten

Kein Unheil indessen wütet in der menschlichen Geschichte so dämonisch, so furchtbar und so grausam wie der fanatische Wille zum bedingungslos Guten, wie dieses Bestreben, die menschliche Geschichte und nach Möglichkeit die ganze Natur von allem Negativen, von jedem Schatten, von jedem Unheil reinzufegen. Dieser Einstellung der »gefallenen Engel«, der an der Welt bis zur Unerträglichkeit Leidenden, verdanken wir die Revolutionen, die heiligen Kriege, die Razzien, die Ausrottungen, die furchtbare Blutmühle der Ideologen. Im Namen der Reinheit wurden und werden noch heute die Inquisitionen geführt, die Säuberungsaktionen geleitet und die schlimmsten Unbarmherzigkeiten begangen – mit reinem Gewissen.

Nicht nur im Großen verhält sich dies so; schlimmer und schrecklicher ist es im Grunde noch, immer wieder mitansehen zu müssen, wie man Menschen nötigt, in dieser Weise mit sich selber umzugehen: Wir müssten das Böse unterdrücken, uns selber beherrschen, wir dürften keinen Tag verstreichen lassen, an dem wir nicht gegen das wuchernde Unkraut der Seele ins Feld und zu Felde zögen.

Was uns Zukunft gibt 106 f.

Die Bedeutungslosigkeit des Einzelnen und die anderen Lebewesen

Keinesfalls ist der Mensch Herr und Mittelpunkt der Welt. Zu groß ist das Meer seiner Unwissenheit. Zu ausgedehnt sind die schweigenden, gleichgültigen kosmischen Räume. Zu winzig ist die Lebenszeit der menschlichen Gattung oder gar eines einzelnen Menschen. Allein diese objektive Unbedeutendheit, des Menschen im All und zugleich seine fundamentale Einheit mit allen Lebewesen könnte und sollte eine erste Orientierung des sittlichen Handelns bilden. […] Alles, was lebt, will leben, doch es muss leben auf Kosten anderen Lebens. Ein unheimliches, grausiges Gesetz, nicht der Vernunft, sondern des Hungers, nicht Gottes, sondern der Gier, liegt in den Gliedern der Wesen und nötigt sie, übereinander herzufallen und um eines kurzzeitigen Überlebens im Augenblick wegen einander alle Formen von physischer und psychischer Qual bis hin zum Tod aufzuerlegen. – Mit welch einer Sorgfalt etwa bildet die Natur den Körper eines Hasen heran, und mit welch einer Mühe zieht eine Häsin ihre Jungen auf? Ihr Leben setzt sie ein, um einen Raubvogel von der Sasse der Kleinen zu vertreiben. Und doch genügt ein winziger Moment der Unachtsamkeit oder der Schwäche oder der Ohnmacht, und Beutegreifer aller Art werden ihre Chance nutzen. – Wer in diesem unerhörten Zwang zu grässlichster Grausamkeit im Herzen aller Lebewesen kein ethisches, kein religiöses Problem erkennt, bis hin zur Infragestellung der bloßen Möglichkeit von Ethik und Religiosität insgesamt, weiß ganz offensichtlich nicht, wovon er redet, wenn er »das Gute« und »den Guten« als Ziel des Handelns und als Ursache der Welt benennt.

Moby Dick 321 f.

Die Natur ist zu unmoralisch, um Schöpfung zu sein

Auch in der Gegenwart stellt im Bewusstsein der meisten noch »gläubigen« Menschen der Hinweis auf die »Unbegreifbarkeit« der Schönheit einer Lilie oder eines Schmetterlings ein Hauptargument ihrer religiösen Überzeugung dar. Tatsächlich bestand demgegenüber das »Genie« Charles Darwins entscheidend darin, dass er gerade das mechanizistische Denken auch auf die Fragen der Entstehung der Lebensformen und sogar auf die Frage nach der Entstehung des Lebens selbst anwandte. [...] Rein logisch lässt sich die Aporie der »christlichen« Theologie in einem einzigen Gedanken zusammenfassen: Wenn Gott wirklich, wie die Kirche lehrt, die Welt »geschaffen« hat, um seine Allmacht, Weisheit und Güte zu »offenbaren«, dann dürfte die Welt nicht so sein, wie sie ist; sie »dürfte« es aus moralischen Gründen nicht: Niemand, der in Freiheit überhaupt über die Wahl verfügt haben würde, auch eine andere Welt »schaffen« zu können, hätte *diese* Welt schaffen dürfen, die mit fühlenden Lebewesen derart gefühllos verfährt, wie niemand, kein Mensch und kein Gott, mit ihnen umgehen darf. [...]

Als vor 63 Millionen Jahren das Erdmittelalter mit dem Übergang von der Kreidezeit zum Tertiär endete und die Welt der Saurier – bis auf die Vögel und einige Echsenarten – ausstarb, ging diese Katastrophe vermutlich auf den Einschlag eines Meteoriten im Golf von Mexiko zurück. [...W]elch einem Gott wollte man zutrauen, dass er in Weisheit, Allmacht und Güte eine derartig verheerende globale Ausrottung so vieler Lebensformen hätte »zulassen« können? Rein logisch bleibt nur die Alternative, dass Gott entweder nicht »Macht« genug besaß, um einen solchen Meteoriteneinschlag zu verhindern, oder dass er nicht gütig genug war, um ihn zu verhindern, oder dass er bei der Schöpfung der Welt nicht über die nötige Weisheit verfügte, um Katastrophen dieser Art in seiner Welteinrichtung vorhersehen zu können. [...]

Es ist eine grausame Welt, die uns bei dieser Betrachtungsweise entgegentritt, und so schwer es uns fällt, nötigt sie uns mehr und mehr zu der Einsicht, dass in ihr Schmerz und Leid empfindende Individuen weder »gewollt« noch »gemeint« sind.

Hat der Glaube Hoffnung? 191 f.; 200 f.

Die Banalität des Grausamen

Wer das Leben bejaht, dem bleibt, ob er will oder nicht, deshalb kaum etwas anderes übrig, als sich mit der Tatsache seiner Grausamkeit abzufinden. Nicht weil ein Gott es so wollte, nicht weil ein Engel zum Teufel wurde, nicht weil der »erste« Mensch »sündigte«, ist die Welt, wie sie ist; das Leben *konnte* nicht anders, als auf die Energiekrisen zu antworten, die sich ihm stellten und in die es sich selber hineinmanövrierte. Es folgte dabei keiner langfristigen Zielsetzung, im Gegenteil, es reagierte ganz einfach so, wie es *im Moment* dem Überleben am dienlichsten war. [...] Das unsägliche Maß an Leid der Kreaturen ist nichts, was ein moralischer Fehltritt der Welt sekundär zugefügt hätte, es ist der Preis, der immer von Neuem zu zahlen ist, um unter den Bedingungen des Energiemangels eine Vielfalt von Leben zu etablieren. Die Moral taugt so wenig wie die Religion zur Erklärung der Welt; wir müssen froh sein, wenn sie uns hilft, inmitten einer nichtmenschlichen Welt uns als Menschen zu bewahren.

... und es geschah so 225 f.

Mit dem Individuum kommt der Tod in die Welt – und das Wesen, das Ewigkeit verdient

Man kann wohl nicht sagen, die Existenz des Einzelnen bilde das Ziel oder den Abschluss all der Bemühungen der Evolution um die Entfaltung des Lebens. Gleichwohl lässt sich zeigen, dass innerhalb der Entwicklung der Arten die Tendenz zur Individualisierung aller Lebensvorgänge in gerader Linie zunimmt. [...] Der Preis dieser Differenzierung von Körperzellen und Geschlechtszellen allerdings ist der Tod. Erst jetzt hat das individuelle Leben wirklich begonnen, und mit ihm die Sexualität, und mit dieser die Sterblichkeit. [...]

Entscheidend ist, dass auf diese Weise im Rahmen *biologischer* Überlebensstrategien, in einer Art »Zuchtwahl nach Geschmack«, die

Liebenswürdigkeit zur Überlebensbedingung wird, sodass zunehmend Wesen entstehen, die psychologisch durchaus nicht nur in ihren Nachfolgern weiterleben wollen, sondern die selber spüren müssen, gewollt und geliebt, erwünscht und berechtigt zu sein, um überhaupt leben zu wollen. Für diese Wesen ist die Liebe keine vorübergehende Zugabe zum Leben, für sie bildet die Liebe gewissermaßen die unbedingte Voraussetzung ihrer Existenz, und umgekehrt bedeutet einander zu lieben für sie immer mehr, sich in den Augen des anderen als wesentlich und notwendig betrachten zu dürfen. […] Dem gesamten Weltall mögen wir gleichgültig, unwesentlich und völlig nebensächlich scheinen; im Leben eines Menschen, der uns liebt, sind wir unbedingt wesentlich und unverzichtbar. Nur durch die Liebe gewinnen wir Menschen den Mut, als Individuen zu existieren; doch gerade dadurch fallen wir aus der Ordnung der Natur heraus; gerade dadurch wird uns der Tod zu einer unerträglichen Zumutung.

Ich steige hinab in die Barke der Sonne 39–41

Der Untergang des Glaubens an den Weltschöpfer

Welt ohne Plan

Immer noch, bis in die Gegenwart, macht [die Kirche] den Glauben an die Botschaft Jesu von der Vorstellung eines Gottes abhängig, der »allmächtig« in dem Sinne sein soll, dass er tun kann, was er will, wann er will und wie er es will; immer noch verteidigt sie jede Lücke unserer Naturerkenntnis als Bastion eines unerklärlichen »Eingreifens« Gottes: Die Entstehung des Menschen, die Entstehung des Lebens auf diesem Planeten, die Entstehung des Kosmos insgesamt – an jeder Stelle legt die »fundamentaltheologische Argumentation« der kirchlichen Dogmatik es darauf an zu demonstrieren, dass sich die entscheidenden Stufen der Entwicklung der Welt nur als Fügungen Gottes, als Planungen einer unendlich überlegenen göttlichen Weisheit verstehen ließen. Sie tut sich außerordentlich schwer, ja, sie weigert sich schlechtweg zu begreifen, dass die naturwissenschaftliche Methode selbst keine Lücken des Unerklärlichen zulässt. Mögen wir von der Weltwirklichkeit auch nur erst recht wenig verstehen, so wissen wir immerhin doch schon so viel gewiss, dass es kein einziges Problem naturwissenschaftlichen Forschens zu lösen vermag, wenn jemand erklärt, es sei da ein Gott im Himmel, der habe es so und nicht anders gewollt …

Viel Mühe werden wir im Folgenden deshalb auf den Nachweis verwenden, dass die Rede von Gott auf einer grundsätzlich anderen Ebene angesiedelt ist als auf der Ebene naturwissenschaftlichen Fragens. […] Entscheidend geht es indessen darum, die Enttäuschungen aufzudecken und aufzufangen, die sich solange ergeben müssen, als die religiösen Erwartungen und Hoffnungen der herkömmlichen »christlichen« Erziehung an den Voraussetzungen des modernen Weltbildes der Naturwissenschaften unvermeidlich zum Scheitern verurteilt sind; entscheidend geht es vor allem darum, positiv zu zeigen, welche Chancen für eine neue Frömmigkeitshaltung sich aus den Veränderungen in den Naturwissenschaften ergeben können; und nicht zuletzt geht es darum, eine Grundlage dafür zu schaffen, dass die Rede von Gott weniger missbrauchbar, weniger denkzerstörerisch, weniger offen für Magie und Aberglauben ist, dafür aber etwas mehr Halt bietend und Orientierung gewährend, dafür aber schwebender und zugleich verbindlicher, dafür aber tröstlicher und zugleich ermutigender, dem Anliegen Jesu näher und der Not der Menschen verpflichteter, notfalls dabei allerdings in klarer Abgrenzung und in deutlichem Widerspruch zu so manchem wohldefinierten Dogma der (römischen) Kirche.

Der sechste Tag 28–30

Gott straft und ordnet nicht

Die Welt ist nicht »gerecht«, ihre Gesetze sind nicht »belohnend« noch »strafend«, ihre Wirkungen weder »gütig« noch »menschlich« – es verrechnet sich jeder, der mit solchen Erwartungen auf seinen »Gott« zählt! […] Die ganze Idee der Strafe-Gerechtigkeit als Prinzip der Naturerklärung ist absurd, und sie bildet bei allem Beteuern besonderer Gottesverehrung heute im Grunde die Hauptursache der Gottlosigkeit bei allen, die auch nur ein wenig über ihr Schicksal nachzudenken begonnen haben.

Der sechste Tag 218 f.

Die Unglaubwürdigkeit des Bildes vom allmächtigen Gott

Lehrt nicht das Christentum bis in die Gegenwart, dass Gott in seiner Allmacht alles zu tun vermöge, was er wolle? Und lehrt es nicht desgleichen, dass Gott der Allbarmherzige, der Gütige von Grund auf sei? Wie aber reimt zu solchen Attributen sich seine komplette Tatenlosigkeit in Anbetracht des namenlosen Leids der Welt? Ein Gott, der alles kann und doch nichts tut, verdient, wenn er so viel des Unheils tatenlos mitanschaut, wohl nicht für gütig gehalten zu werden; oder umgekehrt: Wäre er gütig, doch könnte selbst er es nicht hindern, so wäre er wohl nicht allmächtig; – beide Eigenschaften vereinbaren sich nicht miteinander, solange die Welt so ist, wie sie ist: ein Jammertal. Beide Eigenschaften, die Allmacht ebenso wie die Güte, gehören indessen laut christlicher Theologie unabdingbar dem Göttlichen zu. Also bleibt kein anderer Schluss: Es ist die Welt selber, die den christlichen Gott als ihren Schöpfer widerlegt. Oder anders gesagt: Der moralische Anspruch, der sich in der christlichen Idee der Gottheit verkörpert, wird von der Weltwirklichkeit selbst *ad absurdum* geführt.

Der sechste Tag 36 f.

Gegenposition: die Allmacht Gottes als seine Liebe und die Freiheit des Menschen

Kann ein Mensch frei sein, wenn Gott »allmächtig« und »allwissend« ist? Diese Frage lässt sich mit Ja nur beantworten in dem Gefühl der Einheit mit Gott und der Geborgenheit in Gott; nur solange ein Mensch die »Allmacht« und »Allwissenheit« Gottes nicht als Fremdbestimmung erlebt, sondern sie als eine vertrauensvolle Führung ganz in seinem Inneren erfährt, wird er seine Freiheit gerade darin betätigen und bestätigen, dass er der göttlichen Weisung ohne jeden inneren Widerspruch folgt. Wie eine Schwalbe Anfang September dem scheidenden Sommer nachzieht, um über Tausende von Kilometern hinweg nach Zugbahnen, die ihr instinktiv kenntlich sind, ihr Winterquartier südlich der Sahara aufzusuchen, so kann auch ein Mensch von innen her wissen, was es wann für ihn zu tun gibt: Vor allem die Macht der Liebe im eigenen Herzen wird wohl nie anders gefühlt werden denn als ein Drang nach etwas, das mit allem eigenen Streben und Wollen, subjektiv also in »Freiheit«, auf das innigste herbeigesehnt wird. Würde die theologische Diskussion über die »Allmacht« und »Vorsehung« Gottes und über die Freiheit des Menschen sich stets bewusst geblieben sein, dass sie mit aller Begrifflichkeit nie etwas anderes zu beschreiben vermag als ein Verhältnis der Geborgenheit des Menschen in Gott, so hätte sie aller Wahrscheinlichkeit nach den »Gläubigen« vielerlei Zweifel bis hin zu den Reaktionsbildungen des Agnostizismus und Atheismus ersparen können [...]

Moby Dick 411 f.

Gespräch mit Darwin – Gott, die Kraft, die alles durchzieht

Es ist *nicht möglich,* die Bibel gegen Darwin zu lesen. Gott gegen die Evolution: So macht es keinen Sinn! Wenn es zwischen Religion und Naturwissenschaft jemals wieder eine Einheit geben soll, so müssen wir mittlerweile aber über die gesamte Natur, insbesondere über uns selbst und unsere Stellung in der Schöpfung, gründlich anders denken als bisher. Dann ist Gott nicht ein Etwas oder Jemand, das wie der griechische Zeus mit dem Blitz in den Prozess der Natur hineinschlägt, sondern er ist eine geduldige, langsam formende Kraft, die alle Welt durchzieht; dann ist er buchstäblich das, was die Theologen auch sonst von ihm zu sagen pflegen: Gott sei *Geist.* Geist ist niemals ein Etwas unter anderem, sondern das, was alles gestaltet – formgebend, belebend durchdringend, ein Strukturmoment von Zusammenordnung und Vernunft, niemals etwas anderes.

Matthäus II, 357 f.

Keine Vorsehung, sondern freies Spiel der Welt

[D]ie Quantenmechanik zeigt uns zuverlässig, dass es eine Vorhersehbarkeit der Zukunft nicht gibt; die Systemtheorie versucht, das Geschehen der Evolution des Lebendigen bis hin zu den Entwicklungsgesetzen der Sozialgebilde der menschlichen Geschichte als ein ständig rückgekoppeltes, vielseitig vernetztes Spiel aus konstruktiven Zufällen und begrenzenden Notwendigkeiten verständlich zu machen; die Chaostheorie formuliert mathematische Strukturen von Zufallsgegebenheiten, die doch in selbstähnlichen Rhythmen periodischer Wiederkehr überraschende Muster und Ordnungsgefüge von hoher ästhetischer Schönheit und funktionaler Leistungsfähigkeit hervorbringen. All diese Betrachtungen liefern uns Schemata und Modelle des Verstehens, die der beobachtbaren Wirklichkeit immerhin recht gut zu entsprechen scheinen, aber sie widerlegen zugleich den Glauben an einen Gott, der »allwissend«, »allmächtig« und »allgültig« diese »seine« Welt durchwaltet. [...]

Wenn es so etwas wie »Sinn« oder »Menschlichkeit« auf dieser Erde geben soll, dann nur, wenn wir sie selbst verwirklichen, und die Frage, ob und wann uns dies gelingen wird, lässt sich auch durch die Offenbarungen eines Gottes nicht beantworten. »Über jenen Tag aber oder jene Stunde weiß niemand etwas, auch die Engel im Himmel nicht, auch der Sohn nicht, sondern nur der Vater« (Mk 13,32) – dieser Satz menschlicher und theologischer Selbstbescheidung bezüglich aller Aussagen von Zeit und Zukunft muss heute sogar noch erweitert werden: auch der »Vater« weiß nicht – oder er hätte nicht die Welt erschaffen dürfen, die wir zumindest anfanghaft gerade dabei sind zu enträtseln. Die Lösung des »Theodizeeproblems«, das die abendländische Theologiegeschichte immer wieder beunruhigt hat, steht bei Heraklit: »Zeus (die Gottheit) spielt.«

Matthäus I, 159 f.

Die Inflationstheorie – Schöpfung ohne Schöpfer?

Ein Hauptgrund, warum wir uns als Theologen bzw. als religiös suchende Menschen gerade mit der Inflationstheorie der modernen Kosmologie ausführlich beschäftigen *müssen,* liegt in der möglichen Auflösung des *Ursprungsproblems* der Welt: »Warum ist etwas und nicht vielmehr nichts?« Diese Grundfrage der Metaphysik ist in der Philosophie- und Theologiegeschichte des Abendlandes (wofern sie als eine korrekt gestellte Frage zugelassen und nicht erkenntnistheoretisch ausgeklammert wurde) stets mit der Schöpfermacht eines unendlichen Wesens beantwortet worden, das im Unterschied zu allen geschaffenen kontingenten Dingen den Grund seines Daseins in sich selbst trage. [...] In *... und es geschah so* haben wir uns der These des britischen Biologen Richard Dawkins angeschlossen, es sei in Anbetracht der Komplexität des Lebens vor Darwin unmöglich gewesen, *nicht* an Gott zu glauben; wir können auch sagen, dass es bis zum Aufkommen der Inflationstheorie (so gut wie) unmöglich war, sich eine *»Schöp-*

fung ohne Schöpfer« vorzustellen, wie der britische Chemiker Peter W. Atkins eines seiner Bücher genannt hat. Mit der Inflationstheorie aber ist eine solche Möglichkeit nicht nur vorstellbar geworden, sie bietet sogar zum ersten Mal in der Geschichte der Menschheit ein naturwissenschaftlich brauchbares Modell, um zu zeigen, wie das Universum sich selbst »gemacht« haben könnte, ja, wie es aus »Nichts« entstanden sein kann. [...]

Es war Edward P. Tryon, der unter dem Titel: »*Is the Universe a Vacuum Fluctuation?*« vor rund einem Vierteljahrhundert bereits die erste plausible Idee vortrug, wie es möglich gewesen sein könnte, dass das gesamte Universum aus dem absoluten Nichts entstanden sei; er hatte die Chuzpe zu schreiben: »Als Antwort auf die Frage, warum es passierte, unterbreite ich den bescheidenen Vorschlag, dass unser Universum schlicht und einfach eines von diesen Dingen ist, die von Zeit zu Zeit passieren.« [...] Eine Wirklichkeit, die imstande ist, beliebig viele Universen aus sich zu entlassen, bedarf zu ihrer Erklärung keiner sie erschaffenden Gottheit mehr, sie genügt selbst allen Eigenschaften der Gottheit Spinozas, die mit der »Natur« selbst identisch ist.

Im Anfang ... 979–981; 989

Die Theodizeefrage ist falsch gestellt worden

Worauf die Naturwissenschaften uns demnach sowohl mit ihrer »darwinistischen« Denkweise als auch mit ihren Ergebnissen hinweisen, ist der zentrale *Fehler*, der durch die Verbindung, oder besser: durch die Verwechselung des Gottes der Bibel mit dem Sein der griechischen Philosophie zustande kommt; es ist ein Fehler, der auf das engste mit der Umformung der religiösen Symbole in Informationen über historische »Tatsachen« oder in Begriffe zur Erkenntnis von »Tatsachen« zusammenhängt. Der Irrtum liegt darin, dass man den Begriff der Liebe auf eine Weise verwendet, als wenn sich damit eine objektive Eigenschaft, ja, eine Wesensqualifikation des Göttlichen formulieren ließe. Ausgehend von der »Liebe« als einer Wesenseigenschaft des »Schöpfers« erwartet man, dass gerade sie sich als eine objektive Eigenschaft in den Wirkungszusammenhängen der geschaffenen Dinge repräsentiert finden müsse; doch dann trifft man unausweichlich auf die Feststellung, dass gerade die »Liebe« *keine* objektive Eigenschaft im Verhalten der

Natur darstellt, und schon sieht man notwendig den gesamten Gottesglauben in Frage gestellt. [...] Im Rückblick erscheint es natürlich als ein allzu kindlicher Gedanke, es könnte so etwas wie »Liebe« sich als ein objektiver Ordnungszustand der Welt, als eine Manifestation des Wesens eines eben so gearteten Gottes in den Dingen darbieten. Allein schon die Erwartung, ein zentraler menschlicher Wertbegriff könne als Wertmaßstab aller Dinge zum Parameter der Weltbetrachtung erhoben werden, muss in die Irre führen. Die Welt hat weder die Pflicht noch überhaupt die Möglichkeit, »menschlich« und »liebevoll« zu sein. [...] Es ist lediglich ein Relikt der alten Anthropozentrik oder auch einer Ideologie des uneingeschränkten Artegoismus, sich über Gott als den »Schöpfer« zu beklagen, weil er – entsprechend der Theodizeefrage – *nicht* »gerecht«, *nicht* »gütig«, *nicht* »barmherzig« usw. mit dem Menschen verführe. Die Natur behandelt auch uns Menschen als Wesen der Natur, ohne Sonderrechte und Sonderansprüche.

Wie aber kommen wir dann überhaupt darauf, uns nicht allein als Wesen der Natur, sondern eben: als »Geschöpfe« oder »Kinder« Gottes zu betrachten? [...] Anders gesagt: Die Wirklichkeit Gottes ist nicht »gegenständlich« »objektiv« zu begreifen; sie befindet sich gewissermaßen nicht vor, sondern hinter uns, »im Rücken« des Subjekts. Denn das eigentlich bezeichnet der Glaube an Gott: Er drückt die Überzeugung aus, dass *im Widerspruch* zur »objektiven« Wirklichkeit der subjektive Faktor der Liebe den Grund der Existenz bildet.

Die Frage: Warum bin ich?, kann für einen Menschen niemals zureichend mit dem Hinweis auf das zufällige Zusammenspiel einer Reihe beliebiger Ursachen beantwortet werden. Um die radikale Nicht-Notwendigkeit, die »Kontingenz« der menschlichen Existenz und der menschlichen Freiheit innerhalb der Welt des Relativen zu schließen, bedarf es einer unbedingten Bestätigung und Bejahung, wie sie nur in einer absoluten Liebe gegeben ist. Nicht einer kausalen Begründung der objektiv bestehenden Welt dient der Glaube an Gott, sondern der Existenzbegründung des menschlichen Daseins aus einer unvordenklichen Liebe.

[...] Wer sagt: »Ich glaube an Gott«, der bekundet damit, dass er nicht aus Angst, sondern aus Vertrauen sein Leben gestaltet sieht, nicht aus dem Kampf ums Dasein, sondern aus dem Respekt vor allem, was lebt, nicht aus der Konkurrenz um Macht und Geltung, sondern aus dem Wunsch, helfend und dienend durch die Dinge zu gehen.

Die Frage der »Theodizee« ist mithin im Grunde falsch gestellt; sie ist die Folge eines fundamentalistischen Missverständnisses im Sprechen von Gott. Man verwechselt ganz einfach Daseinsauslegung (Hermeneutik) mit Welterklärung (Metaphysik), man interpretiert eine zentrale Chiffre der Begründung des Sinns menschlicher Existenz mit einem Begriff zur Erklärung des Seins der Welt, man stellt Fragen der Geisteswissenschaften auf eine Art und Weise, als ob Theologie (oder Philosophie) nichts weiter wäre als eine spekulative Vorform der Naturwissenschaften. Natürlich geht es so nicht! Statt erklären zu wollen, was ein Gott sich dabei gedacht haben könnte, dass es so viel Leid und Schmerz in der Welt gibt, geht es im Glauben an Gott vielmehr darum, den eigenen Willen dahin zu lenken, so viel als möglich die Macht von Leid und Schmerz auf Erden zu mildern. Die »Lösung« der Theodizeefrage ist nicht mit dogmatischen Mitteln zu leisten, die Frage selbst erledigt sich nur durch ein wirkliches Leben aus Glauben.

Hat der Glaube Hoffnung? 202–205

Gott – Daseinsdeutung, nicht Welterklärung

Immer wieder, selbst bei den Besten unter den Theologen begegnen wir diesem Dilemma, das sich schlechterdings nicht lösen lässt, weil es in einer ständigen Vertauschung der Wirklichkeitsebenen besteht: aus den Chiffren der Daseinsdeutung der Menschenwelt werden Kategorien zur Beschreibung der Naturgeschichte [...]

Klar ist: Nicht Gott braucht Religion; es sind wir Menschen, die (vielleicht!) der Religion bedürfen. Alle Aussagen der Religion von Gott dienen als Erstes der Selbstbegründung des Menschen inmitten einer Welt, die sich nicht länger mit dem Willen Gottes erklären lässt. [...]

Gott ist kein Sein unter Seiendem; Gott ist kein Gegenstand der Erkenntnis; Gott ist keine Erklärung zur ursächlichen Begründung des sonst Unbekannten oder doch Unwahrscheinlichen in der Welt; [...] er ist mit all dem *nicht* identisch, was der Verstand erkennt und was schon deshalb der »Welt« zugehört. [...]

Anders gesagt: Solange die Theologie fortfährt, Gott mit den Mitteln des Verstandes zu denken und die Religion selbst als ein System dogmatischer Gedanken zu lehren, so lange scheitert sie an ihrem eigenen Selbstwiderspruch; so lange verbreitet sie nicht Glauben, sondern Aberglauben und Unglauben. [...] Gott, so sagten wir, hat weder etwas mit den menschlichen Vorstellungen von Gut und Böse zu tun noch wird er uns erklären, was er sich bei der Einrichtung der »Welt« gedacht hat. »Gott« braucht weder Naturwissenschaft noch Ethik noch Religion; einzig wir Menschen sind es, die alles drei hervorgebracht haben, um richtig zu denken, um richtig zu handeln und um wirklich zu sein. Erst wenn wir unsere eigenen geistigen Bedürfnisse und Erzeugnisse mit den Gedanken und Planungen, ja, mit dem Wesen des Göttlichen selber verwechseln, werden aus den Unterschieden endlicher Wirklichkeitsbereiche unendliche Widersprüche, für die es keine Auflösung gibt.

Doch umgekehrt jetzt: [... E]rst wenn die jüdisch-christliche Theologie sich nicht länger vermisst, das Glaubenswissen einer göttlichen Offenbarung dozieren zu wollen, entdeckt sich ein neuer glaubwürdiger Zugang zu Göttlichem; erst die Phase des naturwissenschaftlichen Atheismus der Neuzeit, verbunden mit einer radikal *negativen* Theologie, kann helfen, unabhängig von den Zwangsformeln kirchlicher Dogmen und Riten wieder ein Stück Wahrheit und Klarheit in das religiöse Bewusstsein zu bringen. [...]

Es war von Anfang an *falsch*, die Kategorien des Verstandes, die Frage der Welterklärung, in die Religion, in die Symbolsprache des Mythos eingeschmuggelt zu haben. Alles Reden von Gott deutet in Chiffren das menschliche Leben, es erklärt nicht mit Begriffen des Verstandes die Welt; alle Religion ist »Hermeneutik«, ist Auslegung des menschlichen Daseins, keine Begründung der Weltwirklichkeit.

Der sechste Tag 253; 271; 273 f.; 278 f.; 281 f.

Das Hoffnungsbild: Gott, der Hirte

Was wir Menschen in der Natur gerade *nicht* erleben: ein sorgsames Behütetwerden und planvolles Geleitetwerden, eben das spricht sich in dem Kontrastbild von Gott als dem *Hirten* aus.

Bereits das Alte Testament hat immer wieder diese Chiffre aufgegriffen [...] Es leidet keinen Zweifel, dass im *Neuen Testament* Jesus von Stellen wie diesen in seinem Selbstverständnis sich zutiefst geprägt sah: Er wollte »das Verlorene suchen« und »das Kranke heilen« und »das Schwache stärken«. Man warf ihm eben deshalb vor, dass er ein »Freund der Zöllner und der Sünder« sei (Mt 11,19), und tatsächlich lud er sie alle ohne Vorleistung zum Mahle ein (Mt 9,9-13); zur Rechtfertigung seines Verhaltens aber fiel ihm keine passendere Stelle der Bibel ein als gerade dieses Bild des Ezechiel von Jahwe, dem »Hirten«; und so erzählte er zur Begründung seines Verhaltens entgegen seinen Gegnern in einem seiner schönsten Gleichnisse die Geschichte vom Guten Hirten (Lk 15,1-7): Wenn Gott so ist, dass er, wie ein Hirt einem am Wegrand versprengten Schaf, dem »Verlorenen« nachgeht und das Entkräftete auf den Schultern zurückträgt (vgl. Jes 40,11), muss dann nicht er, Jesus selber, sich ganz genauso verhalten? Das Johannes-Evangelium (10,1-30) schließlich hat Jesus überhaupt als den »guten Hirten« gezeichnet, der seine »Herde« ohne jeden Zwang und ohne jede Gewalt durch den bloßen Ruf des »Namens« und durch den vertrauten Klang seiner Stimme zu leiten vermag.

Für unsere Fragestellung jetzt lernen wir aus der Chiffre vom Hirten erneut etwas Wichtiges: Wir wollten wissen, wie es möglich sei, trotz dieser Welt den Glauben Jesu an einen gütigen, väterlich behütenden Gott zu glauben; die Antwort, auf die wir stoßen, lautet auch jetzt wiederum, dass wir einen Gott, wie Jesus ihn uns nahebringen wollte, durchaus von der Natur her nicht werden finden können; das einzige »Argument«, über das wir zu Gunsten eines solchen Glaubens verfügen, liegt darin, dass wir als Menschen es einzig im Umfeld eines bedingungslosen Behütetseins lernen werden, mit uns selbst und mit den Lebewesen an unserer Seite so umzugehen, wie die Natur mit uns und mit ihnen gerade nicht verfährt: behutsam! Den Glauben Jesu finden wir bestätigt einzig in der Vermenschlichung, die von den Vorstellungen dieses Glaubens selbst in unserem Leben ausgeht. Alles, was wir von den Gesetzen des Lebens in diesem Buch kennengelernt haben, redet die absolut gegensätzliche Sprache des Darwinismus, es spricht von Zufall und Notwendigkeit, denkt in den Begriffen von Mutation und Selektion, von Konkurrenzdruck und Kampf ums Dasein, von Genoptimierung und Gendurchsetzung, und es legt Zeugnis ab von ungeheueren Zahlen an Opfer und Leid, an Schmerz und Tod, an Destruktion und Vergeblichkeit. Und doch, offenbar lässt die Bühne der Welt auch die Aufführung eines ganz anderen Schauspieles zu, das sich allerdings erst ermöglicht, indem wir eine andere Grundlage der Welt irgend für möglich halten – »Welt« wiederum zunächst als Inbegriff unserer »Daseinsauslegung« und erst in übertragenem, abgeleitetem Sinne als »Kosmos« in der griechischen Bedeutung des Wortes.

... und es geschah so 837–839

Mein Schöpfer, der mich trägt, nicht der Schöpfer meiner Biologie

Es ist theologisch sinnvoll, ganz allgemein das menschliche Dasein zwischen Geburt und Tod als gottgewollt zu betrachten; aber es ist bereits absurd, die faktischen Zufälligkeiten der *Entstehung* eines einzelnen Menschenlebens mit einem positiven Entschluss des göttlichen Schöpferwillens im Einzelnen in Verbindung zu bringen; wer sich zu Gott als seinem Vater und Schöpfer bekennt, spricht von dem *existenziellen Grund* seines Daseins, nicht von seinen biologischen Ursachen, die ganz und gar kontingent sind.

Wege und Umwege der Liebe 273 f.

Gott schafft und erlöst den Menschen, nicht den Kosmos

Der Begriff »*Welt*« macht im Umkreis der christlichen Schöpfungs- und Erlösungslehre allenfalls einen gewissen Sinn, wenn mit ihm die *Menschenwelt* gemeint ist [...] Dementsprechend müssen natürlich auch alle Aussagen der Bibel von der »Schöpfung« und »Erlösung« der »Welt« eben nicht als Aussage über den »Kosmos« an sich verstanden werden; sie müssen vielmehr als mythische Bilder aus ihrer projizierten Form zurückgeholt und als symbolische Chiffren zum Verständnis des menschlichen Daseins ausgelegt werden. Einer der Hauptfehler heutiger Theologenrede im Raum der Kirche – man kann es nicht oft genug sagen – besteht indessen darin, diesen Unterschied nicht zu machen, ihn mit Absicht zu verwischen und dann ins schlechthin Abergläubige aufzulösen.

Der sechste Tag 250 f.

Gott finden können: die Wendung ins Innere des Menschen

Das Grauen der Welt – die Möglichkeit, sich zu Gott zu wenden

Worum dreht sich die Welt? Um den Kampf ums Überleben, sagen die Biologen, und sie haben recht. Im Pflanzenreich wie im Tierreich stellen sich dieselben Fragen: Wer ist der Größte, wer ist der Stärkste, wer erreicht mit dem geringsten Energieaufwand das meiste, wie besetzt man jeden Kubikmillimeter Erdoberfläche randvoll mit den Angehörigen der eigenen Art? – Worum dreht sich die menschliche Geschichte? Um die Probleme der Geldbeschaffung: wie man es anlegt, wie man es vermehrt, sagen die Wirtschaftsfachleute, und auch sie haben recht. [...] Das ist »die Welt«, wie wir sie auf allen Ebenen kennenlernen und zur Kenntnis nehmen müssen. Es ist der wichtigste Trost, von dem Mann aus Nazaret zu hören, dass wir mit dem Blick zum Himmel im Namen Gottes als unseres Vaters ganz anders zu leben vermögen, nicht aus der Welt und doch inmitten dieser unbarmherzig erscheinenden Wirklichkeit.

Johannes II, 213 f.

Gott zeigt sich in uns, nicht in der Natur

Die Hände des »Schöpfers« sind, wie man sieht, die Gesetze der Thermodynamik, die Gesetze der Geophysik, die Gesetze der Ozeanografie, der Meteorologie und der Klimatologie; sie alle wirken in einer schlechterdings »chaotischen«, das heißt ziel- und absichtslosen Weise zusammen. Sie stehen buchstäblich jenseits aller Moral. Sie sind blind, taub und gefühllos. Sie sind unveränderlich so, wie sie sind.

Und Gott?

Er *ist* nicht im Hintergrund dieser Welt. Er *kommt* allererst mit uns Menschen zur Welt. Wir Menschen sind es, die Sinn und Willen und Mitleid *voraussetzen* müssen, um Menschen zu sein oder, besser wohl, um allmählich Menschen zu werden.

... und es geschah so 563

Für ein Bündnis von Neurologie und Theologie

Immer wieder wurden in der Religionsgeschichte bestimmte Bewusstseinszustände, hervorgerufen durch Drogen, epileptoide Halluzinationen, mangelnde Versorgung spezifischer Hirnareale mit Sauerstoff oder durch elektromagnetische Felder, als Manifestationen göttlicher Mächte und Gestalten gedeutet; an all diesen Stellen kann und muss die Neurologie heute das Werk der Aufklärung vollenden: Gott, Seele, Freiheit und Unsterblichkeit sind keine Begriffe naturwissenschaftlichen Denkens; die Religion darf Gott nicht vergegenständlichen, will sie nicht Glauben in Aberglauben, Mystik in Magie und Frömmigkeit in Fetischdienst verwandeln. Jenseits der Erklärungen der Naturwissenschaften aber werden die Inhalte des Religiösen nur desto dringlicher, um die Trostlosigkeit des menschlichen Daseins inmitten einer Welt zu heilen, die den Wert des Individuellen nicht zu kennen scheint, in der Gerechtigkeit nicht vorkommt und für die Mitleid gar erscheinen muss als Hindernis in der brutalen Strategie der Durchsetzung der Fittesten. [...]

Belässt man den Menschen in dem Erfahrungsraum, aus dem diese Erkenntnisse stammen, so droht er, als Teil der Natur, zum Gegenstand beliebiger Manipulationsversuche zu werden, in gesellschaftlicher Vermittlung vorangetrieben von den gleichen Mechanismen, denen die Evolution des Lebens selber sich verdankt. [...] Oder es tragen Neurologie und Theologie gemeinsam zu einer wirklichen Kulturrevolution bei: Noch niemals waren uns die Angst und der Schmerz schon der Tiere so sichtbar wie in unseren Tagen; noch niemals traten die Hilflosigkeit und die Ausgesetztheit des Menschen, seine Unfreiheit und seine Armseligkeit so eindrucksvoll ins Blickfeld, wie es derzeit geschieht. Und jetzt: Nur einen Schritt weiter noch in die Zukunft – und wir könnten am Schnittpunkt der psychoanalytischen Neurosenlehre, der neurologischen Theorien von Gehirn und Geist sowie der Lehre von Fall und Erlösung des Menschen in der (christlichen) Theologie uns befinden: an einem Ort, da alles Erklären sich öffnet zu einer tieferen Form des Verstehens, da unser aller kreatürliche Armut sich weitet zu einem universellen Erbarmen und da die empörende Aufdringlichkeit des Leids ihre Antwort findet in der Empathie eines Mitgefühls ohne Grenzen.

Atem des Lebens II, 14 f.

Verzweiflung, die klärend wirkt: das Schweigen der Natur

Genetisch bedingte Sehnsucht als religiöser Hinweis?

Man kann auch so sagen: Wie es genetische Faktoren gibt, die an dem Erleben von Angst und dementsprechend an der Bedürftigkeit nach persönlicher Bindung beteiligt sind, so können (vermutlich) bestimmte Gene vor allem über die Wirkung einzelner Neurotransmitter die Sehnsucht nach Halt und Geborgenheit in einer Weise steigern, die letztlich nur eine religiöse Antwort erlaubt. Über die Wahrheit einer solchen religiösen Antwort – ob es Gott als den Ursprung absoluter Zuwendung gibt oder nicht – kann die Neurologie freilich keine Aussage machen.

Atem des Lebens II, 687

Die Naturwissenschaften müssen die Welt entgöttlichen – und erneuern die Frage nach Gott

Der Gott jener Theologien, die den biblischen Schöpfungsglauben mit philosophischen Mitteln zu denken (zu demonstrieren) suchten, wird von der Welt her gerade nicht »bewiesen«, er wird von der Welt widerlegt. Das ist die geistige Ausgangslage im Hintergrund des modernen Atheismus. […]

[A]lle naturwissenschaftliche Erkenntnis hat zur Voraussetzung, dass sie die Reste einer animistischen, mythischen Vermenschlichung (und damit Vergöttlichung!) der Welt als irrig entlarvt und das Sprechen von Ziel, Absicht und Plan, von Seele, Geist und Idee, von Gut und Böse, von Belohnung und Strafe, von Fortschritt und Gerechtigkeit durch rein objektive Erkenntniskategorien und Erkenntnismodelle zu ersetzen versucht. […] Und doch beginnen, wie der Deutsche Idealismus vor zweihundert Jahren bereits ganz richtig geahnt hat, die eigentlichen Probleme für den Menschen damit überhaupt erst wirklich – keineswegs sind sie durch den Fortschritt naturwissenschaftlicher Erkenntnis bereits gelöst, ja, sie können von dorther gar nicht gelöst werden. […] Worum es geht, ist die Entdeckung der grenzenlosen Einsamkeit, »Geworfenheit« und Absurdität der menschlichen Existenz inmitten einer Natur, die uns zwar ermöglicht, doch niemals wirklich gemeint hat; worum es geht, ist der radikale Widerspruch zwischen den Erwartungen des Menschen nach »Führung«, »Fügung« und »Sinn« und dem offenbar Führungslosen, Ungefügten und Unsinnigen der Welt [...] Wenn es möglich (und *sinnvoll*) sein soll, einen Gott zu glauben (von »beweisen« ist ein für alle Mal nicht länger die Rede mehr!), so nicht aufgrund der Welt, wie sie uns erscheint, sondern *trotz* der Welt, *gegen* die Welt, buchstäblich und absolut *jenseits* der Welt, in der wir leben und aus der wir kommen.

... und es geschah so 767 f.

Legitime Gefühle der Gottverlassenheit

Manchmal denke ich, wir folgten im Christentum und in unserer Gesellschaft einer fast erbarmungslosen Ideologie, die darin besteht, dass ein Menschenleben unter allen Umständen, egal was auch geschieht, als so gewollt, also durchhaltefähig, durchhaltepflichtig angesehen wird. Es hat keine Sinnlosigkeit zu geben, sie wäre ein Zeichen des Unglaubens; es hat keine Verzweiflung zu geben, sie wäre ein Mangel an Gottvertrauen; die Welt ist wohlgefügt in jeder Einzelheit, Gott meint unser Glück, und die ganze Welt ist wohlbestellt. Nicht so diese acht Zeilen aus dem Buche Ijob [7,1–4.6 f.]. Offenbar irrt sich, wer da denkt, es gebe eine Vorsehung speziell für ihn, es sei das Drehen der Fixsternsonnen und der Galaxien just auf seine Bedürfnisse nach Leben und Zufriedenheit berechnet. Es kann Gott im Ganzen so den Einzelnen nicht meinen, und wenn er es nicht kann, gibt es auf der Ebene der einzelnen Existenz unsäglich viel Leid, das *keinen* Sinn ergibt, unendlich viel an Zumutungen, für die es keine Lösung gibt. Wie lebt man damit? Sollten wir im Christentum nicht fähig sein zuzugeben, dass die Abgründe viel größer sind, als wir mit dem Netzwerk der fertigen Auskünfte zu verharmlosen suchen? Könnte es nicht sein, dass Gott eines Tages sich grad zu den Verzweifelten von der Art des Ijob viel eher bekennt als zu der Auskunftei zünftiger Berater in Sachen Gottes?

Zwischen Staub und Sternen 33 f.

Das Schweigen Gottes

Was bleibt, ist die offenbar gewordene Unmöglichkeit, Gott von *der* Welt oder gar von *dieser* Welt als »Schöpfer« zu denken. Kein Gott

»offenbart« sich in dieser Welt – Nietzsche hat recht. Keine Eigenschaft Gottes, auch nicht die seiner »Kreativität«, seiner »Lebendigkeit« oder seiner »Überraschungsfreudigkeit«, ist aus ihr zu erschließen, nicht einmal seine Existenz. Gott *schweigt.* – [... Wir] haben es mit der Feststellung zu tun, dass Gott nirgendwo in »seiner« »Schöpfung«, soweit wir sie zu begreifen vermögen, »eingreifen« wird noch »eingegriffen« hat; es gibt ganz einfach kein Ereignis in Raum und Zeit, das ein solches »Eingreifen« demonstrieren würde; es gibt im Gegenteil so viele Geschehnisse, die ein göttliches »Eingreifen« als ratsam oder notwendig sollten erscheinen lassen, dass schon ihr Stattfinden das Nicht-Eingreifen Gottes eklatant macht. [...]

Wer aber sagt uns denn, dass da ein Gott sei, der schwiege? Welche nichtästhetischen Gründe, wenn selbst Schönheit den Tempel des Göttlichen nicht länger umkleidet, bestehen noch, eine Gottheit zu glauben, wo die ganze Welt den möglichen Zugang zu ihrer Erkenntnis versperrt? Die Antwort haben wir längst schon vorbereitet: Der Grund, einen Gott zu glauben, liegt einzig im Menschen.

Im Anfang ... 1101–1103

Zwei verschiedene Blicke auf die Natur: die Naturwissenschaften oder die Botschaft Jesu

Wie sieht ein Mensch »seine« Welt? Wie geht er um mit sich selbst? Wie mit anderen Menschen?

Schaut er auf die »Natur«, so wie sie ihm in den Beschreibungen der Naturwissenschaften erscheinen muss, wird allein schon die Enttäuschung und Verbitterung darüber ihn hart werden lassen, dass da *kein* »lieber Vater überm Sternenzelt« erscheint; und das Schweigen der Welt und die Gleichgültigkeit des Alls sowie die »naturgegebene« Grausamkeit aller Erscheinungen des Lebens müssen ihn wie selbstverständlich dahin bestimmen, die radikale Verneinung des Menschlichen durch die Natur sich zu eigen zu machen und in sein eigenes Fühlen und Handeln zu übernehmen. Eine buchstäblich »gnadenlose« Welt wird dann in seinen Augen die Kulisse eines unentrinnbaren Dramas der Unmenschlichkeit bilden, aufgeführt unter dem Titel: Die Geschichte der Menschheit. *Oder* es ist alternativ dazu doch möglich, diese Welt von jenem neu gewonnenen Ausgangspunkt einer reinen

Gottes-Erkenntnis her zu betreten, wie sie in der Person und Botschaft des Jesus von Nazaret angelegt ist; dann sollte es gelingen, die Todespraxis der »Natur« hinter sich zu lassen, sich dem »Kampf ums Dasein« zu *verweigern* und eine Menschlichkeit zu leben, die nicht länger das »Schwache« »selektiert«, sondern schützt, die das »Geknickte« nicht »bricht«, sondern aufrichtet (Jes 42,3), und die das »Verlorene« nicht als »Verlust« »abbucht«, sondern sucht und zurückholt (Lk 15,4). Es ist offenbar dieser Zug im Auftreten und in der Botschaft des historischen Jesus, wie die synoptischen Evangelien ihn schildern, die es dem Johannes-Evangelium erlaubt, Jesus als »das Wort« zu bezeichnen, denn gerade so redete er zu den Menschen, dass sich unter seinen Worten die Fieberschauer von Angst und Krankheit lösten, dass längst schon Verstummten und Mundtotgemachten der Mund sich neu auftat und dass Menschen, denen in der Zerrissenheit der Seele ihre eigene Identität wie abhanden gekommen war, bei seiner Anrede, wie jene Frau aus Magdala (Lk 8,1-2), ihren »Namen«, sich selbst, wiederfanden.

Erst von diesem Moment an vermag auch die *Natur* als ein stummes Liebesgedicht vernehmbar zu werden. Wohl, die Ungemäßheit von Welt und Mensch besteht nach wie vor weiter, ja, sie wird in unseren Tagen von dem wachsenden Kenntnisstand der Naturwissenschaften noch machtvoll verstärkt, und doch taucht das All, die Natur, in ein sanfteres, milderes Licht der Einvernahme, des Einverständnisses. Inmitten dieser leidtragenden Erde kann der Mensch fortan seinen Auftrag finden in einer bejahenden Anteilnahme am Leben in einem Mitleiden ohne Grenzen.

Im Anfang ... 1139 f.

Die Welt ist an sich gar nicht schlecht

Es muss, damit wir richtig leben, irgendwann und -wo ein Gefühl geben, dass wir die Welt nicht zu retten brauchen. Sie ist hervorgegangen aus den Händen Gottes, und es gäbe keinen Sabbat, hätte Gott nicht herausgefunden, dass sie – ich sage es vorsichtig – an sich gar nicht so schlecht wäre.

Den eigenen Weg gehen 106

IV. Lieben

Gott ermöglicht das Menschsein

1. Jenseits der Sinnlosigkeit

Kein Wesen muss da sein – nur die Liebe ermutigt es dazu

Kein einziges der Lebewesen, der Teile dieser Welt, die uns umgeben, *müsste* sein. Auch wir sind im letzten zufällig, das Ergebnis eines unglaublichen, fast beleidigenden Lotteriespiels von eins zu vielen Millionen. Jeder weiß das biologisch, aber wehe uns, wenn wir beginnen, zu begreifen, *wie* flüchtig und beliebig wir sein können in der Welt, in der wir leben. Wer gibt uns, kaum dass wir darüber nachdenken, den Mut zu uns selber zurück? Die paradoxe Antwort ist: Den Mut zu uns selber gewinnen wir einzig, wenn es irgendetwas auf dieser Welt gibt, das wir wirklich lieben. Es wird uns auf der Stelle alles erklären. Der Mond, der sonst einfach kalt und blind am Himmel steht, fängt plötzlich an zu singen für die Stunden der Liebe. Der Wind, der sonst wie klagend durch die Bäume geht, spielt mit einem Mal auf der Leier unserer Seele, und alles murmelt, flüstert, rauscht, summt diesen einen Choral der verschmelzenden Liebe.

Daß alle eins seien 86

Gott, das »Du hinter allem«

Wenn wir dann sagen, Gott habe uns geschaffen *nach seinem Bildnis,* so meinen wir damit ganz sicher als Erstes, wir sollten und wollten uns selber betrachten als »Menschen« im Licht reiner Menschlichkeit; *sie* ganz allein sei der Grund unserer wahren und wirklichen Existenz. Nur der Mensch konnte die Menschlichkeit und mit ihr das, was wir Liebe heißen, hervorbringen, und er hat mit seiner Liebe und Menschlichkeit zugleich auch Gott als die Liebe selber hervorgebracht. Und doch ist dieses lyrischste, sensibelste und subjektivste Wort der menschlichen Sprache, das Wort: Liebe, kein leerer Wahn, keine bloße Einbildung, sondern im Gegenteil: die Mitteilung der stärksten Kraft, der ein Mensch sich selber verdankt und die ihn zum Menschsein bestimmt. Denn stets, so sahen wir, muss ein Mensch sich geliebt fühlen, um selber lieben zu können; stets muss er ein Du voraussetzen, um sich selber als ein Ich zu finden, das wieder zum Du eines anderen wird. Und dieses Du »hinter« allem und in allem, das macht, dass wir als Menschen »menschlich« sein können, das nennen wir jetzt, in einem zweiten Schritt, Gott.

An Gott zu glauben, das heißt jetzt: an die Liebe selber zu glauben. Es ist aber schon deutlich, dass wir damit nicht einfach an uns selber glauben oder einen projektiv veräußerlichten Teil unserer selbst anbeten – so gerade nicht; wir glauben vielmehr inmitten aller Zerbrechlichkeit, Armut und Fragwürdigkeit daran, trotz allem aller Liebe wert zu sein und – zumindest grundsätzlich – alle Lebewesen neben uns in diesen Kreis der Liebe hineinholen zu können und zu sollen.

Der sechste Tag 359

Ohne Gott leben wir in Verzweiflung

Im menschlichen Leben indessen kann so vieles zerstört und erstickt werden, ohne dass irgendeine »Ernte« die Mühen und Leiden lohnen würde. Erst wenn man Gott als den »Sämann« unseres Daseins glaubt, lässt die Verzweiflung sich überwinden, die der Endlichkeit unserer Existenz notwendig innewohnt.

Jesus von Nazareth – Bild eines Menschen 96

Ohne Gott ist unser Dasein ein Waisenhaus

Genauso ist unsere Existenz beschaffen, wenn man ihr den Glauben an Gott nimmt; ohne Gott ist sie ein Waisenhaus, in dem man nicht mehr leben kann, weil alles, was schön aussieht im Himmel und auf Erden und auf das man zugehen möchte, weil es etwas Freundlichkeit um sich zu verbreiten scheint, über kurz oder lang als innerlich verfault und welk entdeckt wird und sich wie von selbst in ein Instrument durchbohrenden Schmerzes verwandelt. Ohne Gott sind alle Menschen in einer grenzenlosen Traurigkeit und Einsamkeit allein, ohne zu wissen, woher und wohin, in einer völligen Ziel- und Richtungslosigkeit. Eben deshalb hat Jesus all die Waisenkinder dieser Erde zu sich rufen wollen und sie gelehrt, hinter den Dingen Gott zu sehen und zu ihm zu sagen: »Vater unser, der du bist im Himmel«; einem jeden Menschen, der in der Wüstenei der Welt verkommt, wollte er sagen, dass er in seiner restlosen Verlassenheit im letzten nicht allein ist, sondern auf dem Untergrund von allem Gott begegnet, der ihn selbst hervorgebracht hat und ihn liebt, als wäre er sein einziges verirrtes Kind und als gäbe es nur ihn, für den er sorgen müsste.

Matthäus I, 437 f.

2. Die existenzielle Forderung nach Gott

Der Mensch braucht ein Gegenüber, in dem er sich spiegelt und wiederfindet. Erst der Glaube an *einen* Gott schafft einen Menschen, der in sich selber und mit sich selber einig werden kann.

Die Zehn Gebote 27

Unser unendlicher Liebeswunsch und die endlichen Mitmenschen: entweder Überforderung oder Verzicht?

An jedem dieser Konfliktpunkte geht es um eine *Grundsatzentscheidung*: ob Angst überwunden werden soll durch pragmatische Sicherungsmechanismen beziehungsweise durch charakterverfestigte Fluchtwege oder durch Vertrauen in eine andere Person. Nur die letztere Richtung ist im Sinne einer menschlich tragfähigen Lösung plausibel. Angst beantwortet sich letztlich nicht durch Mut, Scharfsinn, Heroismus oder Selbstverleugnung – all das führt am Ende höchstens dahin, dass wir Menschen die gefräßigsten und gefährlichsten aller Lebewesen dieser Erde sind; Angst ist endgültig nur zu überwinden durch die Liebe. [...] Und dennoch tritt hier ein Problem zutage, das die Psychoanalyse zwar klar zu sehen hilft, doch nicht zu lösen vermag. Die Angst, so sahen wir, erweitert sich im Spiegel der Selbstreflexion des menschlichen Bewusstseins ins schier Unendliche – eben deswegen schon ist es unmöglich, sie unterhalb des Niveaus der Begegnung mit einer anderen Freiheit, einem anderen Selbstbewusstsein, einer anderen *Person* beruhigen zu wollen. In der Psychologie von *Süchtigen* zum Beispiel kann man beobachten, was geschieht, wenn sich Dinge, Gegenstände (Alkohol, Drogen, Glücksspiele, Nahrungsmittel usw.) an Stelle der gesuchten Person setzen: Es ist ruinös. Doch hat diese Feststellung noch eine andere Seite. Ist es nicht auch möglich, »süchtig« zu werden auf (einen) andere(n) Menschen? Wenn die menschliche Angst, *geistig* betrachtet, aufgrund der Struktur des Selbstbewusstseins als einer endlichen Unendlichkeit selbst ins Unendliche strebt, muss dann die angstgetriebene Suche nach Halt nicht *jeden* Menschen notwendig *überfordern*? Auch der Andere ist ein Gefangener seiner Ängste, auch er ist nur ein endliches Wesen, das keinen endgültigen Halt in sich selber zu geben vermag: Seine Persönlichkeit hat schon rein charakterbedingt ihre Grenzen, seine Lebensumstände legen ihm weitere Schranken auf, jederzeit ist sein Leben gefährdet durch seelische wie körperliche Krisen, und irgendwann, sicher, wartet der Tod auch auf ihn. Wie soll es unter solchen Voraussetzungen möglich sein, gemeinsam, Mensch für Mensch, aus dem Kessel der Angst herauszufinden? So deutlich die Psychoanalyse die Notwendigkeit aufzeigt, die Angst des Daseins in der Nähe einer anderen Person zu beruhigen, so offenbar macht sie zugleich die Aporie jeder Haltsuche eines Menschen an einem anderen Menschen bei *wesentlicher* (daseinsanalytischer) Betrachtung. [...]

Aber ist deshalb auch richtig, ja, überhaupt möglich, auf die entsprechenden Wünsche insgesamt Verzicht zu tun, wie Freud es für unerlässlich hielt? – Unerlässlich scheint es nur zu sein, die Sehnsucht nach einer vollkommenen Angstberuhigung in der Nähe einer anderen absoluten Person *von dem Gegenüber der konkreten menschlichen Person zu lösen.*

Glauben in Freiheit 366 f.; 374

Unser Gottesbegriff ist ein Quasi-Gottesbeweis

Immer wieder hat sich die Frage erhoben, ob Gott nicht nur eine Vorstellung unseres Geistes sei, ein Traum unserer Sehnsucht inmitten des Leids, eine illusionäre Hoffnung angesichts unserer Enttäuschungen, eine gedankliche Rechtfertigung für unsere Schuld und die Verwirrungen unseres Lebens. Man hat gemeint, dass Gott ein Bild ist, das wir Menschen uns entwerfen, entsprechend den Orten, an denen wir leben, den Gegebenheiten des Raumes und der Zeit, der Einrichtungen unserer Gesellschaft. Aber das Wunderbare ist, dass die Idee eines unendlichen Wesens überhaupt Platz greifen kann im Geist von Gebilden aus Staub, die wir sind, vergänglich und nichtig; und unsere Sehnsucht und Hoffnung selbst, ja sogar unsere Enttäuschung und unsere Schuld ist in gewissem Sinn wie ein Beweis für Gott.

Daß alle eins seien 119

Der Gottes-»Beweis«: unser Bedürfnis, dass Gott existiert

Gegen die Annahme einer menschlichen Unsterblichkeit hat in der wohl gedanklich wie sprachlich brillantesten Form der englische Philosoph John Stuart Mill (1806–1873) den anscheinend unvermeidbaren Einwand bloßen Wunschdenkens erhoben. »Anzunehmen«, schrieb er, »dass der Wunsch zu leben uns persönlich ein wirkliches Leben in alle Ewigkeit garantiere, wäre ungefähr so, als wenn man annehmen wollte, dass bereits in dem Wunsch nach Nahrung die Gewähr dafür liegt, dass wir die ganze Zeit unseres Lebens hindurch so viel haben werden, wie wir essen können, und umso mehr, je weiter hinausgerückt wir uns das Ende unseres Lebens denken.« (in: *Drei Essays über Religion*) Natürlich hat Mill recht: Hunger schafft noch keine Nahrung; doch entgegnen muss man ihm – und all seinen Gesinnungsgenossen –, dass sich das Empfindungsvermögen für Hunger nur bei Lebewesen entwickeln konnte, denen in gewissem Umfang die nötige Nahrung bereits bereitstand; wesentlich betrachtet gilt also wirklich: ohne Nahrung kein Hunger; das Nahrungsangebot ist früher als die Existenz von Lebewesen, die auf Nahrungssuche gehen können. Der »Hunger« des Menschen als Person nun richtet sich auf eine andere, absolute Person, die im Hintergrund jeder Begegnung unter Personen erscheint; die Existenzbedingung des Personalen bereits ist, wie gesagt, die Existenz anderer Personen und, mit ihnen verbunden, die Existenz eben der absoluten Personalität Gottes. Dieser Zusammenhang ist entscheidend. Nur wer Gott als Liebe glaubt, vermag die eigene Unsterblichkeit aus Gottes Hand zu glauben; nur wer sie erwartet, *will* und wird an Gott glauben.

Atem des Lebens II, 801

Religion entsteht aus der Sehnsucht – der Durst nach Gott

Die Ansicht mancher Religionspsychologen, dass die Religion aus Angst und Hilflosigkeit entstanden und deshalb als haltlose Illusion zu betrachten sei, verkennt, dass es zum Menschen wesentlich gehört, Ängste zu haben, die unendlich sind und im Endlichen nie eine Antwort finden, und dass es zudem auf eine Verwechslung von Ursache und Wirkung hinausläuft, das Heilmittel einer Krankheit als Produkt der Krankheit zu interpretieren. So wie der Durst eines Menschen in gewissem Sinne ein Beweis für die Existenz des Wassers ist oder wie etwa die Flugunruhe der Vögel um Anfang Oktober beweist, dass es wärmere Länder im Süden der Erde geben muss, so ist die Sehnsucht des Menschen nach Gott ein Beweis für die Existenz des Göttlichen. »Du würdest mich nicht suchen, wenn du mich nicht schon gefunden hättest«, lässt Blaise Pascal in den »Pensées« Christus zum Menschen sprechen. Wir Menschen sind auf dieser Welt die einzigen Lebewesen, die sich ängstigen können und müssen vor der Nichtigkeit und Zufälligkeit alles Existierenden; wir sind die Einzigen, denen die Welt erscheint wie ein Meer, über die sie nur zu schreiten vermögen mit dem Blick auf eine Gestalt, die vom anderen Ufer uns entgegenkommt.

Marienkind 54 f.

Ein Gegenentwurf zu Feuerbach: menschliches Wunschdenken verweist auf Gott

[I]st die Sprache von Gott als dem »Schöpfer« dann nicht doch, eben weil sie nur »subjektiv« ist, objektiv »unwahr«? Ludwig Feuerbach *(Das Wesen der Religion)* vertrat entschieden diese Meinung, indem er – völlig richtig! – bemerkte: […] »Der Wunsch ist der *Ursprung*, ist das Wesen selbst der Religion. – Das Wesen der Götter (sc. und das Wesen Gottes, d. V.) ist nichts anderes als das Wesen des Wunsches.« Psychologisch kann man Feuerbach in dieser seiner Meinung von dem Wunschcharakter der Religion nur beipflichten. Die entscheidende Frage aber lautet eben deswegen, ob nicht zum Menschen eine ganze Reihe von »Wünschen«, also von geistigen und emotionalen Bedürfnissen, ebenso gehören wie die Vielzahl seiner leiblichen und sinnlichen Bedürfnisse.

Niemand bezweifelt, dass unser Denken, dessen Strukturen von der Evolution hervorgebracht wurden, imstande ist, Wahrheit zu erkennen; unsere »Wünsche« aber sind gewiss ebenso ein Erzeugnis der Evolution, und *sie* sind es, die unser Denken unter dem Druck des Bewusstseins unserer Lage in der Welt immer wieder über »die Mensur des Verstandes« hinaustreiben. [...] Doch wozu die »Sprache« unserer »Wünsche« und der sie religiös verdichtenden »Symbole« uns auffordert, ist in Wahrheit auch etwas ganz anderes, als mit ihrer Hilfe »Gegenstände« (Objekte) der Wirklichkeit zu erblicken. Was wir in ihnen abgebildet finden, ist etwas Grundlegendes *im Menschen*, das man bei aller historischen Relativität seiner Ausdrucksformen durchaus als »Wesen« des Menschen bezeichnen kann – schon weil gerade die emotionalen und affektiven Gegebenheiten der menschlichen Psyche sich in unglaublichen Zeiträumen geformt haben und weil sie schon von daher gegenüber allem, was menschliche Geschichte sein kann, für »überzeitlich gültig« gelten dürfen. [...] Gott ist nicht länger erkennbar als Grund für das »Sein des Seienden«; das Einzige, was wir zeigen können, ist ein subjektiv anzunehmender Grund für ein menschliches Dasein des Menschen.

Alles hängt dabei natürlich von der Voraussetzung ab, dass das, was wir als Menschsein bezeichnen, in den Parametern von Subjektivität, Individualität, Freiheit und Scheitern überhaupt (noch) existiert. [...] Doch solange es das noch gibt, was wir Religion nennen, *stützt* sie das, was wir Menschsein nennen, so wie sie selbst nur im Rahmen der Form dieses Menschseins sich plausibel machen lässt.

... und es geschah so 854–856

Gott gegen das Recht des Stärkeren

Gäbe es Gott nicht, so wäre in der Tat ohne jeden Widerspruch die Macht des Stärkeren das Recht, so wäre ohne jede Alternative der Mensch der Willkür des Menschen ausgeliefert, und ohne auch nur einen menschlichen Einspruch, ohne auch nur die Stimme des Protestes rechtfertigen zu können, müsste man mitansehen, wie die Würde der Schwachen von der zynischen Willkür der jeweils Stärkeren durch die Folterketten unaufhörlicher Demütigungen und Beleidigungen zerrieben würde; jeder Einwand gegen die scheinbare Allgewalt der am meisten Gewalttätigen liefe auf eine Rechtfertigung der Schwachheit hinaus und wäre mit Leichtigkeit als ein bloßes Argument ohnmächtigen Ressentiments abzutun, als ein Versuch, den Aufstand der Zwerge gegen die Riesen zu proben.

Alles Denken in den Kategorien von Macht und Ohnmacht muss in diesem Teufelskreis von Hoch und Niedrig, von Überlegenheit und Unterlegenheit, von Durchsetzen und Verlieren gefangen bleiben. [...] Die Freiheit des Menschen erwächst einzig aus der Überzeugung, dass Gott allein die Macht besitzt; und alle Würde, alle Größe auch des schwächsten Menschen hängt daran, dass Gott auch ihn gewollt hat, dass es auch ihn geben muss und dass auch er berechtigt ist zu sein: Gott würde etwas fehlen, wenn es ihn nicht gäbe!

Matthäus I, 336 f.

3. Gott ist Person

Die menschliche Person ist eine absolute Kostbarkeit. Aber das lernt man nur durch die Liebe, anders überhaupt nicht.

Wer hat, dem wird gegeben 108

Ohne Gott als Person kein Christentum

Des radikalen Ernstes wegen, mit dem die j(ahwistische) Urgeschichte [Gen 2-11] jeden einzelnen Menschen und die gesamte menschliche Geschichte zum Heil oder Unheil allein mit der einen Frage konfrontiert, wie der Mensch sich zu Gott verhält, werden wir nicht umhin können, [...] alles aufzubieten, um einen erneuten Rückfall der Religion ins Heidentum, ins Mythologische, ins Gnostische, womöglich mitten im Christentum, zu verhindern. Denn was ist Heidentum, Mythologie und Gnosis anders, als so von Gott, vom Göttlichen, von Göttern insgesamt zu sprechen, dass man Gott als eine eigene und absolute, vom Menschen gänzlich unabhängige Person gar nicht mehr kennt?

Strukturen des Bösen III, LVII

Gott erkennt man nicht durch Wissenschaft, sondern durch Liebe

Alles, was wir Wissenschaft nennen, *taugt nicht,* um sich Gott zu nähern. Gott ist als Erstes eine Person, und eine *Person* kann man nicht erkennen nach Art der Wissenschaft. [...] In der Begegnung unter Personen herrscht eine andere »Logik« der Annäherung an die Wirklichkeit als im Umgang mit toten Objekten; sie besteht gerade nicht darin, den anderen objektiv zu beschreiben, sondern sich mit der eigenen Subjektivität möglichst intensiv auf ihn einzulassen.

Matthäus III, 149

Wie finden Menschen eine Liebe, die sie glauben lässt, liebenswert zu sein?

Wie wird man ein Mensch? Nicht einmal die simplen Grundfunktionen der Nahrungsaufnahme sind einfach durch den Willen zu steuern. Wir wissen, dass manchmal bereits Kinder rätselhafterweise die Nahrung verweigern und sterben »möchten«, weil sie empfinden, dass mit der Nahrung die Liebe nicht gegeben wird, die sie eigentlich brauchten; wie finden Menschen eine Liebe unter Menschen, die sie glauben lässt, im Ganzen, total und absolut, geliebt zu werden und liebenswert zu sein? Darum geht es.

Ein Mensch braucht mehr als nur Moral 157

Ohne Gott als Person kein Mensch als Person

Lediglich *ein* ganz entscheidender Punkt kommt prinzipiell immer wieder zu kurz, wenn man die Sprache der Religion in die Terminologie der Tiefenpsychologie C. G. Jungs übersetzt: die absolute Bedeutung der Partnerschaftlichkeit und der Personalität der Liebe bei allen Formen menschlicher Reifung.* Selbst wenn man unterstellt, dass die mythische Symbolsprache der biblischen Eschatologie sich korrekt als Chiffrierung innerer Reifungsvorgänge lesen und verstehen lässt, so macht unser kleines Beispiel doch deutlich, dass die Bibel in diesem *einen* Punkte nicht mit Hilfe der Tiefenpsychologie entmythologisiert bzw. entsymbolisiert werden darf: dass es für einen Menschen eines absoluten Gegenübers der Liebe bedarf, um seiner eigenen unveräußerlichen Personalität und wahren Gestalt innezuwerden. [...] Zu der Entdeckung ihrer absoluten Bedeutung gelangt die menschliche Person durchaus erst in der Liebe einer anderen Person, für die sie eine absolute Bedeutung besitzt, und das Schönste, was Menschen einander zu schenken vermögen, ist diese Verführung zu dem Glauben an die

Ewigkeit und Unsterblichkeit der eigenen Person in der Zauberkraft der Liebe. Ein jeder Mensch ist als irdische Existenz nicht weniger hinfällig und zerbrechlich als Schneeflocken im Wind; aber in der Liebe erhebt er sich über die Natur und eröffnet dem anderen in dem Gefühl einer überfließenden Dankbarkeit für die Schönheit seiner Existenz einen Einblick in die Sphäre einer absoluten Personalität und Liebe, die als Grund und Ursprung allen Seins erscheint.

* *Anmerkung:* Wenn C. G. Jung, »Antwort an Martin Buber«, erklärt, er untersuche nur, wie das Gottesbild als autonomer, seelischer Inhalt (in Visionen, mystischen Erfahrungen etc.) dem Ich gegenüberzutreten vermöge, und es genüge ihm der Archetyp dieses Bildes »vollkommen«, so gibt er, ohne es zu wollen, dem Vorwurf Bubers eigentlich recht, im Grunde Empirismus als Gnostizismus zu betreiben. Man kann zu Recht sagen, das *Gottesbild* könne »nicht losgelöst vom Menschen existieren«, aber Jung erklärt: »Gott könne« es nicht, und das ist zweifellos eine transzendente gnostische Behauptung, indem Gott als nichts anderes verstanden wird als das »Gottesbild«. Es kommt aber auch psychotherapeutisch sehr darauf an, eine Metaphysizierung des Psychischen bzw. eine Psychologisierung des Metaphysischen zu vermeiden; denn die Art, in der die Archetypen dem Ich des Menschen entgegentreten, hängt sehr von der Art ab, in der das Ich im Gegenüber einer anderen Person in sich gefestigt ist oder nicht. An dieser Stelle wird die »objektale« Betrachtung Freuds ewig ihr Recht behalten: An Personen scheitern Menschen, ehe sie an sich selber scheitern, und jenseits aller Bilder ist es wichtig, eine Person zu glauben, die in allen Bildern lebt und doch, um diese Bilder integrieren zu können, als Person mehr sein muss als alle Bilder; um selbst den Weg der Personwerdung zu beschreiten, muss der Mensch *im Bewusstsein* Gott als eine absolute Person glauben können, die ihm die Angst nimmt, dem Heerbann der eigenen Bilder zu begegnen.

Tiefenpsychologie und Exegese II, 457–459

Ohne Gott können wir keine Individuen sein

Man hat Sören Kierkegaard vorgeworfen, er habe der Absurdität des Daseins durch einen Sprung in den Glauben an Gott entkommen wollen (vgl. Albert Camus: *Der Mythos von Sisyphos*), doch kann davon keine Rede sein. Die Frage des dänischen Religionsphilosophen ging nicht dahin, wie man der Freiheit entrinnen, sondern wie man sie erträglich, das heißt subjektiv überhaupt vollziehbar machen könnte: Um die Angst zu überwinden, die den subjektiven Reflex der Freiheit im Bewusstsein bildet, bedarf es eines absoluten Subjekts als der Bedingung der Möglichkeit einer unbedingten Bejahung und Bindung. Kein Ding, keine »Pflicht« im Rahmen des Ethisch-Allgemeinen, keine selbstgefasste Entscheidung vermag die Angst der Freiheit vor sich selber zu beruhigen, nur eine andere, ebenfalls freie Person, die in ihrer Wahl (in ihrer *Liebe*) eine Wahl als (liebende) Antwort in Freiheit vermittelt, hebt die Freiheit aus ihrer Angst heraus und befreit sie damit, ohne sie zu vernichten, zu ihrem eigentlichen Glück, zu ihrer Vollendung. Nur »in der Liebe ist keine Furcht« (Joh 4,18), und nur ein absolutes Subjekt der Liebe ist imstande, die Unendlichkeit der Angst zu beruhigen.

[...] Statt im Sinne der Moralphilosophie in Gott den *Gesetzgeber* zu sehen, legt sich der Gottesgedanke gerade vom anderen Ende her nahe: Es kann existenziell, wie gesagt, gerade die *Schuld* eines Menschen sein, nur als ein »allgemeines Individuum«, nicht aber *selber* zu leben; Gott als *Person* ist nötig, um den Einzelnen in seine unableitbare Freiheit zu rufen; nur ihm als dem absoluten Subjekt gegenüber kann es Schuld sein, sich in dem Versteck des Allgemeinen lebenslänglich zu verkriechen; doch ihm gegenüber ist es auch möglich, in der eigenen Individualität den Ruf zu einer Freiheit zu vernehmen, die nur in der Person dieses Einzelnen, der ich selbst bin, zur Austragung kommt. Auch und gerade dabei ist es möglich, sich zu irren, Fehler zu begehen oder, gemessen an der Aufgabe, zu versagen; Gott als Person ist nötig – nicht als Verkörperung des Sittlich-Allgemeinen, er ist nötig, damit Freiheit subjektiv möglich werde, er ist *notwendig* als Vergebender – als jemand, der etwas tut, das alles Gesetzliche, alles nur Ethische gerade niemals zu tun vermag: den Automatismus von Vergehen und Strafe zu *unterbrechen* und die Perspektive des handelnden Subjektes einzunehmen. Gott als Person, nicht als Weltgesetz, ist erforderlich allein zur Begründung des Einzelnen in seiner angefochtenen Freiheit.

… und es geschah so 823–825

Die Frage nach Gott – nur unter Einsatz der ganzen Existenz

Daran liegt es, dass man insbesondere nach Gott als der schlechthin absoluten Person nicht anders fragen kann, als indem man die gesamte eigene Existenz dabei aufs Spiel setzt – und gerade dadurch zu gewinnen hofft! Man kann sich nach Gott nicht »erkundigen« wie nach einem Straßennamen oder einer Autonummer. [...] Nur *die* Fragen sind von Gott, die sich uns unabweisbar immer wieder stellen, in schlaflosen Nächten und taghellen Träumen, beglückend oder bedrückend, je nach den Umständen, immer aber mit dem Anspruch letzter Entschiedenheit und Entschlossenheit. Nur wer sich *ganz* herausgefordert fühlt, spürt *Gottes* Frage an sich selbst im eigenen Leben und fragt mit seinem eigenen Leben selbst nach Gott.

Markus II, 216; 218

4. Der Weg von Gott zum menschlichen Liebenkönnen

Gott tut nichts, er ist. Wir aber, wenn wir wirklich *sind,* sind ihm ganz nahe.

Matthäus I, 294

Egal ob Gott existiert, der Mensch braucht ihn zum Lieben

Unsere Frage lautet schon seit Längerem nicht mehr, ob »es Gott gibt«, unsere Frage lautet, welch einer Vorstellung ein Mensch bedarf, um angesichts der Welt zu seiner Menschlichkeit zu finden. Er bedarf dazu, sagten wir, der Liebe; doch sahen wir auch: Ein Mensch ist zur Liebe nur fähig durch ein Vertrauen, das die Angst seines Herzens beruhigt; ein solches Vertrauen aber vermag wiederum nur die Liebe zu schenken. Alles, was ein Mensch auf Erden an Liebe erfährt, bleibt indessen mehr oder minder ambivalent und ist vom Anlass her zufälliger Art; sein Verlangen nach Liebe jedoch ist »archetypisch« in ihm angelegt und geht unter den Bildern von Mutter und Vater auf etwas Unbedingtes. Um sich selbst als Mensch vollziehen zu können, bedarf er deshalb, aller Angst gegenüber, des Vertrauens in einen solchen unbedingten mütterlichen (»väterlichen«) Schutz; und nichts anderes war es, was Jesus vor den Augen aller Welt zu zeigen und zu leben versuchte: Er

»bewies« nicht die Existenz Gottes als des »Vaters«, aber er bewies durch sein Leben, dass es möglich ist, mit dem Glauben an einen »väterlichen« Gott die Existenz des Menschen zu vermenschlichen. Indem er in Gott an die Liebe glaubte, lebte er die Liebe. Das war, das *ist* alles. […] Für Jesus »gibt es« Gott mithin nur, insoweit wir selber es wagen, uns einer dem anderen hinzugeben – außerhalb eines solchen Geschenks der Liebe ist es völlig unmöglich, Gott im Sinne Jesu »glauben« oder »erfahren« zu wollen.

In streng kantianischem Sinne ist Gott demnach nicht mehr und nicht weniger als die Bedingung der Möglichkeit unserer Vermenschlichung. In *theoretischer* Absicht ist und bleibt es für alle Zeiten unbeweisbar, dass »es Gott gibt«; aber wir selber, um an die Liebe zu glauben, müssen *in praktischer* Absicht einen »väterlichen« Gott als existierend voraussetzen. […] Wir können uns daher […] sehr wohl einen Gott denken, den »es nicht gibt«, aber wir können die Liebe nicht denken, ohne dass da eine *»Person« »ist«*, die »liebt«, und wir müssen, um absolut an die Liebe zu glauben, die Liebe selbst absolut setzen. Nicht das »Sein« Gottes, sondern das »Personsein« Gottes ist es deshalb, was wir als Menschen um der Menschlichkeit willen nicht als nicht-existent denken können.

Der sechste Tag 378 f.

Die Liebe macht uns wesentlich – hat sie auch Zukunft?
Dem gesamten Weltall mögen wir gleichgültig, unwesentlich und völlig nebensächlich erscheinen; im Leben eines Menschen, der uns liebt, sind wir unbedingt wesentlich und unverzichtbar. Nur durch die Liebe gewinnen wir Menschen den Mut, als Individuen zu existieren; doch gerade dadurch fallen wir aus der Ordnung der Natur heraus; gerade dadurch wird uns der Tod zu einer unerträglichen Zumutung […] Das genau ist die entscheidende Frage, die über unser ganzes Leben: seinen Sinn, seine Kraft und seine mögliche Erfüllung entscheidet: Wie viel Zukunft hat die Liebe?

Ich steige hinab in die Barke der Sonne 41; 45

Die Liebe führt zu sich selbst

Ist es denn möglich, einen Menschen, ohne zu heucheln, nur »seelisch«, nicht aber »körperlich« liebzuhaben? Ja, ist nicht die Liebe selbst die Innigkeit jener Erfahrung, durch welche Seele und Körper im Menschen allererst wieder zu ihrer Einheit finden? Die tiefste Sehnsucht der Liebe aber besteht darin, einander umfangen zu dürfen, ohne je wieder voneinander lassen zu müssen. *Eine Liebe ohne Abschied* – das ist es, was die Religion den Menschen verheißt; und all ihre Bilder sind nichts als der Aufschein des Lichts einer anderen Welt an den Durchbruchstellen der Wände der irdischen Existenz, wenn die Wärme der Liebe den Eismantel schmilzt.

Glauben in Freiheit 37

***

In der Liebe verliert ein Mensch sich nicht an den anderen und verliert auch nicht Gott; vielmehr: Wer sich hingibt an den anderen, *gewinnt* sich selbst und *gewinnt* Gott, der die Liebe selber ist.

Matthäus II, 476

Die Liebe zeigt Gott als Schöpfer und den anderen Menschen als notwendig

Es ist nicht möglich, zu sprechen von Gott als einem Gegenstand unter den anderen und zu sagen: Es gibt Gott und dann gibt es die Welt, weil er sie schafft – man müsste genauer sagen: Von Gott zu sprechen ist eine bestimmte Form, die Welt zu sehen. Man entdeckt ihn nur in einer Art von Perspektive, die aus der Liebe selbst geboren wird. – An Ihrer Seite lebt ein Mensch, der Ihnen bis dahin womöglich gar nicht aufgefallen ist. Er war einer unter Hunderten und Tausenden, unscheinbar, unansehnlich, ohne bedeutende Auszeichnung. Aber nehmen wir an, dass durch irgendeine Begebenheit, unvorhersehbar, plötzlich womöglich, grad dieser Mensch in Ihr Blickfeld getreten ist und er hätte Ihr Interesse auf sich gezogen, womöglich nur für ein paar Stunden wahren Gesprächs, und es hätte seine Seele sich Ihnen erschlossen, sodass Sie plötzlich begonnen hätten zu spüren, dass da eine Wahrheit lebt weit tiefer als alles, was Sie gesehen hätten bis dahin, mit anderen Worten,

Sie wären verführt worden, diesen Menschen zu lieben, dann wäre ein Moment gekommen, wo ein Einzelner heraustritt aus der Gleichgültigkeit, und Sie selber sinken mit ihm immer tiefer durch die Räume, durch die Zeiten, durch alle Fragen, warum denn etwas ist, und aus der Tiefe hören Sie so etwas wie eine Stimme, dass es auch nur diesen einen Menschen geben muss, weil es die Liebe gibt. Nur sie zeigt Ihnen einen anderen Menschen als notwendig; einzig sie ist die Erklärung, dass der andere nicht entlassen worden ist in einem Feld der Zufälligkeit, der Gleichgültigkeit, sondern einer inneren Bejahung, die ihn trägt und ermöglicht und gemocht hat, dass er sei. Sie brauchen nur ein einziges Lebewesen, irgendein Stück der Welt wirklich zu lieben, und Sie werden Gott finden im Urgrund und im Hintergrund von allem. Wie immer wir Gott sonst nennen, die Weisheit, die Macht, all das ist nichts, weil diskutierbar, formulierbar. Einzig wenn wir sagen, er ist die Liebe, sprechen wir ihn ganz aus, weil wir dieses Wort gar nie anders aussprechen können, ohne uns selber vollkommen mitzuteilen.

Ich lasse dich nicht, du segnest mich denn 16 f.

Das Glück, einander zu brauchen

Wenn irgend wir etwas Himmlisches ahnen, liegt es in diesem Wort: »Du aber bist für mich notwendig!« Obwohl kein Mensch es uns *endgültig* sagen kann, es sei denn, wir wollten den anderen gegen jedes bessere Wissen selber vergöttern, so ist doch seine Liebe die geheime Leiter, die uns zum Himmel hinaufführt. Aber auch umgekehrt hat das Christentum darin wohl vollkommen recht, wenn es behauptet: An Gott zu glauben, das mache es überhaupt erst möglich, einander ohne ständige Vergöttlichung oder Verhexung zu lieben. [...] Wenn die Liebe nicht dazu beiträgt, den anderen so sein zu lassen, wie er wirklich ist, wenn es nicht möglich ist, den anderen unverhüllt in unschuldiger Nacktheit, ohne Verhüllungen, ohne Verstellungen zu lieben, handelt es sich nicht um wirkliche Liebe.

Ein Mensch braucht mehr als nur Moral 301; 305

In der Wechselseitigkeit der Liebe entfaltet sich der Einzelne

Ähnlich wie die Sonne es den Blumen ermöglicht, zu ihrer vollen Blüte sich zu entfalten, so erschließen die Knospen der Seele sich nur in der

Wärme und Helle der Liebe. Ein Dich-Wollen, das zum Sich-Wollen wird, eine Du-Anrede, die zur Ich-Aussage reift, ein Umfangen, das ein Empfangen wird, und dies alles in Wechselseitigkeit – das ist Liebe. Sie ist selber ein »selbstreferentielles« System, ein energetischer Schwingkreis zwischen zwei Polen. Selbst das Bild von Gott, dessen Vorstellung von einem »Weltenbaumeister« ein für alle Mal seine Glaubwürdigkeit eingebüßt hat, müsste und sollte sich in diesem Sinne: einer nicht-eingreifenden und gerade darin alles ermöglichenden Liebe erneuern.

Hat der Glaube Hoffnung? 54

Der Mensch lebt aus der Liebe, Gott als das Mehr der Liebe

Allein aus der Liebe lebt der Mensch, und alle Sakramente und Gebete, alle Riten und Formeln der Kirche hatten und haben nur den Sinn, dich des Vertrauens zu versichern, dass diese Liebe dich niemals verlassen werde. Diese Liebe bestraft niemals, noch richtet sie uns, sie lenkt nicht, noch greift sie ein, sie ist einfach da, wie die Sonne, welche mit ihren Strahlen die Blumen des Feldes wärmt und ernährt. – Die einzelne Blume mag welken, doch die Sonne hört nie auf zu scheinen, und auch die Blume hört niemals auf, eine Tochter des Lichtes zu sein. Alle dunklen Stunden sind nur zu durchleben als eine tiefere Vorbereitung zum Licht. […]

Viele Eltern gibt es heute, die schon lange ihre Kinder keine Gebete zum Einschlafen mehr lehren; sie sitzen des Abends an ihrem Bett, erzählen ihnen noch eine kleine Geschichte, streicheln ihnen über den Kopf und flüstern ihnen ins Ohr: »Hab keine Angst; ich bin bei dir.« Sie denken nicht daran, dieses Streicheln wie ein verstohlenes Segnen und ihre Gute-Nacht-Geschichte wie ein Gebet und ihre Worte zum Abschied wie ein Bekenntnis zu Gott zu verstehen; und doch handelt es sich genau darum. Kein Vater, keine Mutter kann das Versprechen wirklich erfüllen: »Ich bleibe ja bei dir« – noch heute Nacht kann der Tod sie ereilen. Alles, was wir aus Liebe einander versprechen und woran wir in Liebe zueinander glauben, ist unendlich viel mehr als das, was wir wirklich zu halten vermögen. Und gerade dieses unendliche Viel-Mehr der Liebe nennen wir Gott. Er ist erfahrbar in jedem, der liebt; doch damit die Liebe nicht scheitert, glauben wir, dass er vor allem auch dort ist und sein muss, wohin wir einander trotz all unserer Liebe doch nicht begleiten können. Die Kraft, die dort ist, wo wir zu schwach sind zu sein, die ist uns Gott.

Der sechste Tag 391 f.

Unsere Liebe zu allen Dingen

Was haben wir Menschen nicht alles unternommen, um herauszufinden, welchem Zweck bestimmte Erscheinungen der Natur wohl dienen könnten. Und doch sind wir dabei niemals weitergekommen, als dass wir bestimmte allgemeine Gesetzmäßigkeiten hätten formulieren können, etwa den Satz von der Erhaltung der Energie oder die verschiedenen Hauptsätze der Thermodynamik. Trotz all dieser Theoreme sind wir aber außerstande, einen wirklichen Grund für die Existenz des Kieselsteins am Bachbett, des Dinosaurierskelettes im Museum oder die Platane im Stadtpark anzugeben. Gewiss, wir können bestimmte zufällige Ursachenkombinationen dafür aufzählen. Aber die einfache Umkehrprobe zeigt, dass auf diese Weise die Existenz des Kiesels, des Dinosaurierskeletts oder der Platane letztlich nicht zu begreifen ist: Wenn es diese Dinge nicht gäbe, kämen wir niemals darauf, dass es sie geben müsste. Die Dinge haben in diesem Sinne keine notwendigen Ursachen, die sie hervorgebracht hätten; mit ihnen ist kein erkennbarer Zweck verbunden, für den sie schlechthin notwendig sein müssten. Bestimmte Bedingungen haben sie ermöglicht; aber dass es sie wirklich gibt, bleibt für uns ein unlösbares Rätsel.

Gleichwohl ziehen die Dinge uns gerade deshalb nur noch mehr in ihren Bann und lassen uns nicht los. Wenn wir die Dinge in ihrer letzten Notwendigkeit bedenken, beschreiben und zu erfassen versuchen, entsteht Poesie, Dichtung. Nur das dichterische Wort vermag offenbar ein einzelnes Wesen als in sich notwendig auszusprechen. Wenn ein Dichter einen Kiesel beschreibt, wie er silbern schimmernd am Flussufer liegt, wie die Wellen ihn umspülen und ihn mit der geduldigen Sanftmut von Jahrtausenden glätten, wie er mit undurchdringlicher Selbstverständlichkeit einfach daliegt und ist, verlieren sich unsere wissenschaftlichen Fragen nach Ursache und Zweck, und wir beginnen, an die unabdingbare Notwendigkeit gerade dieses Kiesels zu glauben. Für jeden beliebigen anderen Kiesel mag nach wie vor gelten, was Geologie und Chemie von ihm sagen: Er sei ein Silikatgemisch von bestimmter Menge, Zusammensetzung und Größe. Aber von einem Kiesel, den wir durch die Worte eines Dichters kennenlernen, wird das nicht gelten, von ihm wissen wir, dass es ihn geben muss. Die dichterischen Worte haben den anscheinend so unscheinbaren Stein in seiner nie geahnten Einzigartigkeit offenbar gemacht, fast könnte man sagen, wir hätten ihn liebgewonnen. Es fehlt nicht viel, und so erfinden wir für ihn einen Namen, der nur ihm gehört. Ist es nicht eine Beleidigung, etwas nur mit einem Gattungsbegriff anzureden? Wenn ein Lehrer ein Kind in der Schule, um es zu kränken, nicht mit seinem Vornamen anredet, sondern ihm zuruft: »Mensch, pass auf!«?

Die frühesten Worte der Menschheit dürften Namen gewesen sein, Benennungen, die jedem Ding sagen wollen: »Ich kenne dich; du gehörst zu meinem Leben; du bist mein Baum, mein Stein, mein Blatt, du trägst jetzt meinen Namen; und daher weiß ich, dass es dich geben muss; für mich muss es dich geben.«

Was uns Zukunft gibt 21–23

Liebe zwischen Menschen verbürgt ihre Unsterblichkeit

Wenn es möglich ist und menschlich einzig lebenswert, wenigstens einen einzigen Menschen im Leben unendlich zu lieben, so gibt es keine größere Hoffnung und keinen wahreren Anspruch der Liebe, als dass das menschliche Leben selbst unsterblich sei; es ist der Anspruch der Liebe, dass der Mensch, dessen Wesen und Wert man als unvergleichlich und einmalig entdeckt und in dem das ganze Glück der Welt wie in einem Brennpunkt sich sammelt, auf immer lebe und sein Tod nur ein vorübergehender Abschied sei. Die Liebe, wenn sie groß genug ist, hat die Macht eines metaphysischen Beweises [...]

In der Tat, so »unweise«, so »jung«, so »romantisch« und absolut ist das Verlangen der Liebe, dass sie unbedingt an das ewige Leben glauben muss, um den Glauben an sich selbst nicht zu verlieren [...] Ein Mensch, den man von ganzem Herzen liebhat, zieht sich im Tode nicht, wie Exupéry es im »Kleinen Prinzen« den Worten nach schildert, in eine unzugängliche und unwirkliche Sphäre jenseits der menschlichen Erfahrung zurück wie ein Licht, das in allen Dingen aufscheint, ohne selbst mehr eine einheitliche Lichtquelle zu bilden, sondern es bleibt die Hoffnung und Erwartung der Liebe, dass wir nach kurzer Zeit der Trennung jenseits der Zeit wieder zueinander finden. […] Alles hängt mithin davon ab, die Liebe und die Freundschaft selbst mit ihren Hoffnungen und Wünschen für einen Beweis der Wahrheit zu nehmen: Das Leben des Geliebten ist unsterblich, und: Wir werden uns wiedersehen.

Das Eigentliche ist unsichtbar 54–58

Gebundenheit, die uns frei sein lässt

Philosophisch mag man die Liebe beschreiben als einen heilsamen göttlichen Wahnsinn, wie Platon (*Phaidros*, 243e9–245a8) es tat; psychoanalytisch mag man in ihr ein Gegenstück zur Hypnose erblicken, wie Sigmund Freud (*Psychische Behandlung*) es versuchte; neurologisch mag man in ihr eine Auswirkung der Hormone Vasopressin und Oxytocin sowie die Folge eines Anstiegs des Cortisolspiegels erkennen; theologisch wird man nicht anders sagen können, als dass sie diejenige *neue* Determination (aus dem Unendlichen) darstellt, die Freiheit (gegenüber dem Endlichen) allererst möglich macht, indem sie den Menschen *als ganzen* sich selber zurückschenkt. Nie ist ein Mensch gebundener als in der Liebe – und niemals freier. In ihr allein finden Gottes Wille und menschliches Wollen zur Einheit zusammen, entdeckt sich die menschliche Freiheit als eine immer schon gemeinte und gemochte.

Atem des Lebens II, 886

5. Grenzziehungen zu falschen Gottesbegriffen

Unser »Gott« darf kein Ding sein

Mit dem Wort »Gott« kann alles gemeint sein, woran ein Mensch sein Herz hängt. Rein psychologisch betrachtet ist »Gott« der Konzentrationspunkt der stärksten seelischen Energie, doch es fragt sich natürlich, was das sein sollte – was wirklich verdient, als »Gott« genommen zu werden. Alle Mächte und Dinge, die dem Menschen zum Leben wesentlich sind, wurden in der Religionsgeschichte als göttlich erlebt: Tiere, Pflanzen, Sterne, Winde, Berge, Flüsse – alles, auch seelische

Gegebenheiten wie Liebe und Hass, Weisheit und Hoffnung, oder gesellschaftliche Aktionen wie Ernte und Krieg, oder bestimmte Personen wie Kaiser und Päpste; doch immer lässt sich feststellen, dass die Freiheit des Menschen eingeengt wird, wenn man irgendetwas als Gott verehrt, das nur einen Teil des Lebens, etwas Relatives, nicht etwas Absolutes darstellt.

Hat der Glaube Hoffnung? 295 f.

Gegen C. G. Jung: Gott ist nicht das Unbewusste

Mit aller Entschiedenheit haben wir immer wieder betont, dass der Mensch inmitten seiner Angst den Kräften des Unbewussten hilflos ausgeliefert ist, solange er nicht im Gegenüber einer absoluten Person seine eigene Personalität und Freiheit zu riskieren vermag; ja, wir haben gesehen, dass die Personwerdung des Menschen ohne eine ausdrückliche Erfahrung der Personalität Gottes sich niemals hätte vollziehen können. Von daher gilt es immer wieder zu betonen, dass Gott *nicht* als Teil der Gesamtheit der menschlichen Psyche verstanden werden darf und dass es unbedingt erforderlich ist, jenseits des Meeres des Unbewussten an ein anderes Ufer zu glauben, an dem Gott auf uns wartet.

Tiefenpsychologie und Exegese II, 769

Gott ist nicht die Welt

Das menschliche Gehirn entdeckt – notwendigerweise – die Existenz der Unendlichkeit, und es begreift sogleich, dass es selber geschichtlich nur als ein Teil dieses Unendlichen ermöglicht wurde. Liegt es da nicht nahe, diesen Ansatz geradewegs in die Sprache der Theologie zu übersetzen und »das Unendliche« mit »Gott« zu identifizieren und alsbald den Fehlformen des Daseins nachzuspüren, die darin gründen, die Dimension des Unendlichen im Leben entweder gänzlich zu leugnen oder aber das Unendliche dort zu suchen, wo es nicht sein kann: im Endlichen?

[… K]einesfalls ist der Gott der Religion identisch mit der Unendlichkeit des Universums, er ist ganz im Gegenteil die Verkörperung der radikalen Andersheit des menschlichen Daseins in Bezug zum Universum; er ist das absolute Du im Hintergrund dieser Welt. Noch einmal und so oft als nötig: Wir bedürfen inmitten des Dilemmas unserer menschlichen Existenz, ausgespannt zwischen Endlichkeit und Un-endlichkeit, eines Gottes nicht in der Ununterscheidbarkeit seiner von der Grenzenlosigkeit des Kosmos, wir bedürfen eines Gottes zur Befreiung von dem Einerlei des alltäglichen Grauens inmitten der Natur. Nicht der Versöhnung mit der Welt – ihrer Überwindung gilt die Religion.

Atem des Lebens II, 718 f.

Absage an »die Natur« als Quasi-Göttin

[D]as Göttliche selber, um als göttlich erlebbar zu sein, *kann* nur, so sahen wir, in der Weise des Personseins erscheinen – und doch, je klarer die personenhafte Seite des Göttlichen sich mitteilt, desto ungemäßer erscheint die Natur als ihr Träger; vielmehr je deutlicher der Mensch sich aus der Natur, die ihn umgibt, *herauslöst,* desto eindeutiger verlangt ihn nach einem Gott, dessen Personsein *in Differenz* steht zu der Unpersönlichkeit der Natur.

Es ist dies der Schritt, der kulturgeschichtlich in der *Bibel* getan wurde. Ihre Religion ist die erste in der Geschichte der Menschheit, die Gott als eine Person jenseits der Naturmächte vorstellt. Wenn sie »Gott« dabei speziell als »männlich« definierte, so lagen darin gewiss eine Fülle von zeitbedingten patriarchalen Anschauungsformen und ideologischen Rechtfertigungen enthalten (und haben sich z. B. in der römischen Kirche bis heute erhalten!), doch beruht die zeitübergreifende Aktualität der »Offenbarung« des biblischen Gottesglaubens wesentlich nicht *darauf,* sondern sie besteht in etwas anderem: Gott ist nicht länger ein Teil der Natur oder identisch mit der Natur; Gott kann eben deswegen nicht die »Mutter Natur« sein [...] *Deshalb,* nicht irgendwelchen »sexistischen« Implikationen zuliebe, legte es sich der Sprache der Bibel nahe, Gott in Abkehr von der »Mutter Natur« in einem *männlichen* Bild zu malen. Es darf dabei allerdings nicht untergehen, was wir in den »weiblichen« Gesichtszügen Gottes soeben betrachten konnten: dass es die wesentlich *gütigen,* eben die *mütterlichen* Züge sind, die wir mit diesem »männlichen« Gott verknüpfen müssen, der allerdings *jenseits* der Natur vorgestellt werden muss, weil sein Bild als persönlich in der Natur so nicht geschaut werden kann.

... und es geschah so 831 f.

Glauben können an den Schöpfer – ein neuer, menschlicher Weltentwurf

[S]o beschreibt denn der »Schöpfungsglaube« im Grunde nichts weiter als *die Ausdehnung des Vertrauens*, das ein Mensch zum Leben braucht, *auf die Welt*, in der er lebt. Den entscheidenden Zwischenbegriff dabei bildet das Wort »*Welt*«. Es bezeichnet, wie wir sahen, als Erstes in existenzphilosophischem Sinne den Bewandtniszusammenhang, den alle Dinge im Rahmen eines bestimmten menschlichen Selbstentwurfes bilden. [...]

In dem Glauben an einen persönlichen Gott projiziert sich die Grundhaltung von Vertrauen in eine Welt hinein, die »objektiv« ein solches Vertrauen nie und nimmer verdienen würde. In dem Glauben an Gott erlebt der Mensch trotz aller nur möglichen Formen von Katastrophen die Welt schließlich im Ganzen als »zuverlässig«, ja, als »dankenswert« – er selber ist »froh« über die unverdiente Tatsache seines Daseins, die er zusammen mit der Welt, in der er lebt, als »Geschenk« empfindet. Und das Wichtigste: Er setzt in dem Glauben an einen persönlichen Gott der »Willkür« ein Ende, mit der ihm die Welt mal glücklich, mal unglücklich, mal selig, mal unselig, mal »himmlisch«, mal »höllisch« erscheint; er erhebt sich gerade über die »Beliebigkeit« des »mal so, mal so« der Weltsicht.

Zu sagen: »Ich glaube an Gott«, geht mithin zurück auf die »Tat« einer Freiheit, die sich zu einer im Ganzen vertrauensvollen *Deutung* der Welt *entwirft*. Ein solcher Freiheitsentwurf entnimmt – noch einmal sei es gesagt – seine »Argumente« keinesfalls der erfahrbaren Welt, er lässt sich durchaus nicht mehr von der Zwiespältigkeit treiben, die allen weltimmanenten Erfahrungen von Augenblick zu Augenblick notwendig anhaftet, sondern er geht, ganz im Gegenteil, von eben jenem Bezugspunkt aus, der, als absolute Freiheit, der Ungesichertheit menschlicher Freiheit allererst Halt und Festigkeit schenkt. [...]

Wir haben gesehen, dass die »Schönheit« (bzw. die Komplexität) der »Dinge« (und Lebewesen) keinesfalls schon ein »Argument« für den »Schöpfungsglauben« bietet. Und doch [...]: Ausgehend von Gott und getragen in Gott erschien es am Ende selbst einem Mann wie Augustinus möglich, diese so lieblose Welt mitsamt all ihren leidenden und – für kurze Momente – so glücklichen Geschöpfen wirklich zu *lieben.*

Ja, es wird sogar möglich, auch umgekehrt Gott in seinen »Geschöpfen« und in seiner »Schöpfung« zu lieben.

… und es geschah so 848–850; 861 f.

***

Uns jedenfalls scheint gar nichts anderes übrigzubleiben, als dass wir den Weg der biblischen Frömmigkeitsgeschichte von einer Stammesreligion zu einer Schöpfungsreligion *existenziell* nachbilden, indem wir die Grundlage des Glaubens *nicht* in der Lehre von Gott als dem Schöpfer, sondern von Gott als dem *Vater* erblicken. Diese ganz und gar in der menschlichen Existenz gründende Überzeugung von einem persönlichen Gott im Gegenüber der menschlichen Person bildet den Ausgangspunkt, um menschlich der Unmenschlichkeit der Natur standzuhalten und den Gottesglauben allererst zum Schöpfungsglauben zu erweitern.

… und es geschah so 834

6. Ist es überhaupt »erwachsen«, an Gott zu glauben?

Ein Unendliches als Horizont benötigen wir, um die Wüstenei des irdischen Daseins zu durchschreiten.

Daß auch der Allerniedrigste mein Bruder sei 68

***

Wenn denn Feuerbach recht hat und die Menschen haben Gott nur erfunden aus Angst und es gibt gar keinen Gott, wie leben sie dann vor allem mit dem Gefühl ihrer Entbehrlichkeit, Überzähligkeit, Minderwertigkeit? Wie antworten sie dem Hass auf sich selbst, der entsteht aus dem Empfinden der Unbedeutendheit, der Nichtgenialität, der zu niedrigen Größe im Konkurrenzvergleich?

Daß auch der Allerniedrigste mein Bruder sei 52

Die – scheinbar – überholte Frage nach Gott

Wir sind damit aufgewachsen, unter einem Himmel zu leben, der sich geöffnet hat, der keinen Gott mehr benötigt, vor dem selbst die Frage nach Gott unzeitgemäß geworden zu sein scheint wie ein Gespenst, das sich auflöst bei schärferem Hinsehen.

Daß auch der Allerniedrigste mein Bruder sei 18

Der Gedanke einer Existenz Gottes als Peinlichkeit

Wir geben uns ganz sicher, dass man im Leben wissen muss, wie man richtig parkt, die Steuererklärung ausfüllt und Geld abholt, welche Nahrung man braucht, welche Diät man einhält, welche Medikamente man nimmt. Das alles muss man unbedingt wissen und ein paar kleine Tricks noch zusätzlich. Ob es Gott gibt, muss man schon nicht mehr wissen, ja, man kann es eigentlich auch gar nicht mehr wissen, oder es ist unvornehm und peinlich geworden zu sagen, dass ein ganzes Leben davon abhängen könnte zu wissen, ob es Gott gibt. All das ist etwas Relatives geworden; die bürgerliche Existenz aber und wie sie sich erhält, scheint selbstgewiss und in sich ganz beruhigt. Die Kehrseite ihrer Selbstberuhigung ist der zynische Spott über jede Hoffnung, das Totschreiben des Lebens mitten im Leben, das Schließen einer Welt, eindimensional wie unter dem drückenden Gewicht eines Sarkophags.

Und legte ihnen die Hände auf 112

Ist Gott wirklich da oder nur als Idee?

Hat Gott ein »Sein«? Ist er etwas »Reales« oder nur etwas Vorgestelltes? Welch eine Wahrheit besitzen die Bilder Gottes, von denen bislang doch stets nur als von den Formen der Selbstauslegung des menschlichen Daseins die Rede war? […]

Entscheidend ist nach allem bisher Gesagten, dass »Gott« ein Begriff ist, der uns hilft, das menschliche Dasein zu *deuten* und seine Menschlichkeit im Gegenüber der Welt zu begründen, der aber nicht dazu taugt, die Welt zu erklären. Das Wort »Gott«, noch einmal, ist eine hermeneutische Chiffre, keine Kategorie des Verstandes. […] Wir müssen an dieser Stelle eindeutig erklären, dass »Gott« in der Tat eine Chiffre ist; wir müssen allerdings gleich hinzufügen, dass damit die Frage nach der Wahrheit und Gültigkeit dieser Chiffre nicht etwa schon beantwortet ist – nämlich negativ, so als sei es schon ausgemacht, dass Chiffren nichts seien als Fiktionen des Bewusstseins, sondern dass diese Frage jetzt erst in dieser Weise sich stellt. Wie aber lässt sie sich beantworten? Was ist der Inhalt, wenn wir die Chiffre »Gott« dechiffrieren?

Der sechste Tag 290 f.

Kein »Gotteswahn«, sondern die Gegenwart eines Dritten

Gefühlsmäßig begreifbar ist gewiss die Sehnsucht nach Halt und Trost angesichts schwerer Schicksalsschläge und Infragestellungen; seelisch verstehbar ist desgleichen auch, dass die Art solcher Krisen ebenso wie die Art der möglichen Lösungsversuche in der Biografie und der Persönlichkeitsstruktur einer bestimmten Person vorbereitet ist; doch dass jemand als »Sieg« interpretiert, was alle Außenstehenden als die schlimmste Niederlage ansehen müssen, dass er vor dem Furchtbaren *keine* Furcht mehr zulässt, das ist psychologisch nur noch als Wahn zu diagnostizieren – oder es geschieht hier etwas jenseits der Psychologie, etwas, das sich nicht mehr aus der Vergangenheit ableiten lässt, sondern nur aus einem Zukunftsentwurf, von einer inneren Ausrichtung, von einer Zielsetzung her, die alle Immanenz sprengt. Zwischen beiden Ansichten muss man sich entscheiden. Psychologisch ist es durchaus möglich, alles, was hier geschieht, für bloßes Wunschdenken, für simple Realitätsverleugnung, für narzisstische Regression zur Dualunion mit wirklichkeitsfernen Unsterblichkeitshoffnungen, kurz: für einen psychiatrischen Fall zu erklären; wie aber, wenn sich zeigte, dass dieses Leben inmitten der »Welt« sich menschlich und menschenwürdig überhaupt nur bestehen ließe in gerade der Unbedingtheit, mit der Jesus sich festmacht in eben jenem Gegenüber, das er seinen »Vater« nennt? Offenbarte sich dann nicht in diesem Aufsprengen der Welt allererst die eigentliche Wahrheit unseres Daseins? […] Die persönliche Gegenwart dieses »Dritten«, der räumlich nicht »anwesend« sein muss, um da zu sein, formt eine »Psychologie«, wie sie höchst »vernünftig« und wünschenswert scheint, wenn auch ihre Begründung von der »Welt« her sich nicht verständlich machen lässt.

Johannes II, 190–192

Der Wunsch, getragen zu sein, als Hinweis auf Gott – Beweise gibt es nicht

Man verlangt oft, dass einem die Existenz Gottes bewiesen werde. Aber diese Forderung ist ebenso töricht, wie wenn man jemandem die Existenz des Lichtes beweisen wollte. Wir machen die Augen auf, und wir sehen – nicht das Licht, aber alles im Licht. So sehen wir auch Gott nicht, aber alle Dinge erscheinen anders von Gott her. Nicht um Beweise, sondern um Hinweise und Aspekte muss es daher gehen.

Wir können Gott nicht einreihen neben Sommerhäuser, Autos und Bankkredit. Wenn wir von Gott sprechen, müssen wir versuchen, den tiefsten Beweggründen unseres Lebens nachzugehen. Und da werden wir finden, dass wir niemals leben, um unseren Besitztümern noch einen weiteren Besitz hinzuzufügen. In Wahrheit suchen wir uns gerade freizumachen von dieser rastlosen Sucherei nach Dingen, die wir zwar benötigen, die uns aber noch nicht satt machen. In Wahrheit suchen wir überhaupt keinen Gegenstand, sondern einen Zustand in uns selber zu erreichen, und wir entdecken, dass wir diesen Zustand gar nicht erreichen können. Der Zustand, den wir anstreben, ist ein reines Geschenk; die Dankbarkeit, die Freude sind seine Vorboten. Es ist eine höchst bleibende Freude in einem unvergänglichen Einklang mit allem, ein Aufgehen in der Anerkennung, der Güte und im Geltenlassen von allem, ein Empfinden, dass in allem, was ist, ein und derselbe Geist sich regt. Dieses sichere Getragensein auf ewig ist es, wozu uns alles, was wir tun und erwerben, dienen soll. Um nichts anderes geht es: alle Dinge als Geschenk zu sehen, die Sprache wieder zu hören, mit der die Schönheit und die Zärtlichkeit aus dem Inneren der Welt zu uns redet, und sich Gott zu überlassen, der in allem wohnt. All unsere Gebete sind nicht Versuche, Gott zu erringen oder gefügig zu machen, sondern uns in ihn zu versenken, an ihm teilzuhaben, uns ihm hinzugeben.

Was uns Zukunft gibt 83 f.

Wer an Wahrheit, Schönheit, Gerechtigkeit und Liebe glaubt, glaubt Gott schon mit

An wen oder was also glaubt ein Mensch, wenn er an die Wahrheit, die Schönheit und die Gerechtigkeit glaubt?

Nicht an die Natur – sie ist anders und größer als all jene Teilerscheinungen, die das begründen, was wir Menschlichkeit nennen; aber auch an den Menschen nicht – er ist zu weit entfernt und noch gar zu klein, um *das* zu begründen, an was da geglaubt werden soll einer möglichen Menschlichkeit wegen. Da ist etwas Geistiges, Ideales, das *innerhalb des Selbst* vorausgesetzt werden muss, um den Menschen, der noch nicht ist, allererst hervorzubringen. [...]

Um die *Gerechtigkeit* zu leben, muss man *voraus*setzen, dass es sie gibt, selbst wenn sie in der menschlichen Geschichte, so wie wir sie bisher kennen, kaum oder gar nicht erreicht wird [...] Um in der menschlichen Geschichte *gegen* die menschliche Geschichte Gerechtigkeit zu glauben, bedarf es der Vorstellung eines gerechten Urteils, das über jedes noch so gering erscheinende Leben waltet, also *eines gerecht Urteilenden*, also eines Gottes *jenseits* der menschlichen Geschichte, denn nur diesem »Jenseits« verdankt die menschliche Geschichte die wenigen Perlen ihrer Menschlichkeit.

Und nicht anders die *Wahrheit*: Wie soll man sie glauben im Angesicht der offenbaren Erfolge der Lüge, die sich, oft genug – und nicht selten mit pragmatisch sehr plausiblen Gründen! – in das Gewand der Verantwortung hüllt? Man kann sie nur leben in der Überzeugung, dass es jemanden gibt, der das sieht, was im eigenen Leben wirklich stimmt, und der es besser kennt als sogar man selbst.

Und wiederum nicht anders mit der *Schönheit*: Welch ein Künstler, der an sie glaubt, indem er sein ganzes Leben ihr widmet, dürfte schon hoffen auf Anerkennung des Publikums, auf den Beifall der Menge, auf den »Erfolg« des Sichtbaren? Er muss etwas zu schaffen suchen um seiner selbst willen – weil es in ihm ideell bereits *existiert* und nur durch ihn zum Ausdruck zu kommen vermag.

»Das Wahre, das Gute und das Schöne sind eins«, lehrte ganz richtig die mittelalterliche Scholastik, doch beging sie den Fehler, diese Lehre »seinshaft« zu begründen, statt das »Sein« des Wahren, Guten und Schönen in die Transzendenz des »Bewusstseins« des Menschen zu setzen. *Ontologisch*, in der Selbstauslegung des Seins, das der Mensch ist, erweist sich die Wahrheit und Gutheit und Schönheit als göttlich; rein *ontisch*, als Eigenschaft der Dinge, die sind, wie sie sind, existiert weder ein Wahres noch ein Gutes noch ein Schönes.

Und ganz in derselben Weise jetzt von *der Liebe*; von ihr sagten wir insbesondere: Sie lässt sich nur leben in der Erfahrung und Vorstellung eines Liebenden, der all unser Dasein umfängt und trägt und nach dem wir suchen, solange wir sind. [...]

[Also zeigt sich,] dass es erst die – zugegeben: rein menschliche – Vorstellung der Wahrheit, der Gerechtigkeit, der Schönheit und der Liebe ist, die den Menschen als Menschen hervorbringt, sodass ein Mensch an *unendlich viel mehr* glauben muss, als er selbst ist, um er selber zu sein.

Der sechste Tag 465–467

7. Gottes Absichten mit den Menschen

Kann man Gott trauen?

Inwieweit eigentlich ist Verlass auf Gott? Leistet dieser Glaube wirklich, was er vorgibt: die Befreiung von der Qual des Hungers, die Befreiung von der Qual der Menschenmacht? Was ist mit diesem Gott in Anbetracht all des Leidens und der Not der Menschen? Sollte nicht, wenn Gott so ist, wie Jesus ihn uns schildern wird, etwas von seiner Macht greifbar sich zeigen? Überall auf Erden wenden Menschen sich mit oft verzweiflungsvollen Bitten an den Gott des Himmels, ohne dass sie eine Antwort finden; sind nicht die heiligen Bücher aller Völker voll von Verheißungen und Erzählungen über die wunderbare Hilfe, die Gott den Menschen wird oder hat zuteilwerden lassen? Doch wo erlebt man das Wunder dieser verheißenen oder behaupteten Rettung? [...]

Der eigentliche Schutz Gottes ist ganz und gar nur seine Liebe: Unabhängig von ihr fallen wir ins Bodenlose. Das Gefühl, dass Gott uns liebt, ist schon der ganze Schutz unseres Daseins. Und dieses Empfinden ist ganz innerlich – es braucht keine äußeren Demonstrationen und Beweise. So wie eine Liebe nur anfanghaft und primitiv ist, solange sie an Geschenken und an äußeren Bezeugungen wesentlich hängt, so kann auch die Religion in ihrem Verhältnis zu Gott nur dann als »reif« und »erwachsen« gelten, wenn sie sich unabhängig macht von der Erwartung äußerer Erweise. Und so wie es in der Liebe ein

Missverständnis wäre, den anderen seiner Geschenke oder seiner Aufmerksamkeit wegen lieben zu wollen, statt darin nur ein an sich unwesentliches Ausdrucksmittel der Liebe zu erblicken, so besteht auch die Religion darin, Gott so zu lieben, dass es seiner Geschenke nicht mehr bedarf, um ihm zu vertrauen. So erst lässt man sich fallen in Gott, und so erst findet man seinen Schutz in Gott. [...] Die Zusagen Gottes lassen sich nur verstehen, wenn man Gott liebt, nicht aber wenn man distanziert abseits steht und Gott gewissermaßen ausbeuten will für seine äußeren Ziele und Absichten.

Matthäus I, 338; 341 f.

Gott zeigt sich als mein Gott

Man besteigt einen Gipfel der Unabhängigkeit, gegen die Schwerkraft, gegen alles, was nach unten zieht. Man macht den Blick frei und schafft sich einen weiten Horizont, in dem man atmen und leben kann. Das ist die Begegnung mit Gott. Und weiter: Entscheidend ist, dass dieser Gott als »Gott der Väter« redet. Das heißt: Ich bin doch auch dir wesenseigentümlich. Was ich zu sagen habe, lebt in dir selber, ist dir eingeschrieben, deiner ganzen Existenz nach. Da wird etwas angesprochen, wonach du dich immer gesehnt hast: dein Verlangen nach Liebe, deine Suche nach Geborgenheit, dein Bemühen, einen Wert zu haben, dein Bewusstsein, als Mensch doch etwas Einzigartiges zu verkörpern.

Die Zehn Gebote 34

Mit kindlicher Direktheit von Gott fordern

Ein Kind hält sich instinktiv für das Wichtigste auf Erden. Wenn es ruft, möchte es, dass jemand *kommt,* und es *hat* ein Recht auf dieses »Entgegenkommen« – es würde krank, wenn niemand auf sein Rufen hören würde. Und wenn ein Kind zu einem anderen *gehen* möchte, so *hat* es in gewissem Sinne einen Anspruch auf die »Zugänglichkeit« dieses anderen – es würde etwas Wesentliches vermissen ohne die grundlegende Erfahrung, dass ihm die ganze Welt eröffnet und zuhanden ist. Dieses *Urvertrauen* bringt ein Kind mit auf diese Welt und muss es leben dürfen; alle Beschränkungen und Bedingungen kommen später; sie sind buchstäblich sekundär.

[...] Ein Kind muss man lieben einfach dafür, dass es da ist; es hat noch nichts, es kann noch nichts, in seiner Welt zählen nicht die Differenzen von Besitz und Leistung. Ein Kind *ist* einfach nur, und es verlangt mit der Zudringlichkeit eines urtümlichen Rechtsanspruchs, dass man es annimmt seines Daseins wegen. Was jedes Kind gegenüber seiner Mutter, gegenüber seinem Vater an Vertrauen und Forderung mitbringt, ist gerade die Einstellung, die wir im Sinne Jesu als Erwachsene Gott gegenüber leben sollten: mit dem gleichen bedingungslosen Vertrauen, mit der gleichen selbstverständlichen Unverschämtheit, mit derselben lebenswichtigen Unverwehrtheit und Unverstörtheit.

Markus II, 107–109

Dank Gott das Spiel mit der Angst wagen

Es ist das *Spiel,* das durch seine Form gegenüber der zwangsneurotischen Angst dem Menschen versichert, dass er *nicht* »perfekt« sein muss, um als Mensch leben zu *dürfen,* dass er *Fehler* begehen darf, um aus ihnen zu *lernen,* dass er als ein *Werdender* zugelassen ist zur Gemeinschaft der Lebenden, dass er nicht immer der Erste sein muss, nur um unter den Anderen *etwas* zu sein, dass er aus der tödlichen *Konkurrenz* heraustreten kann, um die Rollenverteilung von Jäger und Gejagtem, von Verfolger und Verfolgtem *spielerisch* zu wechseln und *umzukehren.* Aus der Angst des tödlichen Ernstfalles wird hier die *Angstlust* einer imaginierten Geborgenheit, aus der Fixierung auf bestimmte starre Normen werden hier *Spielregeln* einer relativ freien Abänderbarkeit, aus der Härte eines Zwangssystems von außen wird hier eine *Freiwilligkeit der Teilnahme* in der Bindung an offene, von innen her akzeptierte Arrangements.

Es war der zentrale Inhalt der Botschaft Jesu, die Menschen zu einem solchen *Spielen* ihres Daseins zu verleiten, indem er die angstbefreiende Bedingung lebte und verkündete, die eine solche Einstellung ermöglicht: das kindliche Vertrauen eines Erwachsenen in die Nähe Gottes.

Glauben in Freiheit 476 f.

Gott hat »Humor«: er ist nachsichtig

Schon wer die Geschichte [Jona 4,1-11] nur erst als Betrachter von außen zum ersten Mal hört, wird sie irgendwie »witzig« finden und

Gott als amüsant in seinem »Verschaffen« ansehen. Doch welch eine erlösende Kraft liegt in diesem Humor! Erlöst und entronnen, erscheint die ganze Welt »heiter«; aber geht es denn um Witz und Amüsement? Humor ist eine Haltung, die, kraft eines tieferen Vertrauens, mitten in den Absurditäten und in den oft skurrilen Schwächen des menschlichen Lebens eine Art dankbarer Liebenswürdigkeit wiedererkennt. Von diesem »Humor« Gottes über und mit den Menschen legt das Buch Jona Zeugnis ab. Eine solche Haltung lehrt gewiss das Lachen, aber sie verhindert das Gelächter, sie lehrt gewiss die Freude, aber sie verhindert die Schadenfreude; denn sie ermöglicht es, dieses Leben zu akzeptieren als die einzige Welt, die Gott wirklich gehört, da er nur in ihrer Unvollkommenheit das Maß seiner Güte und seines Erbarmens zu zeigen vermag.

Und der Fisch spie Jona an Land 63 f.

Nicht auf Entmutigungen hören

Der deutsche Wortschatz, den Fridolin Stier in seiner Übersetzung [des Neuen Testaments] aufgreift, kennt ein altertümliches, aber zutreffendes Wort, das von »Dämonen« redet als von *Abergeistern.* [...] Kaum spüren wir, welch ein Traum in unserer Seele wach werden könnte, da gibt es Stimmen in uns, die sagen: »*Aber* so geht es nicht.« Kaum glauben wir zu wissen, wie wir leben sollten, da beginnt es über uns mit Vorwürfen hereinzuregnen: »*Aber* bilde Dir nur nichts ein!« – Den »Geistern« dieses ständigen »Aber« hat Jesus buchstäblich den Mund verboten. Er, der sonst den Stummen den Mund öffnet, verbietet diesen »Abergeistern« weiterzureden.

Markus I, 207

8. Wenn ich an einen persönlichen Gott glaube ...

Die Dreieinigkeit, gesehen als drei Weisen des Göttlichen

Drei Bilder sind es, die uns dabei gegenübertreten, und alle drei sind wahr, indem in einem jeden sich Gott auf besondere Weise als Person zeigt.

Das eine ist das große Bild des *Schöpfers.* Vieles von dem, was wir heute Atheismus nennen, erscheint in tieferer Betrachtung nur wie ein durch Verstellungen zustande gekommenes Bekenntnis zu diesem Geheimnis im Untergrund der Welt. […]

Wenn wir uns zum Beispiel eine Vorstellung machen von der Größe der Welt, werden wir zugleich der Winzigkeit unserer selbst inne, und wir verstehen den Gott nicht mehr, der sie erschuf. Denn er, der Absolute, der Ewige, braucht kein Gebilde in der Zeit sich selber gegenüberzusetzen. Seit den ältesten Zeiten sagen deshalb die Nachdenklichen unter den Philosophen und den Theologen, es müsse Gott die Welt erschaffen haben rein um ihrer selbst willen, als Mitteilung seiner Größe, als Offenbarung seiner Allmacht und als Überfluss seiner Liebe. […] Aber als Liebe vermögen wir nach menschlichen Begriffen diese ganze ungeheuere Veranstaltung kaum zu bezeichnen.

Wir brauchen deshalb ein anderes, genauso wahres Bild von Gott, um inmitten dieser so wenig menschförmigen Natur als Menschen leben zu können. Dieses Bild lebt für uns auf das innigste in der *Person Jesu Christi.* Mit seiner Gestalt verbindet sich für uns die Erfahrung, dass wir einander brauchen, nicht nur um zu uns selbst zu finden, sondern wesentlich und vor allem um Gott als Liebe zu erkennen. Wenn wir einander sehr nahe sind, wenn unsere Seelen sich berühren, beginnen wir den Gott der Schöpfung zu verstehen. […]

Noch ein drittes Bild von Gott gibt es, dessen wir bedürfen, um selbst zu existieren. Gäbe es nur den Schöpfer der Welt, blieben wir abhängige Kinder der Natur. Gäbe es nur die Sprache der Liebe zu dem Menschen neben uns, blieben wir Abhängige von anderen. Das dritte notwendige Bild von Gott ist das des *Geistes.* Alles liegt in unserer eigenen Seele, alles ist eingeschrieben in unserem eigenen Herzen, und so sind wir imstande, auf die Liebe eines anderen Menschen ebenso zu antworten wie auf die Größe der Macht Gottes in allen Geschöpfen. In uns selber liegt die Fähigkeit, die stumme Anrede Gottes im Schweigen der Welt in der gebrochenen Sprache unseres Mundes zu wiederholen. Unser eigenes Herz ist imstande, so rein und so klar die Weite der Liebe des Alls und des menschlichen Herzens zu fühlen, dass wir darin uns selber in unserer eigenen Größe und Schönheit wiederentdecken können: als Geschenkte durch die Natur, als die Wiedergegebene durch die Liebe anderer und als in Ewigkeit selber Berufene in der Unendlichkeit des Geistes.

Drei Weisen also gibt es, in denen Gott sich selber als Person mitteilt: als Wille und Macht im Untergrund der Welt, als demütige Liebe in einem jeden Menschen, den wir von Herzen lieben, und als unendlicher Drang der Sehnsucht, des Gebetes und des ewigen Gesangs in einem jeden Menschenherzen und in jedem Teil des Kosmos. Er, der Unendliche, ist all dies drei als eins. Dass wir ihn *glauben* dürfen, macht uns als Menschen aus. Dass wir ihn *hoffen* dürfen, macht uns als Menschen menschlich. Dass wir ihn *lieben* dürfen in der Ewigkeit der Liebe, ist unsere schönste und gnädigste Bestimmung.

Was uns Zukunft gibt 110–113

Jesus macht die Liebe Gottes für alle glaubhaft

Die Bedeutung Jesu für den Gottesglauben Drewermanns
Ich wüsste ohne Jesus überhaupt nicht an einen persönlichen Gott zu glauben. […] Und der Entschuldigungen für Gott bin ich so müde, dass ich oft denke: Es gibt ihn gar nicht; was es gibt, sind vernünftige Gesetze, viel vernünftiger als alles, was mir je in den Kopf kommen wird, aber was hat das mit Gott zu tun? Dann aber gibt es diesen – seine Zeitgenossen sagten – Wahnsinnigen aus Nazaret, der erklärte, es komme einzig auf die Menschlichkeit an. Und Menschen sind Personen, und also ist der ganze Hintergrund, der uns trägt, eine Liebe, die wir nie verstehen. Das alles ist dünner als ein Spinngewebe, es berührt zärtlicher als die Haare einer Frau. Aber unterhalb davon, sage ich Ihnen, ist nichts als der Abgrund. Wenn diese feinen Gewebe nicht tragen, wartet das Nichts, und es gibt jenseits von Golgota kein Leben mehr. Es geht nicht darum, wie wir politisch, wirtschaftlich, naturwissenschaftlich denken – das alles sind zweite Fragen. Irgendwann gilt es, sich zu entscheiden. Es ist keine ästhetische Wahl. Die Frage ist: Was gilt im Namen des Jesus Christus?

Daß alle eins seien 195 f.

Von der Welt her kann man nicht zu Gott kommen

Wer nach Gott nicht fragt, dem wird die Natur sich als Schöpfung nicht zeigen. Von der Welt, wie sie ist, zu Gott zu gelangen, das ist *unmöglich.*

Eben deshalb ist die Person und die Botschaft Jesu ein so wichtiger, ja ganz entscheidender Grund, trotz allem nach Gott weiter zu fragen.

Jesus von Nazareth 663

1. Jesus als der Erste, der Gott Vater nennen kann

Dass, selbst wenn die Welt zugrunde gehen würde, alles, was in ihr ist, nie tiefer fallen wird als in die Hände Gottes: Dieses Vertrauen kennzeichnet das Wesen Jesu, seine Sohnschaft.

Wort des Heils – Wort der Heilung II, 196

Die Gottesbotschaft Jesu – Gott ist keine namenlose Macht

Was wir von Gott niemals wissen würden, was wir durch keine Philosophie noch Wissenschaft erforschen könnten, ist uns nahegebracht worden und wird uns evident in der Gegenwart Jesu: Da sehen wir, dass der Hintergrund der Welt kein dunkler Abgrund ist und dass das, was diese Welt durchzieht und umfängt, keine schweigende Macht ist, der wir wesenhaft gleichgültig sind, sondern dass sie das Antlitz und Gesicht unseres Vaters trägt. Wir selber, inmitten unseres kurzen Lebens, dürfen Vertrauen setzen in eine Kraft, die will, dass wir sind, und die es gut mit uns meint, ob wir es jeweils spüren oder nicht. In dieser Zuversicht können wir leben, solange Jesus bei uns ist; immer wenn wir seine Worte hören, sind wir in seiner Nähe zugleich nahe bei Gott. Und diese Hoffnung bleibt, dass wir aus der Nähe Jesu nie herausfallen werden, was immer wir tun oder was immer uns geschehen mag.

Johannes II, 218

Ein »Beruf« für Jesus wird gesucht

Ich frage mich: Wenn Jesus heute leben würde, was wäre er dann? Ein Priester? Sicher nicht. Er hat nie Sakramente gespendet, er *war* das Sakrament. In seiner Nähe war Gott nahe. Wäre er ein Arzt? Er hat Kranke geheilt, aber nie eine Ausbildung besessen. Die Schule des Hippokrates war ihm fremd und hat ihn niemals interessiert. Aber er berührte die Stirn von Menschen so, dass es ihre Gedanken und Herzen ordnete. Und diese Güte, die heilt, war seine Weise, ärztlich zu sein. Oder wäre er ein Dichter geworden? Auch nicht. Er hat wunderbare Gleichnisse erzählt, die schönsten Texte der Weltliteratur, aber nicht ein Wort davon hat er aufgezeichnet. Mit anderen Worten: Jesus wäre weder ein Priester noch ein Arzt noch ein Dichter, aber nur weil er all das in eins war, ein priesterlicher, ärztlicher, dichterischer, ein gläubiger, menschlicher Mensch, der machte, dass wir ihm Gott als unsern Vater glauben können.

Daß alle eins seien 197

»Kehrt um«

Für Jesus bestand ohne Zweifel die »Umkehr«, die er meinte, in dem Ende der menschlichen Entfremdung, in der Heilung von seelischer und körperlicher Krankheit unter der Geißel der Angst im Zustand der Gottesferne, in der vertrauensvollen, paradiesähnlichen Erfahrung, Gott nahe zu sein an jedem Ort der Welt und in jedem Zustand des Lebens.

Markus I, 395

Neue Lebensweise, nicht neue Lehre

Christus kam nicht, eine neue Lehre zu bringen, wohl aber wollte er uns eine neue Lebensweise bringen, befreit von Angst und Unruhe. Einen jeden von uns wollte er bei der Hand nehmen und ihn ein Leben lehren, das mit sich selber in das Maß eines ruhigen Einklangs zurückgekehrt ist.

Wenn der Himmel die Erde berührt (1992), 165

Gott der Vater – darum Jesus, der Sohn

Den Menschen Gott als »Vater« nahezubringen – das war das ganze Anliegen Jesu in einem einzigen Wort. Nicht umsonst hat sich das Abba denn auch noch in den griechisch sprechenden Gemeinden erhalten, wie Röm 8,15 und Gal 4,6 beweist. Dieses Wort ist in unserem Zusammenhang wichtig, weil es noch einen anderen Zugang zu der

»Sohnschaft« Jesu als den der Messiastheologie und des hellenistischen »*göttlichen Mannes*« eröffnet. Es scheint nämlich, als sei gerade das absolute »der Sohn«, das besonders das *Johannes*-Evangelium für Jesus gebraucht, aus seiner Anrede »Vater« für Gott gewonnen worden.

Jesus von Nazareth 628

Das Tauferlebnis

Jesus muss seine Taufe im Jordan, wie die Synoptiker erzählen, wirklich erlebt haben wie einen Untergang, wie ein Ende, wie einen Tod; ja, er muss gemeint haben, gerade so verdiene er es; Johannes habe ganz recht zu sagen: Gott ist eine furchtbare Gewalt, die straft, und wir Menschen haben keine andere Chance, als unsere Schuld vor ihm zu bekennen. In dem Moment aber, wo Jesus bis zu diesem Äußersten kam, muss er gespürt haben, dass, wer sich Gott überlässt, einem anderen Gott begegnet. Die Sprache des Mythos, der Legende schon im *Markus*-Evangelium (Mk 1,9-11) sagt: In dem Augenblick seiner Taufe habe der Himmel sich vor Jesu Augen geöffnet, und innerlich, geistig, habe er sich Gott verbunden gefühlt, wie wenn Gottes Geist gleich einer Taube sich auf ihm niederließe und er ein Wort vernähme, ein neues: *Du bist mein geliebter Sohn.* Theologisch wird dieses Bekenntnis Gottes zu Jesus auf die *Gottesknechtslieder* des *Jesaja* zurückgehen (Jes 42,1). Doch jenseits der Literarkritik handelt es sich um eine ganz entscheidende menschliche Erfahrung, die Jesus an dieser Stelle für sich macht und die er fortan jedem weiterschenken möchte: sich Gott zu überlassen, das bedeutet, aufzustehen aus dem Jordan und frei zu sein unter einem offenen Himmel, es bedeutet, zu *leben* aus dem Ursprung einer grundlosen Vergebung. Und weil selbst die Vergebung immer noch an dem Gefühl von Schuld und Sünde klebt, muss man sogar noch allgemeiner sagen: Was sich da formt, ist das Empfinden einer *grundlosen Bejahung.* Deshalb das Bild von Gott als dem *Vater* oder der Mutter, weil da etwas ist, von dem alles Leben kommt und ausgeht. Nur im Glanze dieser Güte, nur im Licht einer solchen Liebe wird ein Mensch jemals dahin kommen zu wissen, wer er ist.

Johannes I, 256 f.

Jesus, der Jungfrauensohn, geboren aus dem Heiligen Geist

Wer sind wir selbst? [...] Die Biologie, die Psychologie, die Soziologie, sie alle erklären viel, aber niemals das Entscheidende: wer wir als Personen sind. Den Familiennamen erklären sie, aber nicht unsere Individualität. Dies, warum wir so heißen, unvertauschbar, das zu entdecken ist völlig identisch damit, Gott zu finden, und es hat zu tun mit der Art, wie Jesus von Nazaret auf Menschen zuging. Er sah sie alle in der Einzahl, jeder war ihm etwas so Kostbares, dass, wenn er ihn sah oder berührte oder ansprach, es wie ein Schimmer vom Himmel auf ihn herniederkam und er spürte, wie der Kokon sich löste und etwas in ihm reifte, das den Mut gewann, zu sein, nur er, ausschließlich. Er hörte auf, von seinen Eltern als Mama und Papa zu leben, er entdeckte eine Macht über sich, neben sich und in sich selbst, die ihn trug und wollte, sternenweit und himmelhoch. Dies muss es heißen, aus Geist geboren werden, jungfräulich zu sein. So muss man sprechen von Jesus von Nazaret, dass er dies bewirkte: zu entdecken, dass wir unableitbar sind. Für keinen Menschen, der dies durchgemacht hat, wird es in Zukunft mehr Geltung haben, dass er lebt, weil er zwei Eltern hatte; er lebt unmittelbar im Gegenüber des Angesichts Gottes.

Die Person, die das vermittelt, muss selber so gütig und so warm gewesen sein, dass sie alle Lebenskräfte regte und wach machte. Sie muss so durchsichtig gewesen sein, dass sie keinen Schatten warf auf Menschen, und sie muss so tragend und fest gewesen sein, dass man wagte, unbegangene Wege neu zu beschreiten. [...] Das Wunder des Jesus von Nazaret beginnt damit, dass Menschen aufhören, sich als Produkt von etwas zu betrachten, als das Ergebnis der Zeugung ihrer Eltern, als die Knetmasse ihrer Umgebung. Wir sind Geschöpfe Gottes, genommen aus Nichtigkeit und Staub, aber doch geprägt und gehalten von den Händen Gottes unmittelbar, und wir tragen die Wahrheit des Göttlichen in uns. Es gibt diese wunderbare Fähigkeit, seinen Engel zu sehen und seinem Ruf zu folgen.

Der offene Himmel 88 f.

Das Gleichnis: Provokation zur Stellungnahme über das Mittelmaß hinaus

Geschichten dieser Art sind nicht für papierene Existenzen erzählt worden, sondern für Menschen, die wissen und mitempfinden können, was Lebensgier und Leidenschaft zu bewirken vermögen. Scheinbar denkt Jesus jedenfalls in seinen Gleichnissen nicht daran, dass man von den Triebkräften der menschlichen Seele durch asketische Verleugnung und moralische Prüderie absehen müsse, um Gott näher zu sein; sondern umgekehrt: Gerade die Steigerung der Affekte zur höchsten Energie und zur letzten Konsequenz trägt sie in den Schilderungen Jesu in die Weite der Unendlichkeit. Frömmigkeit im Sinne dieser Gleichnisse besteht nicht in der Unterdrückung der vitalen Antriebe, sondern viel eher in ihrem dramatischen Überschwang. Die Mittelmäßigkeit, die Wohltemperiertheit, die bürgerliche Halbherzigkeit jedenfalls werden niemals zu jener Torheit fähig sein, die alle Rücksichten vergessen lässt, um alles auf eine Karte zu setzen; aber gerade von einer solchen äußersten Energie der Entscheidung sprach Jesus immerzu, und seine Gleichnisse versuchten allem Anschein nach gerade, eine solche Steigerung aller Lebensinteressen *ins Unendliche* zu provozieren.

Tiefenpsychologie und Exegese II, 733

Gefährdet ist der Risikolose: der verlorene Sohn (Lk 15,11-32) und Gottes Freiheit

Es mag viele Motive geben, die uns bestimmen, in die Irre zu gehen. Eines davon wählt Jesus aus. Es ist ein sehr starkes Motiv: der Drang nach Freiheit. Vielleicht dass Jesus dieses Motiv im Vis-à-vis zu seinen Gegnern einfällt. Ein junger Mann hat von seinem Elternhaus die Nase voll und will nur noch eines: weg. Man kann das verstehen, wenn ein Junge in einer Umgebung geregelter Tugenden, sorgsam ihm anvertrauter Pflichten heranwächst. Sein Elternhaus ist so wohlbestellt, so makellos verwaltet, so unerträglich langweilig, es schnürt die Luft ab, und dieser Junge will nur raus, in das »wirkliche Leben«. […]

Es wäre mehr als verständlich, wenn wir uns den Vater so vorstellten. Stattdessen erfahren wir, dass es sich ganz anders verhielt. Nicht aus Gleichgültigkeit, sondern aus einem unglaublichen Respekt vor der Freiheitssehnsucht seines Sohnes ließ er ihn in die Fremde ziehen.

Ihm starb, wie wir jetzt hören, sein Sohn bei dem, was er tat, aber er riskierte es, ihm nichts zu verweigern. – Wenn wir das auf Gott übertragen, beantwortet es uns eine Frage, die wir sehr oft stellen: Wie kann Gott so entsetzlich viel an Durcheinander in unserem und anderer Leute Leben zulassen? Folgt man dieser Geschichte, so kommt es daher, dass Gott unsere Freiheit und das, was wir wollen, aufs Äußerste ernst nimmt. Er lässt uns frei, wohin wir wollen, und begleitet uns, gleich wo wir sind. […] So, wollte Jesus sagen, ist sein Bemühen um das hundertste Schaf und das am meisten Verlorene. Er wollte ihm entgegengehen, dem Menschen, der allein umkommt vor Scham, er wollte nicht die Worte des Gesetzes und der Rechthaberei sprechen, sondern die ungeteilte Freude des Himmels vermitteln. So sagte er: »Es ist über einen Einzigen, der umkehrt, mehr Glück im Himmel bei Gott als über neunundneunzig Gerechte.« Lässt sich das nicht verstehen? Ist das so schwer zu begreifen?

Das Gleichnis könnte hier enden, wäre es nicht zu der Gruppe der Gegner, der Frommen und der Theologen, der Gesetzeskundigen und Gesetzebefolgenden gesprochen. Ihr Portrait malt Jesus in der Gestalt des älteren Sohnes. Ein jedes Wort stimmt, wenn dieser Mann sagt: »Nie habe ich eines deiner Gebote übertreten.« Er ist korrekt, fehlerfrei, ordentlich, zuverlässig, pflichtgetreu – das alles stimmt, und Jesus hat es an den Pharisäern und den Theologen nie bezweifelt. Nur, es gibt eine entscheidende Prüfungsfrage: wie viel das alles wert ist, wie viel an aus Freude getragenem Verständnis in dieser Haltung wohnt. Und da sieht es betrüblich aus. Nicht nur den Frommen damals, sondern uns selber heute noch erscheint das Böse oder die Sünde eigentlich wie etwas verlockend Kostbares, wie eine giftige Pflanze, an der man sich berauschen könnte, die aber leider jenseits unseres eigenen Gartenzaunes wächst. Und die Hürde dieses Zaunes wagen wir nicht zu überschreiten, aus Angst. Einzig das Motiv der Angst hindert uns, wirklich loszulegen und das Leben, üppig wie es ist, einzuholen. Also müssen wir uns unterdrücken. Der Preis des Guten ist die Selbstbeherrschung, die Disziplinierung, der Kampf gegen sich selber. Der innere Schweinehund muss an die Kette gelegt werden. So leben wir alle. Und kommt dann jemand und macht es anders, so richten wir auf ihn den gleichen Zorn, der in uns lebt. […]

Damit dies keine Dinge von vor zweitausend Jahren bleiben, wollen wir sie in unsere Wirklichkeit übersetzen: Leute, die sich verloren haben und dennoch versuchen möchten, vor Gott und den Menschen zurechtzukommen – wenn da jetzt nicht abstrakt von »Sünde« die Rede ist, sondern z. B. von jenen, die in ihrer Ehe gescheitert sind, oder von Priestern, die geheiratet haben, oder von Homosexuellen oder von Drogenabhängigen oder von fünfundzwanzigjährigen Straffälligen. Sie alle haben keine Chance. [...] Es ist ein ewiger Kampf gegen die Güte, weil wir mit uns selber nicht zurechtkommen. Wenn da jemand wirklich drogensüchtig oder homosexuell und dazu noch hilfsbedüftig ist, ist die Caritas für ihn da; denn mitleidig sind wir. Aber wenn sich zeigen sollte, dass hier ein Freudenfest gefeiert wird, dass es dem Betreffenden gutgeht, dass er zurückkehrt und es ihn überhaupt nichts kostet, dann wird die Strafe eingefordert, dann zeigt sich der Sadismus unserer Korrektheit, unseres Ordnungsdenkens, die ganze Grausamkeit, in der wir leben.

Dass jener jüngere Sohn in sein Vaterhaus zurückgefunden hat, hält Jesus für gewiss; ob der ältere Sohn, der all die Zeit bei seinem Vater war, zurückgefunden hat, wissen wir nicht. Es bleibt uns selber zur Entscheidung überlassen.

Zwischen Staub und Sternen 181–184
(= *Wenn der Himmel die Erde berührt* 23–27)

Was es für Jesus bedeutet, an Gott den Vater zu glauben oder nicht

All die Ängste und Schuldgefühle, die den Menschen inmitten einer radikal »gnadenlosen« Welt heimsuchen, wollte Jesus, so sagten wir, durch sein Vertrauen in eine »väterliche« (»mütterliche«) Macht im Hintergrund der Welt beruhigen und fortnehmen. Nicht um die Ordnung der Welt zu erklären, sondern um die Unordnung des menschlichen Herzens zu heilen, sprach Jesus von Gott. Das Bekenntnis zu Gott als dem »Schöpfer« der Welt bedeutete für den Juden Jesus mithin gerade nicht, in griechischem Sinne ein Prinzip der Weltentstehung zu benennen, es bedeutete »nur«, die vom Chaos bedrohte Welt des Menschen in Gott festzumachen. Nicht etwa weil Güte und Menschlichkeit als kosmische Grundgesetze [...] aus dem Weltenverlauf klar »erkennbar« wären, sprach Jesus von Gott als seinem »Vater«, sondern weil er die Verlorenheit des menschlichen Daseins im Ganzen vor sich sah und sie mit der Kraft einer unendlichen Güte heilen wollte. Jeder Mensch, sah Jesus, bedürfte des Gefühls, berechtigt auf der Welt zu sein und sich – mit [Dostojewskis Romanfigur] Iwan Karamasow gesprochen – »das Eintrittsbillet« ins Leben nicht erst »verdienen« zu müssen. Dieses Gefühl einer voraussetzungslosen Berechtigung im Dasein war es, was Jesus einem jeden schenken wollte; *das* war der Inhalt seines Glaubens an Gott, und allein aus diesem Glauben erwuchs ihm die Kraft einer Menschlichkeit, die imstande war, selbst der Unmenschlichkeit von Welt und Geschichte standzuhalten.

Wenn wir uns daher fragen, wie eigentlich Gott sich »offenbart« und wie er sich insbesondere in seinem »Sohn« Jesus (Christus) geoffenbart hat, so müssen wir gerade im Sinne Jesu sagen: Gott »offenbart« sich nicht in Blitz oder Donner, er zeigt sich nicht in spektakulären »Zeichen« und Wundern – alles, was darüber vor allem im Johannes-Evangelium geschrieben steht, bedarf bereits seinerseits wieder einer entsprechenden Auslegung, [...] wir müssen vielmehr sagen: Gott ist immer – als das Licht, als das Leben, als die Wahrheit, als das Brot, als das Wasser, als das Wort; doch an uns Menschen ist es, die Augen aufzumachen und das »Licht« hereinzulassen; an uns ist es, von der Todespraxis der Angst, der Lüge und der Gewalt zu lassen und das Leben und die Wahrheit zu ergreifen; an uns ist es, den Hunger und den Durst der Seele so zu beantworten, dass wir nicht länger wie Süchtige unsere Sehnsucht nach Unendlichkeit fetischähnlich an endliche Gegenstände heften.

All die »Offenbarungen« Gottes in der Geschichte beruhen daher nicht auf einem besonderen »Eingreifen« Gottes in den Gang der Welt, vielmehr verhält es sich so: An einem bestimmten Ort, zu einer bestimmten Zeit, unter eng begrenzten historischen Voraussetzungen hört jemand damit auf, die Gefangenschaft der Angst seines Herzens und die aller anderen »normal« zu finden; er tritt ans Fenster, er öffnet die Blendläden, und er lässt die Sonne herein; er gibt Entwarnung – die gesetzlich verordnete Verdunkelung aller Wohnungen als Schutz gegen feindliche Bombenangriffe wird überflüssig, es ist nicht länger nötig, im Kriegszustand zu verharren! Es ist wieder möglich, ins Freie zu treten und in Ruhe durchzuatmen. – Eine solche Entdeckung, freilich, verändert alles – allemal bedeutet sie so etwas wie einen chirurgischen »Eingriff« in die Geschichte, folgenschwerer als jede »Operation«. Mit einer solchen Entdeckung wird ja nicht nur das Symptom einer bestimmten Krankheit bekämpft, mit ihr wird nicht nur eine einzelne Krankheit geheilt, mit ihr wird vielmehr das Dasein des Menschen im Ganzen neu »geschaffen«.

[…W]ohl aber ist es wichtig, zu sehen, dass der von den Theologen erdachte Gott der Schöpfung als ein griechisch verstandenes philosophisches Prinzip der Welterklärung etwas ganz anderes meint und auf eine ganz andere Frage antwortet als der »väterliche« Gott Jesu. Die »Schöpfung« der Welt zu glauben bedeutet jüdisch gerade nicht, die Frage der ionischen Naturphilosophie nach den »Ursachen« des Kosmos zu lösen, indem man an die Stelle bestimmter Urstoffe wie Wasser oder Feuer »Gott« höchstpersönlich setzt; es bedeutet vielmehr, das menschliche Dasein als von »Gott« her gegründet zu betrachten. Insofern bestand für den Juden Jesus der Glaube an Gott durchaus nicht in dem »Fürwahrhalten« eines philosophischen oder theologischen Lehrsatzes, vielmehr bedeutete für ihn die Entdeckung, die »Offenbarung« Gottes als des »Vaters« so viel wie die »Erschlossenheit« und »Entschlossenheit« eines im Ganzen »versöhnten« menschlichen Daseins. […]

Ganz einfach gesagt: *Nicht* an diesen Gott zu glauben bedeutete für Jesus nicht den Verzicht auf eine philosophisch mögliche Welterklärung, es bedeutete für ihn, in die »Welt« der Bodenlosigkeit und der Angst zurückzufallen und damit erneut sich dem Zwang zur Selbstbegründung und Selbstsicherung des Daseins auszusetzen; *an* diesen Gott zu glauben bedeutete für Jesus, alle Angst zu überwinden durch Vertrauen, alle Gewalt durch Güte, allen Hass durch Liebe …, *weil* Gott selber die reine Liebe, die reine Güte, die reine Zusage ist. Nicht die Welt als (griechischer) Kosmos, sondern die »Welt« als Existenzial des Menschen wird in dem Glauben Jesu (neu) »geschaffen«.

Der sechste Tag 287–289

Das Ja Gottes gilt jetzt

Das, was Jesus tun möchte, ist, dass das Ja Gottes, seine Zusage jetzt gilt, nicht in zweitausend Jahren, sondern jetzt. Und das hat er uns zugetraut. Das Einzige, was ewig dagegen spricht, ist die lausige Angst. Wir können das nicht, wir fürchten uns, wir schauen nach den Autoritäten, die dagegenstehen, und dann geht es los mit den Entschuldigungen. Ich glaube, der Abstand vom Reich Gottes ist gerade so groß, wie der Panzer der Angst, den wir um uns legen, dick ist.

Wort des Heils – Wort der Heilung IV, 167

2. Möglichkeiten, von Jesus zu sprechen: Titel, Bilder und Bedeutung

Einzigartig war Jesus, weil er es wagte, *frei* zu sein, indem er ganz und gar auf unsere Güte, auf unsere Menschlichkeit setzte. Einzig dies *war* seine »Andersartigkeit«!

Matthäus II, 221 f.

Psychotherapie und Poesie im Leben Jesu

[E]in Analytiker enthält sich während der Therapie jedes Ratschlags, jeder Zensur, jeder Manipulation; er fordert nur dazu auf, weiter zu träumen, weiter zu suchen, weiter um Ehrlichkeit sich zu bemühen. Dasselbe aber will auch ein Buchautor, wenn er ein Dichter ist; gerade das macht sie beide einander *vergleichbar.* Der Unterschied zwischen Autor und Therapeut liegt einzig in dem Bezugspunkt: *ein literarisches Werk* lädt den Leser dazu ein, die kollektiven »Träume« des Autors persönlich mitzuvollziehen und darin seine Persönlichkeit tiefer kennenzulernen; *in der Psychotherapie* lädt der Therapeut seinen Klienten dazu ein, selber als Autor seine eigenen Geschichten zu erzählen, mit dem Versprechen, sie so sorgsam, vorurteilsfrei und verstehensbemüht zu »lesen«, als es nur irgend möglich ist. Es ist nicht zu viel gesagt, wenn wir die Psychotherapie als eine umgekehrte Form der Dichtung bezeichnen beziehungsweise die Dichtung als eine umgekehrte Form der Psychotherapie. Beide bilden die Endpole ein und derselben Reihe von Bemühungen zur Wiedergewinnung und zur *Heilung*, zur Bewahrung und Bewahrheitung des Menschlichen. [...]

War Jesus ein Dichter? War Jesus ein Arzt? – Er war beides in eins. Und in beidem unterschieden von allen »Schriftgelehrten«! Und, zumindest in Letzterem unterschieden sogar von allen »Propheten«. »Der ›*Menschensohn*‹ hat Macht, Sünden zu vergeben auf Erden«, sagt er (Mk 2,10). Übersetzt man die apokalyptische Rede vom »Menschensohn« [...] mit »gestaltgewordene Menschlichkeit«, so war Jesus gerade das – ein Mensch, der in dem, was er »Gott« nannte, eine unerhört befreiende Menschlichkeit gefunden hatte und weiterschenken wollte. [...] In der Art des Auftretens Jesu waren Poesie und Therapie, wie wir sahen, nicht etwas, das er, wie nebenher, *auch* betrieben hätte, – es waren die Rahmenbedingungen für alles andere. Das *therapeutische* Moment seines Wirkens bildete das Zentrum, das *Modell* für alles andere. Nicht die ethisch verordnete Gerechtigkeit (oder das selbstgerechte Moralisieren) war sein Bemühen, sondern die Durcharbeitung der Not des Menschen auf allen Ebenen seiner Existenz.

Jesus von Nazareth 270; 298 f.

Der »wirkliche« Jesus ist nicht unbedingt der »historische« – Tiefenpsychologie gegen Faktenbesessenheit

Das Markus-Evangelium spricht durchaus von dem »historischen Jesus«, aber es tut dies mit Hilfe von Erzählungen, die die Geschichte Jesu in der religiös einzig belangvollen Weise wiedergeben, die eine Bedeutung für die Menschen aller Zeiten und Zonen beanspruchen kann: in der Weise symbolischer Verdichtung. Nicht was man äußerlich an Jesus von Nazaret wahrnehmen konnte, ist »Gegenstand« derartiger Schilderungen, sondern welch eine Wirklichkeit sichtbar wird, wenn man auf Jesus sich einlässt, ist die Frage und der Inhalt der evangelischen Überlieferungen. Nicht die äußerlich beobachtbare, dem Glauben gleichgültige Außenseite historischer Tatsachen, sondern die Wirkung der inneren Wahrheit der Gestalt Jesu auf die Selbsterfahrung und Selbstauslegung von Menschen mitten in der Gratwanderung zwischen Angst und Glauben bildet die durchaus historisch zu nennende Ebene der *Wirklichkeit* dieser eminent religiösen und eben deshalb symbolischen, also »unhistorischen« Darstellungsweise der Bibel. Von daher kann es paradoxerweise sich immer wieder ereignen, dass Erzählungen in der historischen Kritik als unhistorisch erscheinen, die in psychologischer Betrachtung auch in historischem Sinne als innerlich wahr und absolut glaubwürdig gelten müssen. Das Verhältnis religiöser Überlieferungen zur Historie ist im Grunde kein Verhältnis von Geschichte zu Geschehen, sondern von Symbol zu Wirklichkeit, und was in der historisch-kritischen Exegese immer wieder als Brechung zwischen Fiktion und Faktum erscheint, gewinnt seine Bedeutung erst, wenn man es als ein Wechselspiel von Erfahrungseindruck und mitteilendem Ausdruck auf der Ebene symbolischer Zeichen interpretiert. [...]

Wenn es 2 Petr 1,16.17 heißt, das Christentum beruhe nicht auf »ersonnenen Fabeln«, da doch die Apostel selber »Augenzeugen der Majestät des Christus« geworden seien, so ist dies in historisch-kritischer Sicht mithin geradewegs zu verneinen. Worauf aber gründet das Christentum dann, wenn eben nicht doch auf »ersonnenen Fabeln«? Es gründet, so lautet seit Bultmann die Antwort, auf dem Glauben und der Verkündigung der Urgemeinde. Aber worauf gründet der Glaube der Urgemeinde? Mit großem Recht ist vor allem katholischerseits immer wieder darauf hingewiesen worden, dass es kein Bekenntnis zu Christus geben kann, das sich nicht in irgendeiner Weise auf den historischen Jesus von Nazaret bezieht; die Bedeutung der historischen Gestalt Jesu ist in der Tat für den Glauben unerlässlich. Also muss man die Geschichte von der Verklärung Jesu auf dem Berge [Mk 9,2-13] doch wieder aus dogmatischen Gründen für historisch halten? Das geht nun endgültig auch nicht mehr – es ist ein für alle Mal unmöglich, mit dem Anspruch des Glaubens die Ergebnisse der historischen Kritik vom Tisch zu fegen, obwohl die katholische Kirche gerade dies mehr als ein ganzes Jahrhundert lang mit rigoroser Strenge zu tun versucht hat [...]

Ein Ausweg aus dem Dilemma findet sich nur, wenn man anerkennt und einräumt, dass es »ersonnene Fabeln« gibt und geben kann, die sehr wohl in einem symbolischen Sinn eine geschichtliche Wahrheit, ja, mehr noch: eine ewig gültige Bedeutung in sich schließen, obwohl sie in äußerem Sinne historisch sich niemals ereignet haben. [...] Geschichten, in denen Gott redet, kann man nicht »objektiv« verstehen, sondern nur in der Betroffenheit höchster »Subjekthaftigkeit«. Gleichwohl ist eine solche exegetische Einstellung, die das Subjekt in den Vorgang des Verstehens mit hineinnimmt, nicht »unwissenschaftlich«, sie folgt nur anderen Regeln der Auslegung, als sie von dem prinzipiell jede Form von Religiosität ausschließenden Objektivitätsideal der Neuzeit vorgeschrieben werden.

[...] Man kann einen religiösen Text nicht anders verstehen, als man einen befreundeten Menschen zu verstehen sucht: indem man sich, statt für die Ebene der Fakten und Gedanken, wesentlich für die seelische Bedeutung seiner Mitteilungen interessiert, und indem man des Weiteren den unbewussten Äußerungen seiner Worte und Verhaltensweisen mehr Aufmerksamkeit und Bedeutung beimisst als den Versuchen seiner vom Bewusstsein arrangierten Selbstdarstellung. Man muss in gewissem Sinne buchstäblich die Träume des anderen mitträumen, um ihn tief genug zu verstehen; tut man dies, so wird man es bald durchaus nicht mehr sonderbar, sondern ganz normal und natürlich finden, dass jemand z. B. zwanzig Jahre nach dem Tod eines ihm nahestehenden Menschen einen Traum, eine »ersonnene Fabel« träumen kann, die ihm zeigt, wer der andere wirklich war. Wohlgemerkt verfügt der Träumende heute über keinerlei neue historische Informationen mehr, ja, er wird sogar vieles aus der historischen Wirklichkeit vergessen, in der Erinnerung verfälscht und manches aus eigener Phantasietätigkeit in einer Weise ergänzt oder umgeformt haben, dass es mit dem Hergang der »wirklichen« Geschichte nicht das Geringste noch gemein zu haben scheint. Und dennoch ist er womöglich überhaupt erst in seinen Träumen, heute erst, nach Jahren, wirklich imstande, die eigentliche Bedeutung, die innere Wahrheit des anderen in symbolischen Szenen verdichtet so deutlich und angemessen auszusprechen, wie er es zu Lebzeiten des Geliebten niemals vermocht hätte. [...]

Die Geschichte von der Verklärung Jesu meint, man bedürfe, um glücklich zu sein, wesentlich eines sich nach und nach offenbarenden Wissens um den Auftrag des eigenen Lebens: »Moses« und »Elias«, die beiden Gestalten des Alten Testaments, die das Volk Gottes in die Freiheit von Menschenunterdrückung und Dämonenfurcht zu führen vermochten, reden auf dem »Berge« mit Jesus, und eine Himmelsstimme bestätigt ihn als den »geliebten Sohn« Gottes. Gewiss enthält eine solche Szene ein »nachösterliches« Glaubensbekenntnis. Aber soll man denken, dass Jesus jemals den Weg in das Leid hätte antreten können ohne eine solche Klärung des eigenen Wesens und ohne ein solches Hochgefühl des Glücks? Man wird nur so viel an Leid von innen her bejahen und auf sich nehmen können, wie man an Glück erfahren hat, und selbst wenn es in äußerem historischen Sinne niemals ein »Tabor-erlebnis« Jesu gegeben haben sollte, so hat das Markus-Evangelium doch vollkommen recht, wenn es erklärt, dass Jesus, der historische Jesus, von dem Gefühl einer unbedingten Akzeptation durch Gott und von der Vision eines tiefen Glücks getragen gewesen sein muss, um von dem »Berg« der Verklärung hinüberzugehen zu dem Berg des Leidens, nach Golgota.

Markus I, 93 f.; 97–101 (Zum Weiterlesen: *Wort des Heils – Wort der Heilung I,* 97–103; *II,* 103–133 [Streitgespräch mit Manfred Görg])

Absage an den Messiastitel

Jesus persönlich hat sich historisch *nicht* als »Messias« betrachtet; er hat sich diesen »Titel« geradewegs *verbeten*; er wollte in keiner Weise zum Führer einer der zahlreichen Messiasbewegungen seiner Zeit werden. Mit anderen Worten: Das Paradox existiert, dass die »Christenheit« den Mann aus Nazaret gerade unter *der* Bezeichnung verehrt und »bekennt«, die er selber zu Lebzeiten weit von sich gewiesen hat! [...] Da im Schatten der *Christus*-Theologie im Verlaufe der Kirchengeschichte immer wieder schreckliche Gewalttaten verübt worden sind, ist es unerlässlich, sich noch einmal Punkt für Punkt klarzumachen, *wie weit* Jesus von allen messiaspolitischen Kriegsideen entfernt war. [...]

Doch findet sich auch an der gegenteiligen These historisch nicht viel Zuverlässiges, die da lautet, Jesus habe sich zwar für den »Messias« (den »Christus») gehalten, doch nur in einer machtpolitisch gewissermaßen gereinigten Form, nach der Art des »Friedensfürsten« aus *Sach 9,9f.* [...] Beim *»Einzug Jesu in Jerusalem«* [Mk 11,1–11] handelt es sich [...] im Wesentlichen nicht um einen historischen Bericht, sondern um eine messiastheologische Konstruktion der hellenistischen Gemeinde, die Jesus als den »Christus« bekannte – und mit diesem Bekenntnis selber nach Jerusalem einzuziehen, das heißt die Juden zu *»bekehren«* hoffte!

[...D]och dass die religiösen Führer des Judentums sich unter dem Christus-Titel des Nazareners entledigt haben, dafür spricht historisch alles. Und es spricht darüber hinaus vieles dafür, dass diese Tatsache den Anhängern des gekreuzigten Propheten aus Nazaret überhaupt erst den Zwang auferlegt hat, die jüdisch-römische Anklage *post festum* – nicht als Unrecht, sondern als *Recht*, als göttlichen Plan in wörtlichem Sinn, zu »rechtfertigen«. Dazu allerdings musste man auf Jesus gerade *den* Titel übertragen, den dieser selber stets abgelehnt hat: der »König«, der »Messias«, der »Christus«. [...] Indem die historische Person Jesu hinter dem (von ihm abgelehnten!) Titel »Christus« verschwand, wurde zugleich das persönliche Leben des Einzelnen zum Unwesentlichen, und die Gemeinschaft der »Gläubigen« in der Gleichheit desselben Dogmas galt nun für das Wichtige. [...]

Tiefenpsychologisch verkörpert das Bild des »Königs« eine Bewusstseinseinstellung, die in ihrer Einseitigkeit »sterben« muss, um, auf der Suche nach der eigenen »Seele«, wie in der *Orpheus-Mythe*, oder, gesucht von der Geliebten, wie in der Mythe von Tammuz, in der »Unterwelt« zu neuem Leben und zu »höherem« Bewusstsein zu gelangen. Ja, es ist nicht einmal so falsch für diesen neuen Glauben, dass Jesus als sterbender König zu Gott »erhöht« wurde, die *Heilungswunder* als »Zeichen« heranzuziehen, sind doch alle Heilungen psychotherapeutisch als das Ergebnis einer entsprechenden Bewusstseinsänderung zu verstehen. Die Bilder der »Christologie« hören damit auf, der Sonderbesitz einer bestimmten Religion im Unterschied zu den Religionsformen anderer Menschen zu sein; sie werden vielmehr zur Einladung an alle Menschen, sich selbst unter den Augen Gottes wiederzufinden und in einer tieferen Menschlichkeit zueinanderzufinden: Wie, wenn jeder Mensch dazu berufen wäre, ein »König« zu sein, indem er innere Freiheit durch Selbsterkenntnis und Weisheit gewinnt?

Jesus von Nazareth 572; 576; 579 f.; 588 f.

Der Messias, der Erfüllung ermöglicht

Denn wer *ist* der Messias, wer ist der Gottesgesandte außer demjenigen, der Menschen dahin bringt, in Liebe aufzublühen und in der Energie eines neu gefundenen Vertrauens in sich selbst zusammenzuwachsen, zwischen den Kräften, die wir in männlich und weiblich oder die wir nach Verstand und Gefühl, nach Denken und Empfinden einteilen? Es geht um die Bewegung innerer Freude, und schon das ist in der bleiernen Zeit der verwalteten Religion ein absolutes Novum. Religion hört an dieser Stelle auf, eine von außen herangetragene Last zu sein, sie beginnt, zur seelischen Erfüllung zu werden. Sehnsucht reift da und Verlangen und wird zu dem erfahrenen Glück, endlich am Ziel anzulangen, wie es Jesus mit der »Ankunft« des »Himmelreiches« aussprach (Mk 1,15). Was eben noch als Suche nach »Reinheit« beschrieben wurde, wird jetzt zu der Freude, sich als geschenkt zu entdecken und sich als ein Geschenk an andere weitergeben zu können.

Johannes I, 177

»Sohn Gottes«: der Mensch ist mehr als nur Natur

Wir sind ein Teil der Natur, aber keinesfalls ausschließlich. Wir sind auch ganz anders, und auch dieser Unterschied muss Teil des Absoluten selber sein. Wieder verlängern wir da sehr begrenzte, fast flüchtige Erfahrungen, ziehen sie aus ins Unausdenkbare und Unvorstellbare und nennen es Gott. Dieses ganz Menschliche nennen wir den Sohn Gottes oder den Logos Gottes. Jedenfalls ist alles, was wir damit verbinden, gebunden an den Menschen, den wir am meisten lieben, weil er uns Gott am nächsten gebracht hat: Jesus Christus. Ihn nennen wir schlechthin den Sohn Gottes, denn er hat uns versöhnt mit uns selber, mit der Flüchtigkeit unseres Lebens, mit der Quelle unseres Daseins.

Daß alle eins seien 127

***

Wenn jemand dich fragt: »Glaubst du, dass Jesus der Sohn Gottes war?«, dann sag ihm, dass diese Frage sich so nicht beantworten lässt; frag ihn: »Was verstehst du darunter?«, und dann sag ihm, ob Jesus für dich dasselbe bedeutet wie für ihn oder nicht. Schon vor einem halben Jahrhundert hat Paul Tillich diesen Rat gegeben.

»Jesus hat mir dazu verholfen, den Hintergrund der Welt als eine väterliche (mütterliche) Macht zu glauben und mehr darin zu erkennen als ein blindes Weltgesetz«; wer so spricht, der mag wohl sagen: »Er war der Sohn«, fühlt er sich doch selber versöhnt mit dem sonst Inakzeptablen, dem schlechthin Absurden, dem grausam Sinnlosen in Natur und Geschichte.

»Jesus hat mich gelehrt, an die Menschlichkeit zu glauben und darin den ganzen Wert meines Lebens zu sehen.« Wer so spricht, der mag wohl sagen: »Er ist als das göttliche Wort vom Himmel herabgestiegen«, vertraut er doch einer Haltung und einem Inhalt, die Tag für Tag widerlegt zu sein scheinen, beim Anblick, wie die menschliche Geschichte sich gestaltet; und doch bedarf er offenbar gerade dieser Haltung und dieses Inhalts, um sich als Mensch durchhalten zu können.

»Selbst wenn es keinen Gott gäbe, so möchte ich doch lieber mich gemeinsam mit dem Mann aus Nazaret geirrt haben, als nicht so zu leben, wie er es verkörpert«; wer so spricht, der mag wohl sagen: »Er ist der Sohn Gottes«, ist für ihn doch Gott allererst wirklich im Zeugnis der Menschlichkeit dieses Menschen.

»Er hat mich gerettet, als ich zu versinken drohte, er ganz allein«; wer so spricht, der mag wohl sagen wie die Jünger im Boot nach dem redaktionellen »Bekenntnis« des Matthäus-Evangeliums: »Du bist in Wahrheit Gottes Sohn« (Mt 14,33), hat er doch Jesus und seine Botschaft als das erlebt, was ihn »*unbedingt angeht*«.

»Er hat mir dazu verholfen, mein Leben ganz neu zu beginnen und in aller Armut von vorn anzufangen«; wer so spricht, der mag wohl sagen: »Jesus war der Sohn Gottes und das Kind einer Jungfrau«, sieht er doch gerade im »Kindsein«, im »Werden«, im unableitbar *Neuen* das Geheimnis des Lebens am Werk, wo etwas sich »zeugt« als ein reines Wunder, gerade weil es nicht »geschaffen« wird.

Warum dann aber soll man nicht *besser*, nicht *richtiger* in unserer Zeit sagen können: Jesus – der Versöhner; der Trost; der Halt; der Retter – das *Kind*?

Jesus von Nazareth 630 f.

Die Wiedergewinnung der eigenen Kindheit

Die Erlösung der Welt im Namen des Kindes – sie ist weit mehr als ein romantischer Traum; sie enthält eine Wahrheit, um die wir alle wissen und die wir nicht verleugnen können, ohne uns selbst zu betrügen.

Das »Kind« in sich aufzunehmen mag, je nach Ausgangspunkt, dabei sehr verschiedene Formen annehmen. Es kann bedeuten, dass jemand in einen Lebensablauf voller Pflichterfüllungen und abprüfbarer Leistungen Phasen der inneren Sammlung, der Einkehr und der Erholung einzufügen beginnt; es kann darauf hinauslaufen, wieder manche Dinge zweckfrei und spielerisch zu betreiben; es kann damit einhergehen, wieder Romane zu lesen, ein Theater zu besuchen oder sich seine Träume aufzuschreiben. In jedem Falle aber bedeutet die Aufnahme (oder die »Annahme») des »Kindes« psychologisch die Aufkündigung eines allzu frühen »Erwachsenwerdens« schon in Kindertagen, die Verweigerung des Großseinmüssens aus Überverantwortung seit den ersten Lebensjahren sowie den Verzicht auf all die Fluchtversuche vor möglicher fremder Kritik und der bitteren Realität eigener Minderwertigkeitsgefühle. In dem Bild des »Kindes« klingt jene unverschüchterte Angstfreiheit an, in welcher das »Paradies« der Kindheit noch reine Geborgenheit war – voller Zugewandtheit, Freude und Phantasie, in welcher es noch erlaubt war, Neues auszuprobieren und ohne das Gefühl der Bedrohung aus Versuch und Irrtum zu lernen, in welcher jeder Schritt in ein eigenes Leben noch begrüßt ward mit einem fast andächtigen Staunen … – Wohlgemerkt, keines Menschen Leben stellt sich dar als ein reines »Paradies«; doch eben all der erlittenen Einbußen und Einbrüche wegen bedeutet die Aufnahme des »Kindes« in uns immer auch eine innere Verjüngung, eine seelische Reifung beziehungsweise eine tiefere Verwurzelung im Vertrauen auf Gott. Wir lernen uns selber allererst kennen, wenn wir unsere Kindheit noch einmal durchgehen und die damals verbotenen, unterdrückten, liegengebliebenen Wünsche und Anlagen in unserem Leben heute zulassen. Ein solcher milderer Umgang mit uns selbst lässt sich auch so ausdrücken: dass wir im Namen Jesu Gott in uns aufnehmen, weil wir in seiner Nähe uns ganz und gar angenommen fühlen dürfen in Gott. Und das Maß der Akzeptanz in uns selbst gibt zugleich den Radius vor, in dem wir fähig werden, auch andere Menschen zu akzeptieren.

[…] Wer von Jesus gelernt hat, das »Kind« in sich wahrzunehmen und anzunehmen, wer von Jesus gelernt hat, die Welt zu sehen aus der Perspektive der »Kleinen«, indem er auf eigene Großmanns-Ansprüche verzichtet, wer gelernt hat, entsprechend dem Vorbild Jesu Menschen zu helfen und sie zu heilen, der ist ein »Christ«, gleichgültig welch einer religiösen oder sozialen Bezugsgruppe er sich zugehörig fühlt. Getragen von diesem Vertrauen und geprägt von solch einer Toleranz sollte jede »Gemeinde« sein, die »im Namen Jesu« sich zusammenfindet.

Lukas I, 699; 702

Die Gottes(er)findung Jesu

Um all die Angst zu *heilen,* die das menschliche Herz seit Kindertagen verwüstet, fand oder erfand Jesus einen durch und durch »väterlichen« (»mütterlichen«) Gott, und er selber redete zu ihm, wie ein kleines Kind in den Gassen Galiläas zu seinem Vater redete: Abba, lieber Vater – so zuversichtlich, geborgen und behütet, dass ihm selber die Kraft daraus erwuchs, Mutlosen eine Perspektive der Hoffnung zu schenken, »Blinde zu heilen« (Mk 8,22-26), Verkrümmte in ihrer Menschenfurcht aufzurichten (Mk 3,1-6) und »Aussätzige« und »Blutflüssige« in den Erlaubnisraum menschlicher Kontakte zurückzuführen (Mk 1,40-45; 5,24-25).

Der sechste Tag 374

Jesus, der Herr: positive und negative Bedeutung

Jesus als »Herr« und »Meister« der Freude, als Ziel der Sehnsucht und Quell der Liebe, als Grund eines Glücks, das im Augenblick ruht, als Kraft und Ermutigung, sich zu erheben, als selbstverständliche Bereitschaft, selbst noch das Kleinste miteinander zu teilen und einander zu schenken … wenn Jesus das ist und wem er das ist, der mag die Formel des Thomas wohl richtig verwenden: »Mein Herr – und mein Gott.« Doch missverständlich, dogmatisch trennend, ideologisch einengend und in der steten Gefahr der Bigotterie bleibt diese Formel auch dann noch, vor allem solange sie kirchenamtlich verwaltet wird. Und doch gibt es, bei allem Bedenklichen, ja, bei allem aus heutiger Sicht in die Enge und Irre Führenden in der Entfaltung des Titels »Herr« gerade durch die Auseinandersetzung mit der hellenistischen Welt von Anfang an ein Moment auch, das tatsächlich dem »*Seher auf Patmos*« zugeschrieben werden muss […] Die Christen weigerten sich zum Beispiel, den Wehrdienst in der römischen Armee zu leisten, so wie sie sich weigerten, an der Seite der jüdischen Guerilla gegen die Römer Gewalt anzuwenden; sie weigerten sich, den Fahneneid auf den Kaiser zu leisten, denn einzig Gott versprachen sie ihr Herz. Gerade diese Unabhängigkeit, mit der sie es ablehnten, dem Kaiser zu opfern als einem Gott, verdankten sie indessen dem Mann aus Nazaret. Dieser Mann musste allen Machthabern der Erde gefährlich sein. Eben darum, »verheißt« die *Geheime Offenbarung*, werden sie »mit dem Lamm Krieg führen, doch das Lamm wird sie besiegen; denn es ist *der »Herr der Herren und der König der Könige*« (Apk 17,14).

Jesus von Nazareth 652 f.

Jesus, der König, zeigt uns unsere königliche Würde

Von Jesus als dem wahren »König« muss man in gewissem Sinne träumen in dem Kommentar so mancher Märchen. Aus den Geschichtsbüchern heute lernen wir keinesfalls mehr, was ein »König« ist; doch die Völkerüberlieferungen, die wir den Kindern zum Träumen in die Nächte mitgeben, die Märchen, erzählen, ein König sei nichts weiter als ein Mensch an unserer Seite, den wir so liebhaben, dass wir unsere Seele ihm ganz in die Hand geben. Ein solcher König hat uns nichts zu sagen, aber er sagt uns in gewissem Sinne alles. Wir lieben ihn wie verschmolzen mit ihm. Drum spricht er nie von außen zu uns, sondern er bringt zur Sprache, was in uns immer schon gelebt hat. Das macht ihn zum »König«. Und noch ein Stück tiefer: Eine solche Person zeigt uns unsere eigene königliche Würde; sie macht uns im eigenen Leben urteilsfähig und entschlussfreudig, sie schenkt uns den Mut zu unserer eigenen Souveränität. Sie herrscht nicht von oben herab über uns; sie drückt vielmehr unserem Haupt einen goldenen Reif zur Zierde selbständigen Denkens auf. Sie nimmt uns bei der Hand und führt uns hinweg über die Barrieren des Ich-habe-Angst, des Das-kann-ich-nicht, des So-hab'-ich's-noch-nie-getan, des So-kenn'-ich-mich-noch-gar-nicht. Ihre Liebe schmilzt alle Widerstände auf dem Weg zu uns selber dahin. Das macht sie zum König, das macht sie groß: die Universalität ihrer Menschlichkeit; aber wiederum nicht abstrakt, nicht als Idee, nicht als philosophischer Begriff, sondern in Form konkreter Begegnung. Da zeigt sich, wie sie heilt, wie sie böse Geister vertreibt, wie sie öffnet, wie sie leben lässt.

Johannes II, 89

Jesus, das Wort, bringt den Hintergrund der Welt zum Sprechen
Dieser Hymnus am Anfang des *Johannes-Evangeliums* erklärt, dass die ganze Weltvernunft so lange nicht gelte, als sie sich nicht verpaare mit einer Güte, die sich zwar nicht denken, nicht beweisen, nicht durch eine philosophische Theorie demonstrieren lasse, die aber durch lebendige Menschlichkeit fühlbar, berührbar werde und uns zu einer inneren Erfahrung und Überzeugung gereichen könne. Nur: Wie sollten wir eine solche Erfahrung gewinnen? [...] Dieser Hymnus traut Jesus zu, dass er mit seiner Person den sonst unbegreiflichen Hintergrund der Welt in einer nie zuvor gehörten Weise für uns zum Sprechen gebracht habe und immer von Neuem bringe. Deshalb sei *er,* mehr als alle griechische Weltvernunft, *worthafter Geist,* wortgewordener *Sinn.* [...] Alles, was uns umgibt, kann und soll, mit seinen Augen gesehen, verstanden werden als ein Geschenk, das uns gegeben wird wie ein Zeichen der Liebe, als ein Gegenüber, das uns etwas zu sagen hat, schon einfach dadurch, dass es zu uns spricht. [...] Die Rede ist von einem Gott, wie er durch eine rein philosophische oder naturwissenschaftliche Welterklärung nie zu finden sein wird, durch die Entdeckung des Mannes aus Nazaret erscheint er als möglich; nur durch ihn, meint das *Johannes-Evangelium,* sei es uns vergönnt, den schweigenden Urgrund des *Kosmos* anzureden, wie ein Kind seinen Vater anredet: *Abba* – Väterchen, lieber Vater; oder sagen wir: Mutter – liebe Mutter eben, als eine Macht, der jeder Mensch sich *verdankt,* weil er aus ihr stammt.

Und so wäre es die Übung des »Glaubens« nun, *alle Welt* anzuschauen! Jedes Ding besitzt da eine eigene Kostbarkeit; ein jedes entdeckt sich in einer Schönheit, die in ihm spielt; ein jedes offenbart sich in einer Größe, die eine eigene Form sucht; in jedem Ding liegt da ein bestimmtes *Wort,* eine Melodie verborgen, die darauf wartet, gehört beziehungsweise zum Flüstern, zum Schwingen gebracht zu werden. Ohne ein solches *worthaftes* Geschehen, ohne ein solches »Gischten« des Geistes, meint das *Johannes-Evangelium,* würde *gar nichts sein,* oder wenn es denn wäre, so bliebe es buchstäblich nichtig und leer in unseren Augen.

Johannes I, 19–21

Jesus, das Licht der Welt

Er ist derjenige, der uns die Hände auf die Augen legt, die Angst aus unserer Seele nimmt und der es möglich macht, dass wir den Himmel offen sehen. Wenn wir das erfahren im Umgang mit Jesus, werden wir begreifen, dass Johannes völlig recht hat zu sagen: Er ist das Licht der Welt.

Wort des Heils – Wort der Heilung I, 203

Jesus – Weg, Wahrheit, Leben

Ich bin, sagt Jesus, der Weg, und also gilt es, eine bestimmte Art von Leben zu leben. Nur wer dies probiert, verliert die Angst, er lernt die Liebe, er bringt in sein Leben so etwas wie einen Raum des Behütetseins, und es beginnt die Ewigkeit mitten in der Zeit, er wird spüren, was es heißt, *wirklich* zu leben, und er versteht mit einem Mal, dass die Wahrheit des Christus keinen bestimmten Inhalt hat. Es geht nicht darum, dies und das zu glauben, sondern darum, auf dem eigenen Weg als Erfahrung Wahrheit zu spüren. So ist wirkliches Leben, alles tritt ein in eine Ruhe, die nicht mehr zerstört werden kann, in einen Frieden, den niemand zu rauben vermag, und es öffnet sich der Himmel, es trägt das Wasser, es wird weich und warm die Erde, auf der wir stehen, und es hat das Zeugnis der Güte mehr Kraft als der Hass und alle Feindschaft.

Leben, das dem Tod entwächst 281

Jeder kann als »Menschensohn« Sünden vergeben (zu Mk 2,1-12)

Es gibt nur eine Kraft, die es dem Menschen ermöglicht, sich wirklich ohne Betrug und Lüge zu erkennen, und diese Kraft besteht in jener warmen Zuwendung, die in der Anrede Jesu »Mein Kind« zum Ausdruck kommt. Einzig die Gewissheit, dass Jesus zu ihm steht wie zu seinem eigenen Sohn, ermöglicht es diesem Kranken, zu sich selbst zu stehen und inmitten seiner uralten Gefühle von Ohnmacht, Selbsthass und Verzweiflung sich selbst zu akzeptieren: *»Deine Sünden sind dir vergeben.«* [... Jesus] beharrt gegenüber den Vorwürfen der Umstehenden darauf: »Der ›Menschensohn‹ hat Vollmacht auf Erden, Sünden zu vergeben.«

Aber was heißt hier *»Menschensohn«*? [...]

[D]as Wort »Menschensohn« ist auch ein Titel für den künftigen Erlöser der spätjüdischen Apokalyptik, und so ließe sich das Wort Jesu auch so verstehen: dass nur der verheißene Messias der Endzeit, *der* Menschensohn, wenn er kommt, nur er, die Vollmacht besäße, den Menschen Sünden zu vergeben, und dass Jesus sich womöglich selber insgeheim als diesen Menschensohn zu erkennen geben wollte. Aber was Jesus hier in Aussicht stellt, ist doch wohl eher die Gewissheit, dass *alle*, seine Schüler, jeder, der von ihm etwas begriffen hat, über die Macht verfügt, im Namen Gottes Menschen von der Angst und Last ihrer Schuld zu befreien. [...] Einem jeden Menschen ist im Sinne Jesu die Fähigkeit anvertraut, durch sein Verstehen und seine Weitherzigkeit einen Raum zu eröffnen, in den ein anderer eintreten kann, um Zuversicht und Vertrauen in sein Leben zu gewinnen. In diesem Freiraum des Daseins wird nicht gefragt: »Was hast du getan? Was sind deine Übertretungen? Bekenne, wo du schuldig bist!« – sondern die einzige Frage lautet: »Was hat man dir getan? Was wurde dir zugefügt? Worunter leidest du am meisten? Was geht in dir vor sich, wenn du es nicht vor dir selbst und anderen zu verschleiern suchst? Versuch, es einfach auszusprechen, unter der unbedingten Voraussetzung, dass Gott, was immer es sei, unverbrüchlich zu dir stehen wird.«

Markus I, 232–234

***

Wer Jesus »glaubt«, mit anderen Worten, der tritt ein in den Glauben, dass die reine Menschlichkeit als die einzige alles »richtende« »Macht« dieser Welt zu betrachten sei.

Jesus von Nazareth 583

Es ist schon geschehen

Das *Feuer* brennt, das er kam, auf die Erde zu werfen (Lk 12,49), und die Berge aus Eis beginnen zu schmelzen. Nie mehr, in alle Zukunft nicht, wird man guten Gewissens den Traum vom messianischen Frieden an die zynischen Propagandatiraden politischer Macht delegieren können. Nie mehr wird man die Träume der Menschlichkeit, die Gott selbst in die Seele der Menschen gesenkt hat, Illusion nennen dürfen!

Die Vision eines Reiches Gottes ist nicht länger mehr »Utopie« – ein bloßes Niemandsland der Sehnsucht; sie ist die Existenzbedingung der Menschlichkeit. Der »Menschensohn« »kommt« nicht, er ist längst schon Wirklichkeit geworden in der irdischen Gestalt des Jesus von Nazaret [...]

Jesus von Nazareth 659

3. Jesus tut Wunder: Grenzsituationen

Der Name Jesu ist es, mit dem Gott nach dem Zeugnis der Bibel auf all die Beschwernisse unseres Lebens und auf die Beschwerden unserer Seele zu antworten versucht hat. »Denn es ist kein anderer Name unter dem Himmel den Menschen gegeben, durch den wir gerettet werden sollen« (Apg 4,12). Alle Liebe Gottes verdichtet sich in ihm – immer wieder. Wer dies innerlich fühlt, der weiß, dass einzig ein Engel Jesu Namen offenbaren konnte, als das größte Wunder dieser Welt.

Dein Name ist wie der Geschmack des Lebens 118

Die Bedingungen für Heil und Heilen: ein Seelenleiden, das sich auf den Körper schlägt

Um zu verstehen, welche menschlichen und religiösen Erfahrungen sich in den Wundererzählungen verdichten, sollte man die geschilderten Begebenheiten betrachten als »Zeitrafferaufnahmen« von Prozessen, die sich für gewöhnlich sehr viel langsamer, im Verlauf von Monaten und Jahren, abspielen, aber durchaus auch »spontan« und plötzlich, lebendig »verdichtet« zutragen können. In entscheidenden Phasen seelischer Entwicklung kann es durchaus geschehen, dass unvermutet und plötzlich etwas zum Durchbruch kommt, das sich über lange Zeit hin im Unbewussten vorbereitet hat; wie Menschen in solchen Augenblicken sich verhalten, was sie dann tun oder sagen, ist in aller Regel wie ein Spiegelbild ihres Lebens; in solchen Momenten sind sie selbst *ganz.* [...]

Eine gewisse Schwierigkeit ergibt sich – außerhalb der Psychoanalyse – allerdings aus der Notwendigkeit, die jeweiligen *Krankheiten* in den neutestamentlichen Wundererzählungen als psychoneurotische beziehungsweise psychosomatische *Symptome* zu lesen. [...] Sowenig es auch sonst möglich ist, »Theologie« zu betreiben ohne die Voraussetzungen einer gediegenen Anthropologie, sowenig ist es möglich, Bibelexegese ohne Psychologie zu treiben. Zu lernen gilt es da, dass die Fülle von »Wunderheilungen« damals wie heute nur ein relativ schmales Spektrum möglicher Krankheiten umfasst – die Vorstellung von dem »allmächtigen« »Sohn Gottes« in Menschengestalt, der tut, was er will, wann er will und wie er es will, scheitert allein schon an diesem einfachen Tatbestand. Nicht das eigentlich »Unmögliche«, wohl aber das Überraschende, Unvermutete bildet den Inhalt der Wundererzählungen.

Psychoanalytisch betrachtet sind es im Wesentlichen die Symptome *konversionshysterischer* Erkrankungen, die in den Heilungsgeschichten eine Rolle spielen. [...] Ein Patient kann nicht tun, was er möchte, oder er muss tun, was er nicht möchte; ihm versagt seine Stimme, sein Gehör, seine Sehkraft; er leidet unter muskulären Verspannungen, Lähmungen, Jaktationen, Tics usw. Näherhin liegt ein Konflikt zwischen Überich und Es vor, der in das Körpergeschehen verschoben (»konvertiert«) wurde. [...] Es kann aber sein, dass die Begegnung mit einer bestimmten, zumindest subjektiv als besonders bedeutsam erlebten Person Bewegung in den psychischen »Stellungskrieg« bringt, indem ihr Einfluss die Angstspannung aufhebt, die der Krankheit zugrunde liegt. Zur Verwunderung des Patienten (und seiner Umgebung) kommt es zu einer »Spontanremission« seiner konversionshysterischen Symptomatik; an der Stelle der neurotischen Kompromissbildung zwischen Es und Überich öffnet sich nun ein neuer Freiraum für eine bewusste Stellungnahme des Ichs.

Entscheidend an dieser Betrachtung ist die Einsicht Freuds, dass Krankheiten dieser Art als *Ausdrucksgeschehen* verstanden werden müssen. Die Symptome selber sind – nach dem Vorbild der Traumdeutung – als *Symbole* zu interpretieren. Für die Auslegung der Wundererzählungen ist es von daher sehr wichtig, die gebotenen Szenarien insgesamt zu deuten wie entsprechende Sequenzen in einem Traum. [...] Die Rolle des »Therapeuten« ist unerlässlich, weil er an seiner Person ein angstlinderndes Vertrauen katalysiert; er wird freilich nur so viel an Vertrauen zu vermitteln vermögen, wie er selber an Angst zu überwinden gelernt hat.

Jesus von Nazareth 275–277

Rettung durch das Vertrauen, dass Gott an uns handeln wird

Man ist in der Bibelexegese, sobald das Wort »Glauben« fällt, zumeist derart auf theologische Aussagen und »christologische« »Verkündigungsinhalte« fixiert, dass man sich außerordentlich schwertut zu begreifen, wie einfach im Grunde die Haltung *dieses »Glaubens«* oder besser, dieses Vertrauens ist, von der die Wundererzählungen gerade im Markus-Evangelium immer wieder sprechen. Es geht um einen »Glauben«, wie er nur aus Not und Leid geboren wird: eine flehentliche Hoffnung wider alle Hoffnung, ein Greifen nach dem letzten Strohhalm, eine fast blinde Erwartung, die sich mit aller Kraft an den anderen hängt und ihn um ein Wunder anfleht. Die heilende Tat soll dabei ganz und gar von dem anderen, dem Arzt, dem Heiland, dem Mann Gottes ausgehen – schon die eigene Hilflosigkeit lässt einen anderen Gedanken gar nicht zu; alles kommt in dieser Sicht darauf an, was der andere wirklich zu bewirken vermag; – und eben diese Einstellung weist Jesus hier [Mk 9,22-24] entschieden zurück! […] Im Grunde geht es überhaupt nicht um die Person Jesu, so als wenn er über nur ihm eigene, unvergleichliche, magische Qualitäten verfügen würde; die einzige Kraft, die Jesus für wirksam hält, ist die Kraft des Glaubens. […] Alles, was er vermag, alles, was er als Person anderen sein kann, hängt ab von seinem eigenen Vertrauen; nicht er selber wirkt hier; die Macht, die in Wahrheit etwas bewirkt, besteht allein in dem Vertrauen, das er (von Gott her) jeder Form menschlicher Not entgegenbringt. […]

Das ist es, was Jesus immer wieder mit *»Glauben«* (oder hier auch mit »Gebet«) bezeichnet: eine Haltung, die von dem Druck entlastet, alles hinge von uns selber ab, wir seien entscheidend »gefordert«, wir seien »verantwortlich« – es ist ein solcher moralischer Krampf, dass das Krampfleiden als Krankheit wie notwendig sich daraus ergibt. *»Glauben«* – das ist ganz im Gegensatz dazu eine unsäglich befreiende Entspannung. Es kommt auf uns *nicht* an. Es geht nicht einmal um Jesus; es geht vielmehr um eine Macht, die wir nicht »haben« und die uns doch durchfließen kann, wenn wir uns ihr nicht mit dem eigenen »Ich aber muss doch« und »Ich aber will doch« entgegenstellen.

Markus II, 35 f.; 39 (Zum Weiterlesen: *Die Tochter des Jairus und die blutflüssige Frau,* in: *Wort des Heils – Wort der Heilung I,* 86–95)

Die Wunder sind »nur« symbolisch: zur Frage eines Priesters

Nach einer Vorlesung kam ein Priester zu mir und sagte: »Herr Drewermann, ich möchte Sie fragen: Glauben Sie an die Wunder Jesu?« Ich sage: »Herr Confrater, sicher glaube ich an die Wunder Jesu.« »Nein«, sagt er, »bei Ihnen will ich das genau wissen: Glauben Sie zum Beispiel, dass Jesus über das Wasser gegangen ist?« Ich sage: »Ja, ich glaube, dass Jesus über das Wasser gegangen ist.« »Nochmals frage ich«, spricht er, »meinen Sie das wirklich oder symbolisch?« Dann sage ich: »Jetzt weiß ich nicht mehr, wonach Sie fragen, denn ich glaube, dass die religiöse Wirklichkeit *nur* symbolisch ist. Es ist die einzige, die wirklich *wirkt.* Was verlangen Sie? Als im Frühjahr 1945 die ›Wilhelm Gustloff‹ mit 12 000 Mann an Bord von russischen Torpedos in die Eiswasser der Ostsee gerammt wurde, betete man an Bord und schrie zu Gott. Wollen Sie den Leuten unter der Kanzel erklären, dass Gott das Wunder wirkt, dass das Wasser Balken bekommt? Diese Wunder wirkt Gott nicht, sie hat er nicht gewirkt und wird sie auch nicht wirken. Trotzdem glaube ich, dass Jesus über das Wasser ging, gegangen ist und immer wieder geht. Ob die Welt ein Abgrund ist, als der sie im Augenblick des Todes ganz besonders erscheinen kann, und ob wir den Wogenschwall ringsum sehen und das Brausen des Sturmes hören oder ob wir die Gestalt wahrnehmen, die vom anderen Ufer auf uns zukommt: Dazwischen können wir uns *immer* entscheiden, zwischen Angst und Vertrauen. Und je nachdem werden wir versinken, oder das Wasser wird uns tragen.«

Das ist der ganze Glaube. Dafür stehen solche Symbole. Und wer sie tief genug erfährt, wird merken, dass dieselbe Welt, diese irdische Existenz, die sonst wie eine Falle ist, sich verändert und öffnet. Dann ist dieselbe Welt voller Wunder. Aber das Mittel dazu ist das einer *symbolischen* Aufnahmebereitschaft.

Wort des Heils – Wort der Heilung I, 86

Jesus heilt im Vertrauen zu Gott

Von dieser Art waren die »Heilungswunder« Jesu. Er vertraute auf Gott in einem Maße, dass er die Angst der Menschen überwand; er machte sich selbst so durchsichtig zum Himmel hin, dass die Menschen sich von ihm aus dem Dunkel ins Licht gehoben fühlten; seine Art, an Gott zu »glauben«, war identisch damit, an den Menschen, an jeden einzelnen, Glauben zu setzen. Nicht Demonstrationen seiner Göttlichkeit, sondern, wenn schon, dann »Manifestationen« Gottes in einer Form gelebter Menschlichkeit waren seine »Wunder«.

Jesus von Nazareth 273

Der Modellfall des Besessenen von Gerasa (Mk 5,1-20)

Die Erzählung ist *unhistorisch* – sie hat im Leben Jesu nie gespielt. [...] Eine solche Auskunft, so exegetisch wohlbegründet sie auch erscheinen mag, zeigt uns indessen weit mehr von dem Dilemma der vorherrschenden historisch-kritischen Auslegungsmethode als von dem Sinn der vorliegenden Erzählung: Da wird ein »Problem« gelöst, das vor 1950 Jahren wohl einmal bestanden hat, aber ganz gewiss keine Frage unserer Tage mehr aufgreift, und es wird »gelöst« mit einer Geschichte, die historisch erkennbar unglaubwürdig ist [...]

Das Einzige, was uns psychologisch (und damit auch existenziell und religiös!) interessieren muss, ist die lange Beschreibung des seelischen Zustandes dieses Mannes selbst (Mk 5,1-7). [...] So hören wir von einem Menschen, der sein Leben buchstäblich ganz und gar an der Stätte des Todes verbringt; sein Zuhause ist einzig das Unbehaustsein, seine »Heimat« die Heimatlosigkeit – wie viel an Seelenumdüsterung und Verzweiflung liegt allein schon in diesen wenigen Bildern! Und mehr noch die Widersprüchlichkeit seiner Einstellung zu anderen Menschen! Alle erscheinen ihm von Weitem schon als Fesselbringer und Kettenträger, gegen die er sich wehren muss um seiner Freiheit willen. Dieser Mann, der am Abgrund des Nichts seine Wohnung aufgeschlagen hat, kämpft offensichtlich um die Unabhängigkeit von jeder Fremdbestimmung; frei zu sein von allen und von allem, das ist der »Sinn« seiner Lebensführung – ein überraschend modern erscheinender Daseinsentwurf! Auf der anderen Seite sehen wir natürlich, wie innerlich unfrei dieser Mann in seiner radikalen Einsamkeit und Kontaktscheu in Wahrheit ist. Wie ein verängstigtes Tier flieht er von Weitem schon die Nähe der Menschen; dann aber, in den Bergen, schreit er unartikuliert und unadressiert um Hilfe; und der Hass gegen sich selbst ist so groß, dass er, wie in einem unablässigen Bußritual, mit Steinen auf sich einschlägt. [...] Ein solches Leben der Angst, der Sinnlosigkeit und eines ebenso absoluten wie absurden Freiheitsstrebens mag man mit *Markus* in der Tat als »dämonisch« oder, besser noch, als »höllisch« bezeichnen. [...]

Dieser »Besessene«, möchte man meinen, behielte seine »Ruhe«, wenn er auf die Ankunft Jesu an der »anderen« Seeseite einigermaßen gelassen reagieren würde – er brauchte sich bloß versteckt zu halten oder in angemessener Entfernung auszuweichen, und nichts würde ihm passieren. Stattdessen aber sehen wir ihn »von Weitem« schon auf Jesus zulaufen, und jeder, der den Text nicht genügend kennt, würde schwören mögen, dass es jetzt so weitergehen wird wie in zahlreichen anderen Wundergeschichten auch: Er würfe sich nieder vor Jesus und bäte ihn inständig um Rettung aus seiner höllischen Qual. [...] Tatsächlich aber gibt es wohl kein »Gebet«, das verzweifelter und abgründiger sein könnte als dieses: mitten in all der rastlosen Getriebenheit und selbstzerstörerischen Pein in Ruhe gelassen werden zu wollen! [...]

Was an *dieser* Stelle indessen sich abspielt, verrät eine solche Heftigkeit des sonst üblichen »Behandlungswiderstandes«, und es ist so bedingungslos, mit göttlichen Begriffen, ins Entweder-oder gestellt, dass kaum zu sehen ist, wie dagegen mit therapeutischen Mitteln noch anzukommen wäre.

Tatsächlich hat Jesus, trägt *Markus* jetzt nach, *selber* in direktem Angang versucht, durch einen Machtbefehl die »Dämonen« zu vertreiben, doch hat er dabei nichts weiter erreicht als diesen Aufstand der Hölle. Selbst ihm, dem »Sohn Gottes«, »gehorchen« die »bösen Geister« keineswegs prompt und unmittelbar! [...] Auch Jesus muss geglaubt haben, mit einem Befehl von außen so etwas wie »Heilung« erreichen zu können. Umso wichtiger ist es, dass an dieser Stelle Jesus selber aus seinem Misserfolg allererst lernen kann, was die Heilung der Seele eines Menschen bedeutet! Noch einmal, und zwar jetzt ganz anders, hebt er an zu sprechen: »Was ist dein Name?« – Wer bist du?, mit anderen Worten (Mk 5,9).

In diesem Augenblick erst beginnt die eigentliche *Heilungsgeschichte*; erst dieser Wechsel von der Haltung des Befehlgebenden zum fragend Zuhörenden stellt den therapeutisch entscheidenden Rollentausch in der Einstellung Jesu dar. Es ist die Not des Kranken, nach der die Sprache sich richtet, und alles kommt jetzt darauf an, den »Besessenen« selber zum Sprechen zu bringen. »Was ist dein Name?« – das heißt so viel wie: »Erzähle du die Geschichte deines Lebens; lass nichts aus von allem, was dich geformt hat; lass uns den ganzen Weg deiner Biografie noch einmal durchgehen, um zu verstehen, wie du geworden bist und was du geworden bist.« Es ist keine Übertreibung, wenn wir feststellen, dass das, was wir heute als »Psychotherapie« bezeichnen, auf Jahre hin in gerade dieser Frage, in dieser Einladung, in dieser Bitte um eine langsam reifende Wahrhaftigkeit und Offenheit mittels eines »schönen Gespräches« besteht.

Erschütternd hingegen ist die Antwort des Mannes aus Gerasa: »Legion ist mein Name, denn viele sind wir.« [...D]as muss man psychologisch übersetzen als die *Bankrotterklärung* auf die Frage: »Wer bist du?« – »Wenn du wirklich wissen willst, wer ich bin«, so müsste man eine solche Antwort wiedergeben, »so nimm als Erstes zur Kenntnis, dass es kein Ich gibt, mit dem du redest. Was es gibt, ist ein Bündel sich widersprechender Befehle, die ich nicht verstehe, die nicht von mir selbst ausgehen und die doch alle nur den Zweck verfolgen, mich auszubeuten und zu beherrschen. In mir marschiert es mit eisernen Stiefeln umher, und es redet in einer fremden Sprache zu mir ... Ich bin nicht ich, sondern ein anderer, doch dieser andere, der ich nicht selbst bin, ist niemals zu fassen; er teilt sich nur mit durch die Verwüstungen derer, die er zu meiner Vernichtung abkommandiert hat ...« [...]

Erst vor diesem Hintergrund aber formt sich die »richtige« Therapie! Jeden, der diese Geschichte zum ersten Mal liest, wird es wundernehmen, wie hier die »Dämonen« Jesus um »Erlaubnis« bitten, in die Schweine fahren zu dürfen. Steckt dahinter nicht wieder ein »christologisches« Schema? Für *Markus* gewiss; doch ursprünglich liegen die Dinge einfacher, *menschlicher.* [...] Die (überlieferungsgeschichtlich sekundäre) Vernichtung der »Schweine« steht dann als Symbol für all die bis dahin niemals zugelassenen Triebregungen, die nun nach außen zu setzen sind, um in wörtlichem Sinne »erledigt« zu werden. Erst danach sitzt der ehedem »Besessene« »ruhig und vernünftig« da, »er, der die Legion gehabt hatte«!

Was sich hernach begibt, ist in doppelter Hinsicht erstaunlich: Da kommen die Leute und sehen den Mann *geheilt* vor sich, doch sie bedauern den Verlust ihrer Schweine! [...] Noch haben wir die Frage nicht erörtert, warum Jesus nach kurzer Zeit seines öffentlichen Auftretens schon in den Tod getrieben wurde; doch *einen* Hinweis finden wir bereits hier: Es macht sich auf der Stelle unbeliebt, wer Menschen nicht an die Erwartungen anderer anpassen will, sondern wer sie ernsthaft zu sich selbst, in ihre Freiheit führen möchte.

Jesus von Nazareth 279–286 (Zum Weiterlesen: *Tiefenpsychologie und Exegese II,* 247–277 mit der ausführlichen Deutung)

Der Sturm auf dem Meer (Mk 4, 35-41) – Jesus und der Abgrund

Schon die frühe Kirche, spätestens das Johannes-Evangelium, hat in dem *Meer* nicht einfach einen bestimmten Ort in Galiläa gesehen, sondern eine Chiffre für unsere Lebenssituation überhaupt. *Meer* ist in diesem Sinne ein Bild des Abgrunds, der Haltlosigkeit, des bodenlosen Hin- und Hergeworfenwerdens, ein Bild, in dem das ganze Leben wie ein gähnender Chaosrachen erscheint, der sich jederzeit unter unseren Füßen öffnen kann. *Psychologisch* betrachtet ist schon unser eigenes Herz wie ein sich unendlich dehnendes »Meer«, das uns sowohl tragen als auch verschlingen kann, eine Stätte des Unbewussten, des Undurchschaubaren, des schlechthin Grenzenlosen. Vermeiden können wir niemals, uns auf diese »Wasser« einzulassen; die Frage ist nur, wie wir damit leben; und da scheint es die Aufforderung dieser Erzählung zu sein, dass wir uns nicht nur im Gebet um Rettung an Gott wenden sollten, wenn wir in Not sind, sondern dass wir vor allem die Haltung in uns aufnehmen, die in Jesus selber sich verkörpert.

[...] Schon in der Auseinandersetzung mit uns selber ist es psychologisch überaus wichtig, dass wir in solchen Stunden nicht die Angst allmächtig werden lassen. Nichts lebt in uns selber, und keinen Teil der Schöpfung gibt es, am wenigsten in unserer eigenen Seele, den wir fürchten müssten wie etwas schlechthin Unheimliches und Zerstörerisches. Wenn wir versuchen, ähnlich der Gestalt des schlafenden

Jesus im Boot, innerlich tiefer zur Ruhe zu kommen, so werden sich die Wogen legen, und der Wind wird sich besänftigen. Immer wieder, wenn Menschen sich von den entfesselten Kräften ihrer eigenen Tiefenseele bedroht fühlen, rufen sie um Hilfe und verlangen nach Rat, was zu tun sei gegen die Gefahr; aber die Weisung dieses Evangeliums lautet zu Recht: Im Grunde ist gar nichts zu »machen«; zu lernen, wie man innerlich mitten im »Sturm« zum Frieden gelangt, dies ist es allein, worauf es in unserem Leben wesentlich ankommt. Es gilt, die Barke unseres Lebens tiefer zu verankern und auf den Punkt zu vertrauen, an dem unterhalb der aufgewühlten See, abgründiger noch als der Abgrund, ein fester Boden uns Halt gibt. Es kommt darauf an, jenseits der Zone der psychischen Angst den Ort zu erreichen, an dem der Sturm sich beruhigt und wir dem Wind und den Wellen »gebieten«. [...]

Gerade die Tiefenpsychologie kann uns zeigen, dass Menschen die ganze Welt bis in die Träume hinein anders erleben, je nachdem ob es für sie jenseits des »Meeres« des Unbewussten ein anderes »Ufer« gibt oder nicht. Am Ende ist es der »Kleinglaube« und die »Angst«, die darüber entscheiden, wie sehr das »Meer« in uns tost und tobt, und es ist allein der Glaube und das Vertrauen, die den Sturmwinden Einhalt zu gebieten vermögen. [...] Die Gefahren des Lebens, die von außen hereinbrechen, mögen ebenso plötzlich verschwinden, wie sie gekommen sind – darauf haben wir zumeist nur mittelbar Einfluss. Aber was in uns selber vor sich geht und wie wir zu Gott stehen, daran entscheidet sich unser ganzes Leben, dies ist unser Dasein. Die ganze Welt ist voller Wunder in jedem Augenblick, denn Gott verlässt uns nie; er ist uns immer nahe, nicht erst wenn wir ihn rufen. Im Ernstfall rettet uns nicht ein spektakulärer Eingriff von außen nach der Art des »Gottes aus der Kulissenmaschine« im Theater der Barockzeit; aber was uns rettet und uns leben lässt, ist Tag für Tag der stille Glaube an die ständige Gegenwart Gottes, der den Sturm beruhigt und unser Schiff dem anderen Ufer näherbringt.

Markus I, 354–359

Der Seewandel Jesu (Mt 14,22-33):
Religion ermöglicht Hinwendung zur Wirklichkeit

Wie die Wahl unseres ganzen Lebens sich gestaltet, verdeutlicht ein (mythisches) Bild im Matthäus-Evangelium (14,22-33): Da kommt, als es »Nacht« ist, mitten auf dem »Meer«, den Jüngern im Boot über das Wasser hin Jesus entgegen. [...] So, meint diese Erzählung, ist unser Leben: Es gibt keinen festen Grund unter unseren Füßen; alles, was wir sind, ist – wie in der Paradiesgeschichte – gelagert über der »Schlange« des Nichtseins; jederzeit von allen Seiten umlauert uns die Vergeblichkeit und die Vergänglichkeit; alles »Existieren« ist ein Heraustreten aus den Sicherungen der endlichen Welt, aus den zerbrechlichen Planken des »Bootes«; doch wir werden uns diese Situation in ihrer ganzen Dramatik erst eingestehen als Menschen, die sich »gerufen« – gemeint und gemocht – fühlen dürfen; erst dann gewinnen wir den Mut und die Kraft, uns hinauszuwagen in den »Sturm« und den »Wogengang« des Lebens.

Es ist von daher durchaus nicht wahr, dass die Religion die Menschen blind und passiv mache gegenüber der Wirklichkeit und sie wie Morphinisten träumen lasse von einer »jenseitigen« Welt; umgekehrt: Allein das Vertrauen in die Jenseitswelt Gottes ermöglicht es, mit Haut und Haar sich dem Wirbel der Welt auszusetzen. Dann aber zeigt sich's: Sehen wir nur den Wogengang der Wellen, hören wir nur das Rauschen des Winds, öffnet sich der Abgrund unter unseren Füßen und das Meer der Angst zieht uns immer tiefer hinab – oder: Wir schauen unverwandt auf diese Gestalt, die vom anderen Ufer her auf uns zukommt und die Hand nach dem Ertrinkenden ausstreckt. Versinkende oder Gerettete – nur eins von beiden können wir sein je nach dem Vorzeichen vor der Klammer unseres Daseins. Je nachdem ob es sich gestaltet aus Angst oder Vertrauen, verschlingt uns das »Meer« oder wir gehen darüber hinweg ...

Jesus von Nazareth – Bild eines Menschen 124; 126

Jesus lehrt wieder lieben und dadurch glauben:
das Beispiel Magdalena

Von jeder Liebe unter Menschen gilt, dass sie den anderen einmalig macht; in jeder Liebe wird der andere zu einer Tür, die in den Himmel führt. Aber von einer Liebe, der man es verdankt, zum ersten Mal ein Mensch zu sein, kann man wohl sagen, dass sie in sich selber göttlich ist und dass man in ihr Gott begegnet. Und so war Jesus für Maria Magdalena *Gott.* Ein Mensch, den man aus Liebe von sich her vergöttlicht, wird Zug um Zug die eigene Freiheit nehmen und Hingabe in Untertänigkeit verwandeln. Maria Magdalena aber fand in der Nähe Jesu zu sich selbst zurück; und eben darin ward ihr Jesus Gott. Er blieb für sie durchsichtig auf Gott hin und war doch selbst für sie in dieser Transparenz ganz und gar eine göttliche Person. Durch ihn wusste sie sich in Gott geborgen. [...]

[N]ur ein Äußerstes an Not ist fähig zur Erlösung; und nur wer selbst wie tot ist, kann am eigenen Leib ermessen, was das ist: die Auferstehung von den Toten. Nur wem mit Jesus alles stirbt, kann ihn im Tode wiederfinden. Insofern steht Maria Magdalena für eine ganze Menschheit, die nicht weiß, wie sie noch weiterleben soll, wenn Menschen alles, was von Gott ist, töten können; und wenn das Leben ohne Gott ein einziger Wahnsinn, eine einzige Lüge ist, wie es *Johannes* sagt, dann ist Maria Magdalena, die Wahnsinnig-Besessene des *Lukas*-Evangeliums, die rechte Stellvertreterin für alle, die es um den Verstand bringt, zwischen Menschen ohne Gott zu leben.

Ich steige hinab in die Barke der Sonne 162 f.

4. Erlösung durch Jesus?

Wir haben's nötig, Gott nicht!

Wort des Heils – Wort der Heilung IV, 58

Gott geht den Verlorenen nach, ohne Opfer zu verlangen

Gott ist als Erstes jemand, der nachgeht, hinter dem Verlorenen her, und richtet nicht und wertet nicht, sondern versteht. Die ganze Religion im Schatten Israels ist gebunden an die Wiedergutmachungsleistungen von Opfern. Die Zwiespältigkeiten des Vaterbildes projizieren sich auch in das Vaterbild des Göttlichen. Der Vater auf Erden wie der Vater im Himmel wird seine Kinder lieben, wenn sie daherkommen mit Opfern und Nützlichkeiten. Sobald sie ihm etwas bringen, das ihn versöhnen könnte, wird aus den Gaben, die sie sich selber erwirken und selber durch Verzicht absprechen, etwas wie Güte sich gewinnen lassen; niemand ist an sich selbst liebenswert genug, erst durch das, was er tut und was er opfert, wird er wohlgefällig auf Erden wie im Himmel. Solang das so bleibt, werden Menschen versuchen, alles Mögliche zu tun, und sie werden immer wieder scheitern. Selbst in ihre Suche nach Liebe wird sich hineinmischen dieses verzweifelte sadistische Gefühl: Man muss opfern, man muss schlachten, man muss töten, Tiere oder sich selber, ganze Bereiche der eigenen Wunschwelt, der eigenen Triebwelt, der Person – und vielleicht desto grausamer desto besser und gottwohlgefälliger dann. Es ist ein Teufelskreis, der unentrinnbar bleibt.

Ich lasse dich nicht, du segnest mich denn 298

Jesu Botschaft von Gott – ein Konflikt auf Leben und Tod

Immer wieder versucht Jesus von einem Gott zu sprechen, der den Menschen nie verloren gibt, der ihn suchen geht, der ihn zurückbringen möchte und mit dem sich die Anmaßung, über andere Menschen zu Gericht zu sitzen, prinzipiell nicht vereinbaren lässt. Wie die Evangelien berichten, wird dieser Konflikt für Jesus zu einer Auseinandersetzung auf Leben und Tod. Wer den Ausgegrenzten nachgeht, wird selber ausgegrenzt; wer Partei ergreift für die Verfluchten, wird am Ende selber verflucht. Derjenige, der Gott als gütig schildert, wird am Ende auf höchst ungute Weise ermordet als Gotteslästerer. Dieser Konflikt wird nicht gelöst, nicht überbrückt – ganz im Gegenteil: Er treibt auf eine endgültige Klärung zu.

Wer hat, dem wird gegeben 61 f.

Jesus, das Lamm Gottes

Das biblische Interpretationsschema zum Beispiel vom »*Opferlamm*« und vom »*Sündenbock*« ist durchaus für das Schicksal Jesu gültig und anwendbar, versteht man es nicht »opfertheologisch«, von Gott her, sondern sozialpsychologisch, vom Menschen her. *Jedes* soziale System wird sich, solange es kann, gegen seine Selbstauflösung zur Wehr setzen; die Botschaft Jesu aber droht bis heute das Funktionieren des gesamten politischen, wirtschaftlichen und kulturellen Gefüges der

Staaten und Nationen, der Kirchen und Verbände, der Banken und Konzerne, der Waffenexporteure und der Militärs von Grund auf zu gefährden; was Wunder also, dass das bestehende System sich gegen den Mann aus Nazaret zur Wehr setzt, wie das Immunsystem des Körpers sich gegen einen eingedrungenen Virus zur Wehr setzen wird? [...] Speziell das religiös motivierte Abwehrsystem ist stets das Gleiche: Jemand beruft sich auf Gott und lässt durch die Art seines Redens und Handelns das Bestehende als illegitim erscheinen; in diesem Fall wird die (kirchliche) Reaktion stets und überall so ausfallen, wie wir es in Mk 3,21.22 beobachten konnten: Man wird den Betreffenden entweder für »verrückt« erklären, schon weil er es wagt, eine so »vernünftige« Einrichtung wie die religiöse (und gesellschaftliche) Institution der Synagoge oder Kirche anzugreifen, oder man erklärt den Betreffenden für einen Ungläubigen, für einen Ketzer, für einen dämonisch Besessenen, für einen Teufel; im Himmel wie auf Erden gehört ein solcher Mensch, zwischen Psychiatrie oder Galgen, zwischen Zwangsausrichtung oder Hinrichtung, *beiseitegeschafft* oder *beseitigt.* [...] Indem Jesus mit dem *absoluten* Maßstab der allumfassenden Barmherzigkeit Gottes, unter der Verheißung des Anbruchs der »Gottesherrschaft«, eine Erneuerung ganz Israels anstrebte, *musste* er notgedrungen für diejenigen *Partei ergreifen*, an deren Leiden und Konflikten sich die Schäden des bestehenden Systems am klarsten ablesen ließen: für die »Zöllner«, »Huren«, »Sünder« ..., und er musste diejenigen *angreifen*, deren Vorteil es war, das bestehende System zu erhalten. Und entsprechend war die Reaktion: Indem er eintrat für die Ausgesetzten, wurde er selber zum Ausgesetzten; indem er eintrat für die »Gesetzlosen«, wurde er selber zum Outlaw, zum »räudigen Hund«; indem er eintrat für die Kollaborateure des »Feindes«, wurde er selber zum Feind. [...]

Er *wollte* diese Rolle *nicht*, doch er konnte es irgendwann nicht mehr vermeiden, sie zu übernehmen, und zwar nicht weil Gott so war, sondern weil Gott so *nicht* war, weil aber die Menschen in ihrer Angst und in ihrer Angstsicherung sich unglaublich schwertaten und schwertun, »Glauben« an Gott im Sinne Jesu zu lernen. [...] Man muss in aller Deutlichkeit sagen: Jesus *wollte nicht* leiden, wohl aber wollte er dem Leiden unter bestimmten Umständen nicht länger ausweichen; *er ließ es zu*; nicht mehr und nicht weniger. Sein Einsatz für einen Gott, der keines Menschen Leiden will, war ihm das Leid unter den Händen seiner Gegner wert. In *diesem* Sinne »opferte« er sich; in *diesem* Sinne »erfüllte« er den »Willen« seines »Vaters«; in *diesem* Sinne verstand er sich als der wahre »Knecht« Gottes; da »übernahm« er die Schuld und die Schuldopferrituale der Religion, gegen die er im Namen Gottes protestierte. Da wurde er für jeden, der es begreift, endgültig zum Befreier von der Angst und der Schuldenlast, die der Gottesglaube in der verfassten Religion von Priestern und Kultdienern annehmen muss. Da stimmte er der »Auslieferung« seines »Verräters« zu. [...]

Dieser Mann wollte, so viel steht fest, das Reich Gottes nicht »zwingen«; er lebte es nur bis zum Äußersten; so einfach war es. Er starb, wenn die Legendenbildung der Passionstexte im Neuen Testament eine menschliche Wahrheit verrät, tatsächlich *in der Art eines sich erfüllenden Gebets.* [...]

Tatsächlich erfüllte er so den »Willen« seines »Vaters«; noch einmal sei es gesagt: Es war nicht der Wille Gottes, dass er »leiden« sollte; der Wille Gottes war es in den Augen Jesu, für das Glück, für die Freiheit und die Entfaltung der Menschen einzutreten und dabei dann allerdings die unvermeidbaren Auseinandersetzungen selbst bis zum äußersten nicht zu scheuen, gerade weil Gott *nicht* auf Seiten des Todes, sondern des Lebens steht.

Es scheint unmöglich, den Weg Jesu nach Golgota ohne diese Evidenz der »Verklärung auf dem Berge« zu verstehen: der Tod hat nicht das letzte Wort über das Leben eines Menschen; was ein Mensch ist, werden nicht diejenigen bestimmen, die sich vermessen, mit Berufung auf göttliche Gesetze, wie sie sie verstehen, das Todes- und Verdammungsurteil über Menschen zu sprechen; im Gegenteil: Die Liebe und die Menschlichkeit werden den Tod und das Unrecht besiegen.

[... W]as ein Mensch braucht in den Stunden der Angst, ist ein Gegenüber, das ihm als Person antwortet; und in diese absolute Person jenseits des Todes und der Todesangst warf Jesus all seine Hoffnung. Nur so bewahrte er sich die Kraft seiner Liebe. Er besaß kein anderes »Argument«, um an die Auferstehung zu glauben, als dass dieser Glaube selber es ist, der verhindert, dass die Angst vor dem Tode die

Fähigkeit zur Liebe zerstört, und dass Gott, der die Liebe ist, es dem Tod nicht erlaubt, mit geängsteten Menschen sein Spiel zu treiben.

Jesus von Nazareth 551–553; 555; 557; 559 f.

Wir töten Gott aus Angst – Jesu Tod demonstriert die Sinnlosigkeit dieses Verhaltens

Vertrauen aber, so wie [Jesus] es vor Gott lebte, könnte die einzige Gegenkraft zu unserer Angst bilden; es wäre jedenfalls die einzige Macht, die uns zu Nachsicht und Vergebung uns selber und den anderen gegenüber zu befähigen vermöchte.

Doch gerade deshalb müssen wir Jesus offenbar umbringen. Eben deshalb muss in uns alles schon gegen die bloße Wahrscheinlichkeit protestieren, dass er mit dem, was er lebte und sagte, recht haben könnte. Denn wenn er recht hätte, wäre es einfachhin unnötig und in keinem Falle mehr berechtigt, so zu sein, wie wir sind: so zutiefst von Angst geprägt, so ständig auf uns selbst und unsere eigene Durchsetzung fixiert, so ständig kampf- und fluchtbereit. [...] All unsere göttlichen und menschlichen Gesetze und Bestimmungen setzen im Grunde viel zu spät an: Sie können nicht verhindern, dass selbst unsere besten Einsichten, Erkenntnisse und Leistungen unter dem Herzschlag der Angst in Instrumente des Todes umgeschmiedet werden. Ständig leben wir so in Angst, als wenn Gott für uns überhaupt nicht existieren würde, und eben dies ist wiederum auch schon der Grund all unserer Angst, *dass* wir Gott aus den Augen verloren haben und in blinder Panik und Hektik in die Welt hinein fliehen. Deshalb *müssen* wir Gott töten und jeden, in dem wirklich etwas von Gott lebt, um wenigstens so die Berechtigung unserer Angst aufrechtzuerhalten. [...]

An diese Grenze *müssen* wir von Gott her offenbar gelangen, damit wir endlich begreifen, dass es kein Unglück gibt, das wir *mehr* fürchten müssten als eben diese Aussichtslosigkeit all unserer Lebenslügen aus purer Angst. Wenn selbst jemand wie Jesus unter uns nicht leben konnte, wer von uns könnte dann noch existieren? Wenn sein Tod als die einzig logische, als die ganz normale Konsequenz unseres vermeintlich ganz normalen Alltagslebens erscheint, muss man dann nicht wirklich ein für alle Mal mit der gesamten angstvollen Perversion unseres Lebens Schluss machen? Bis zu diesem Ende der Sackgasse musste Jesus uns offensichtlich führen; bis dahin wollte er uns begleiten. »Er gab sein Leben hin, aus Liebe zu uns Sündern«, heißt es im kirchlichen Sprachgebrauch. Anscheinend wusste Jesus wirklich keinen anderen Weg mehr, als uns *durch seinen Tod* zu zeigen, wie völlig sinnlos, ja, wie vollkommen mörderisch uns diese Angst beherrscht, die uns immer wieder, immer wieder ins Böse treibt.

Markus II, 628; 638

Leiden ist nur zur Persönlichkeitsentfaltung sinnvoll

Man begreift an dieser Stelle [Mk 10,28-31] übrigens in etwa bereits den *Sinn,* der dem späteren Gang Jesu ins *Leiden* (außerhalb all der kirchlich verzweckten sadomasochistischen »Nutzanwendungen«) zukommt: Es geht um ein »Leiden«, das seelisch wirklich *befreit* und das auf Seiten des Einzelnen in Kauf genommen zu werden verdient, weil es *der Entfaltung* der *Persönlichkeit* dient; und es geht dabei um ein »Leid«, das auf Seiten Jesu selber schon deshalb unvermeidlich ist, weil *jeder* sich mit den etablierten Gruppen und Institutionen anlegen wird, der, wie der Mann aus Nazaret, derart *therapeutisch* Partei ergreift für das Recht des Einzelnen gegenüber dem Allgemeinen. Das für die asketisch gebundene Kirchentheologie so Praktische: das vermeintlich »Radikale« einer »Forderung«, die am Ende doch nur dem Kirchenapparat zugutekommt, ist mit der entschiedenen Frontstellung Jesu gerade *nicht* vereinbar.

Jesus von Nazareth 356 f.

Das wahre Opfer Jesu

Jesus mit seinem Leben wird eintreten für die Liebe. Seine Botschaft wird die ganze Welt empören; denn man wird völlig richtig begreifen, dass das, wofür er Zeugnis gibt, alles zum Einsturz bringen muss, worauf bisher *die Welt* gegründet war. Das gesamte Selbstverständnis von Menschen über sich selbst, über die tragenden Pfeiler der menschlichen Gesellschaft, über die Grundprinzipien der Geschichte, die wir Menschen gefälligst uns aneignen und befolgen sollten, gerät hier ins Wanken. Sehr bald deshalb wird man ihn totschlagen. Und das wird ein *wahres Opfer* sein, nicht zwar für Gott – der hat solches nicht nötig –, aber für uns Menschen, damit wir lernen, nicht einmal den

Tod mehr zu fürchten, dass er uns nicht auch nur irgendeine Wahrheit der Menschlichkeit stehle. Wie wir jetzt leben, jenseits des Todes, das ist schon die ganze Ewigkeit, das ist das *unendliche Leben*, das Jesus verkörpert. So setzt es sich fort, so ist es in sich selbst, hell, leuchtend und *Licht*.

Johannes I, 369

Die Versöhnungsbotschaft Jesu weckt den schlafenden Selbsthass

Gerade die Botschaft Jesu von der Versöhnung mit Gott wird den latenten Selbsthass der Menschen, ihren verinnerlichten Sadismus, ihre verborgenen Grausamkeiten allererst wirklich aufdecken und hervorlocken. Was es in dieser Welt der Gottesferne bedeutet, zu leben als »versöhnt« mit Gott, darüber kann sich Jesus nicht einen Augenblick lang den geringsten Zweifeln hingegeben haben.

Markus I, 608

Das Sakrament von Brot und Wein – ein Liebesgeschenk, in dem Liebe andauert

Deshalb ist es vermutlich ein zentraler Weg, jedenfalls ein möglicher Zugang, um zu verstehen, was Jesus uns in dem Bild der Abendmahlsgemeinschaft seiner Jünger sagen wollte, wenn wir das Sakrament der Eucharistie als Ausdruck und Gebärde eines *Geschenks der Liebe* betrachten. Wir machen für gewöhnlich einander Geschenke in Antwort auf bestimmte Erfahrungen. Wenn wir einen anderen Menschen selber dankbar als Bereicherung unseres Lebens empfinden, als etwas, das uns gnadenhaft verliehen wurde, sogar als etwas, das wir notwendig brauchen, um selber zu sein, so antwortet in uns alles auf die Gegenwart des anderen, und wir selber möchten uns am liebsten auch für ihn als Geschenk, Bereicherung und Gabe seines Lebens verstehen. So gehört es zum Wesen und zur Erfahrung der Liebe. Dennoch drängt es uns, das Gefühl unserer Liebe einander zu zeigen, indem wir bestimmte Dinge miteinander tauschen und einander zum Geschenk machen. [...] In dem Gegenstand des Geschenkes möchten wir selber dem anderen nahe sein, und genauso möchten wir, dass er uns selbst in dem geschenkten Ding als gegenwärtig fühlt. Je tiefer wir dieses Gefühl in uns verspüren, desto mehr erleben wir den geschenkten Gegenstand des anderen nicht mehr als ein totes Ding vor uns oder neben uns, sondern zunehmend als etwas Lebendiges, das erfüllt ist von der Poesie und der Spürkraft der Liebe. Das geschenkte Ding, das ursprünglich nur ein *Zeichen* unserer Liebe war, wird jetzt zum »*Sakrament*«, zu einem Gegenstand, der sich belebt durch die Gegenwart einer geliebten Person und uns ihrer Liebe versichert. Raum und Zeit verlieren mit einem Mal ihre Kraft, uns voneinander zu trennen, und es kann sein, dass wir etwas, das zunächst nur ein Gegenstand der Erinnerung sein sollte, als etwas uns Begleitendes empfinden, als etwas ganz und gar Lebendiges, als etwas zu uns Sprechendes. [...]

Auf gerade diese Weise feiern wir seit dieser Nacht des Abschiedsmahles Jesu sein *Geschenk* der Eucharistie. Wir hören die Worte, die er damals sprach, und wissen: Sie sind nie vergangen; sie sind in unserem Leben gegenwärtig, und die Zeit trennt uns nicht von ihm, sondern sie taucht uns immer wieder in dieselbe unmittelbare Erfahrung seines uns begleitenden Lebens. [...]

Indem Jesus das Brot seinen Jüngern brach und mit ihnen den Becher leerte, enthüllte er noch einmal seine leidenschaftlichste und schönste Vision: den Bund seines Vermächtnisses vom Reiche Gottes, in dem wir vom Gewächs des Weinstocks mit ihm trinken werden in alle Ewigkeit (Mk 14,25). Niemals mehr wollen wir essen, trinken oder schlafen, ohne verbündet zu sein miteinander und aneinander Ruhe zu finden in der Nähe Gottes. Sie ist uns zugesagt, sie ist uns anvertraut, sie ist das, was uns begleitet, wohin immer wir gehen bis an die Grenzen der Erde. Diese Gewissheit ist die eigentliche Gabe Jesu in Gestalt von Brot und Wein. Geschenke sind Brücken zwischen Vergangenheit und Zukunft. Das Geschenk der Eucharistie aber ist eine Brücke zwischen Zeit und Ewigkeit, der reinste Ausdruck dessen, was die Liebe Gottes ist: ein Weg der Gemeinsamkeit durch die Welt hindurch bis zum Horizont des Unendlichen.

Markus II, 477–479; 481

Keine Heiligsprechung des Masochismus

Christlich ist es, das Leid, die Krankheit, den Wahnsinn so weit als irgend möglich zu bekämpfen. Sich für das Leben und die Lebensmöglichkeit eines jeden Einzelnen einzusetzen ist christlich, nicht aber das Leiden zu predigen und den Masochismus heiligzusprechen. […] Dies zu sagen ist unerlässlich, weil kein Tag im Kirchenjahr so nachhaltig auf die Gemüter wirkt und wirken soll wie der Karfreitag, und zwar oft genug in diesem Sinne: dass Gott uns unendlich geliebt hat, wir aber Sünder und Mörder sind; dass Gottes Sohn für uns am Kreuz gestorben ist, wir aber das Leiden scheuen und dem Opfer aus dem Weg zu gehen suchen; dass Christus sich für uns hingegeben hat und den Weg des Dienstes gegangen ist, wir aber Egoisten sind, die selber das Sagen haben möchten und sich selbst verwirklichen wollen. Träfen diese Entgegensetzungen zu, so wäre das Kreuz in der Tat nichts weiter als ein Fanal zum heiligen Selbstmord, als ein Inbegriff tödlicher Selbstvorwürfe und Selbstbeschuldigungen; es erlöste uns nicht, es brächte uns um, indem es lediglich mit anderen Mitteln fortsetzen würde, was Jesus selbst am leidenschaftlichsten bekämpft hat: eine Art von Religion, die nur aus Angst und Schuldgefühlen besteht, und die auf eine sadistische Form von Zwangsneurose hinausläuft […]

Es ist ein ungeheuerliches Faktum, mit dem wir uns als Christen erst einmal auseinandersetzen müssen, dass ein Genie wie Freud in Anbetracht seiner Patienten auf keinen anderen Gedanken zu kommen vermochte, als dass die Religion insgesamt eine einzigartige Kreuzigung des Menschen darstelle, eine grandiose neurotische Veranstaltung, eine Unterdrückung von allem, was im Menschen menschlich leben will [in: *Zwangshandlungen und Religionsübungen*]. […] An sich ist das Kreuz das Zeichen für das Schändlichste und Gemeinste, das wir Menschen einander antun können; aber wenn selbst das Kreuz die Macht verliert zu ängstigen, dann endlich können wir in Wahrheit anfangen, als Menschen zu leben, dann gibt es nichts mehr, vor dem wir seither noch ausweichen müssten.

Markus II, 651–654; 659

Kreuz Jesu – Zeichen der Ganzheit

Es müsste auf der Welt für alles, was Menschen irgendwo aus Angst, Hilflosigkeit und Ohnmacht versäumt, verbogen und verlogen haben, einen Ort geben, wo es in Geduld und Verständnis wieder zu sich selber reifen und in seiner wahren Schönheit sich entfalten könnte. Für alles, was Menschen falsch machen, muss es irgendwo andere Menschen geben, die es wiedergutmachen beziehungsweise die sich auf die *Gründe* einlassen, aus denen heraus Menschen so handeln konnten. Wenn *das* »Kreuz« heißt – dann allerdings ist es richtig und gut, das »Kreuz« Jesu auf sich zu nehmen. Zu Ende aber ist dann das übliche Theologengerede vom »Kreuz«, das da lautet: »Die Menschen möchten gerade wachsen, Gott aber streicht seinen Querbalken hinein, die Menschen möchten sich selber verwirklichen, Gott aber durchkreuzt ihre Vorhaben, die Menschen möchten aufrecht stehen, Gott aber schlägt ihnen mit der Faust ins Genick, um sie zu demütigen.« Dies heißt genau *nicht*, ein »Kreuz« im Namen Jesu aufzurichten! Weit eher ist es möglich, das *Kreuz* im Sinne der Religionsgeschichte vieler Völker als *ein Symbol umfassender Ganzheit* zu betrachten, wie es sich ausspannt nach oben und nach unten, nach links und nach rechts, als ein Bild der ganzen Welt, als eine Chiffre unabgrenzbarer Lebensweite, als ein Zeichen und Versprechen vollkommener Offenheit und Ungeschütztheit. So verstanden, ist der Kruzifixus das Zeichen eines Menschen, der uns lehrte und lehren kann, wie wir in Wahrheit leben können, ohne irgendetwas in uns selber und in anderen zu vermeiden. Das Ursprungsbild des Kreuzes ist tatsächlich *ein Baum*, an dem die Erde und der Himmel sich berühren und der Früchte des Lebens trägt, wie am ersten Schöpfungsmorgen. Die Kahlheit, die Abgeschältheit, die Zerstörung am Baum der Erkenntnis schafft doch nur unsere Angst. In Wirklichkeit zeigt das Symbol des Kreuzes, wenn es wirklich ein »Heilszeichen« sein soll, wie die ganze Welt ihre Achse und ihr Zentrum findet, indem alle »Weltengegenden« der Erde und unseres Herzens zusammenkommen in diesem einen einzigen Punkt, an dem Himmel und Erde, Oben und Unten, Gott und Mensch, Bewusstsein und Unbewusstes, Sittlichkeit und Sinnlichkeit miteinander verschmelzen. Alles andere demgegenüber ist nichtig; zu setzen etwa auf den äußeren Erfolg erscheint da als lachhaft; aber *wahr* zu werden im eigenen Leben, das ist es, worum es einzig und allein fortan geht.

Matthäus II, 179

Befreiung von der Menschenfurcht

[S]ehen wir tiefer, erblicken wir im Glauben, was Golgota bedeutet, so geht uns auf: Nicht Menschen und nicht Umstände werden fürder *die* Angst machen können, dass man darüber sich selbst und was man liebt, verleugnen möchte. Es wird einen Raum der Sensibilität geben, wo nichts mit dem Schwert entschieden wird, aber mit der Kraft des Zuhörens, des Verstehens, der langsam reifenden Geduld und der Güte, wo es keiner Rechtfertigungen mehr bedarf, aber einer Blickweise, die Not und die Angst grad bei denen zu sehen, die sich so groß machen, so stark dastehen und vielleicht am meisten ausgeliefert sind: sich selbst und den Umständen. Es wird aber die Allmacht der Umstände nicht mehr geben, das Verschachern von Menschen nach einer übergeordneten Logik wird ein Ende haben, wenn man begriffen hat, wie wunderbar ein jeder Mensch in sich selber ist. Ihm zu dienen ist wichtiger als höheren, abgeleiteten und dem Menschlichen immer ferneren Zwecken. Sich zu beugen vor der Majestät des Menschen neben uns lehrt uns die Liebe, und sie kann nicht sterben. Deshalb ist Zeuge des Todes Jesu zu werden ein langsames Begreifen einer unzerstörbaren Herrlichkeit. Was denn fürchten wir, zum Teufel, was fürchten wir? Um unseren verdammt lächerlichen guten Ruf fürchten wir, um unsere lausigen paar Jahrzehnte Leben auf dieser Erde fürchten wir, um unsere Heilheit und Gesundheit und den Wanst unseres Geldbeutels fürchten wir. Aber sind das wirklich noch Dinge, um die man fürchten muss und die Werte darstellen, wenn man entdecken kann, welche Macht der Verzauberung in der Liebe ruht, welche Phantasie in unserem Herzen, welche Großmut und Stärke in unseren Köpfen? Wer denn hat dann ringsum etwas zu bestimmen und zu sagen? Ängstlich ist der Typ Pilatus, korrupt sind die Burschen Hannas und Kaiphas, unzuverlässige Typen die Begleiterklärer nach der Art des Petrus und nicht wert, sich damit aufzuhalten, die Leute von der Art des Judas. Sie werden doch nicht widerlegen, was es im Leben gibt an Verbundenheit der Liebe, der Freundschaft und der universellen Brüderlichkeit des Reiches Gottes! Der Glaube ist stärker als das Zeugnis der Sinne, und das Kreuz ist kein Kreuz, sondern Beginn des Lebens, eines, das den Namen verdient und beginnen kann – heute Nachmittag oder ganz buchstäblich nie.

Leben, das dem Tod entwächst 154 f.

5. Auferstehung im Leben und Handeln Jesu

Was sich am Körper Jesu ereignen wird, trägt sich schon jetzt zu

Das ist das Phantastische am Matthäus-Evangelium *hier*: Es *wartet* im Zeichen des Jona nicht auf die Auferstehung am dritten Tag nach der Kreuzigung, sondern es zieht dieses Bild der *Auferstehung ins Leben* mitten in die Auseinandersetzung Jesu mit den Schriftgelehrten und »Pharisäern« in eins: Diese Worte hier sind bereits so viel wie die Erhebung vom Tode – ein »Aufstand« gegen die Angst; alles, was später sich sozusagen physisch am »Körper« der eigenen Existenz Jesu ereignen wird, trägt sich der geistigen Wirklichkeit nach jetzt bereits zu: Man wird Menschen nicht mundtot machen können, man wird die Wahrheit nicht ausrotten können, man wird das, was vor Gott stimmt, nicht vernichten können, es wird ganz im Gegenteil nur noch viel mehr leben als jemals zuvor.

Matthäus II, 263

Auferstehung: hier und jetzt ein neues Lebensverständnis gewinnen

Auferstehen wird dein Bruder, sagt Jesus zu Marta; sie aber antwortet, wie sie es gelernt hat: *Ich weiß, dass er auferstehen wird bei der Auferstehung am Letzten Tage.* [Joh 11,23 f.] Das ist das Bekenntnis, das jedem Kind in den biblischen Religionen beigebracht wird; aber was ist das für ein Glaube, der, wie es die Samariterin am Jakobsbrunnen schilderte (Joh 4,25), das Leben sehr, sehr weit entfernt erwartet, ohne Rückwirkung auf die Art zu fühlen, auf die Weise zu denken, auf die Fähigkeit, im Augenblick zu leben? An dieser Stelle spricht Jesus es ganz klar aus: *Ich bin die Auferstehung und das* (unvergängliche) *Leben. Wer auf mich vertraut, selbst wenn er stirbt, wird er leben.* Wenn wir uns fragen, wie denn diese paradoxe Aussage zu verstehen sei, es gebe gar keinen Tod für den, der wirklich glaube, so müssen wir sagen: »Es gilt, eine Entdeckung zu machen: Das, was wir sind, kann und wird uns niemand rauben; das, was wir *richtig* vor uns sehen, lässt sich von außen nicht zerstören; es gilt einfach in sich. Das *ewige Leben* kommt nicht, es wartet nicht bis *nach* dem Leben, es ist *jetzt.*« Das ist das ganze

Johannes-Evangelium: das Aufwachen jetzt, das Hinübergehen durch die Todesangst, durch die Todesschranke jetzt. [...]

Da wird nicht auf ein Jenseits gehofft, sondern diese jenseitige Welt bricht in die uns vertrauten Zusammenhänge ein, und sie zeigt, dass Menschen auf sich selbst zurückkommen können, wie vom Himmel auf die Erde. Das ist der Sinn des alten mythischen Bildes von dem *Menschensohn,* der vom Himmel zu uns gesandt wird – es geht um die Frage, wie wir selbst uns verstehen: als bloße Kreaturen dieses unseres Planeten – dann hat der Tod das letzte Wort über uns –, oder ob wir unser irdisches Leben aufzunehmen versuchen wie vom Himmel her gesprochen, als etwas Absolutes, Gültiges, Wahres. So ist Jesus, dieser wie von fremd in die Totenkammer unseres Lebens Gesandte.

Johannes II, 25–27

Gott, der die Liebe ist, hat Jesus auferweckt

Es ist die Liebe ein Zeugnis, dass wir einander die Hände reichen können über den Abgrund des Todes hinweg. Da sollten wir Gott, den wir die Liebe nennen, noch viel mehr zutrauen: Er lässt uns nicht im Totenreich. Aus dieser Überzeugung hat Jesus gelebt, und deshalb wird es für ihn selber an erster Stelle gelten.

Wort des Heils – Wort der Heilung III, 118

Im Tod vergeht der überflüssig gewordene Körper

Ein Mensch, der stirbt, hinterlässt einen Körper, der erkaltet, der ins Grab sinkt, der verwest. Dies sagen uns die Sinne, und darin sind sie untrüglich. Wer nur den Sinnen glaubt, wird an kein jenseitiges Leben eine Hoffnung richten können; aber sein Dasein wird auch insgesamt unter den Bestimmungen rein äußerer Zwecksetzungen sich verströmen und verschleißen müssen. Seine Einteilungsschemata sind Glück und Pech, Gesundheit und Krankheit, Erfolg und Misserfolg, Wohlergehen und Schmerz; dann aber wartet nach kurzer Zeit schon das Alter und schließlich der Tod auf ihn. Dies war sein Leben; aber war es ein *menschliches* Leben? Kein Maulwurf möchte, wenn er denken könnte, derart existieren, um wie viel weniger ein Mensch, dessen oberste Bestimmung es ist, Geist zu sein und vom Geist bestimmt zu werden. Der Körper ist, geistig betrachtet, eigentlich nur der erste Ort, an dem die Seele zu leuchten beginnt; das scheinbar so zuverlässige Zeugnis der Sinne hingegen trifft selbst im Umgang mit der Materie nur sehr begrenzt zu. [...]

Nur scheinbar leben wir als Körperwesen wirklich. Die körperliche Existenz ist nur die erste Form, Geist zu ermöglichen; sie ist der Anfang der Ewigkeit, der Beginn der Unendlichkeit, eine Hülle, die eines Tages ihren Wert verliert, wie der Kokon für eine Raupe, die zum Schmetterling geworden ist. Und wenn auch in der Ewigkeit der Unterschied zwischen der Seele einer Frau und der Seele eines Mannes wohl nicht gänzlich aufhören wird, so könnten und sollten wir doch heute schon damit aufhören, unter dem Firmenschild der Liebe einander mit Besitzansprüchen zu drangsalieren und einander durch die Tyrannei der Angst zu vergewaltigen. Die einzige Frage, die sich uns *wesentlich* stellt, besteht darin, wie wir es vermögen, würdig dem Himmel entgegenzureifen.

Markus II, 276 f.; 282 f.

Das Grab ist eigentlich leer – was zählt, liegt nicht dort

Ist das Grab wirklich leer? So diskutieren die Theologen, so fragen die Ungläubigen. [...] Ist es für den Ewigen ein Unterschied, wann ein Grab sich leert und auf welche Weise? Besteht zwischen dem Körper, den wir haben und der zerfallen wird, und der Daseinsform der Ewigkeit eine Brücke? Man kann dies so nicht denken, sondern irgendwo liegt eine Zäsur zwischen dem Diesseits und dem Jenseits, zwischen dem Körper, der uns mit der Zeit verbindet, und der Ewigkeit, die Gottes ist. [...]

Sollte man nun denken, dass Gott, der die Liebe ist, im Tod eigentlich nur dies tut: dass er die Liebe ewig setzt und aus ihr einen nicht endenden Gesang formt? Wir brauchen dann nicht mehr die Hände, die wir haben, nicht mehr die Augen, die wir jetzt benutzen, und nicht die Haare, die wir streicheln. Was wir wohl brauchen, ist eine Seele, die nicht aufhört, in Bildern zu fühlen, zu träumen und zu erfahren; sonst wären wir reine Geister, und das sind wir nicht und können wir nicht werden. Aber diese dichte Erfahrung einer nicht endenden Welt der Bilder, in der wir den anderen buchstäblich verklärt zu erfahren vermögen, sie wird uns bestimmt sein zur Ewigkeit. Die Kirche sagt, wir würden jenseits der Schranken Gott schauen. Das werden wir nicht mit den Augen, über die wir jetzt verfügen. Wir werden's nicht einmal mit den Augen unserer Seele können, denn Gott ist unendlich. Aber wenn wir einander lieben, werden wir im eigenen Herzen, verloren im anderen, spüren, wie Gott ist. Er ist die Liebe und ist uns darin nahe. So werden wir Gott sehen und seine Gesetze kennen und zutiefst innen im unvergänglichen Glück befolgen.

Ist das Grab also leer? Gewiss, wenn man's symbolisch nimmt. Jede Verzweiflung ist wie ein Grab, und dies ist so wörtlich wie nur irgend zu verstehen. Jede Traurigkeit ist wie ein Raum der fortschreitenden Verwesung an sich selber. Diese Art des begrabenen Lebens zur Lebenszeit öffnet sich in der Vision eines unendlichen Glücks. In Jerusalem braucht man den Lebenden nicht mehr bei den Toten zu suchen. Er begleitet uns und spricht mit uns und bricht mit uns das Brot. Er, der die Liebe ist, hört niemals auf, an uns zu glauben. Und weil dies für uns das Leben bedeutet und erwirkt, werden auch wir nie aufhören, an ihn zu glauben und einander liebzuhaben.

Leben, das dem Tod entwächst 201–203

Wiederkunft Jesu: die Hoffnung auf gültige Selbsterfahrung

Was soll »kommen« auf den »Wolken des Himmels«? *Wer* soll da kommen?

Das Erste, was wir denken sollten, wäre: Hoffnung bestehe [...] eben darin, dass jemand in seinem eigenen Wesen zu sich selber reift. Er erreicht nicht *etwas,* sondern was da auf ihn zukommt im Bilde des *Menschensohns,* ist im Grunde er selbst in dem, wozu er gemacht ist. [...] *Das* im Grunde ist es, was man *Himmel* nennt: ein langsames Wissen und Werden, was wir selber sind. *Hölle* ist ein Inbegriff für die Verzweiflung, dass Menschen nicht das sind, was sie sind, sondern aus lauter Selbsthass ganz anders sein möchten, als sie sind, oder dass sie zumindest nicht das sein möchten, als was sie sich erkennen; nie wollen sie sie selber sein – das ist der Inbegriff aller Verzweiflung, der Gegenbegriff aller Hoffnung.

Ein Mensch braucht mehr als nur Moral 273 f.; 278

Tod, Gericht und Zukunft des Menschen bei Gott

Wie viel an Angst vermitteln wir, wenn es im Unterbewussten oder sogar unserer Überzeugung nach nur dieses irdische Leben gibt, die paar Jahrzehnte, die wir hier existieren. Wie viel an erstickender Sorgfalt, an Käseglocken-Fürsorge müssen wir über den anderen stülpen, um ihn zu bewahren.

Wort des Heils – Wort der Heilung I, 94

***

Denn Gottes sind wir in Zeit und Ewigkeit. Er ist der Anfang und das Ende und Schutz und Begleiter auf dem Weg zwischen den Ufern.

Leben, das dem Tod entwächst 237

1. Unsterblichkeit: Das notwendige Wunder

Gründe, an die Ewigkeit zu glauben

Ich kenne viele Menschen, die unglücklich sind, und ich möchte helfen, und ich kann's nur sehr begrenzt in vielerlei Arten von Leid, die ein schreiendes Unrecht für die Betroffenen sind, und es hat eigentlich niemand die Schuld. Das ist für mich einer der Gründe, an so etwas wie Ewigkeit zu glauben. Und ich denke, dass die paar Jahrzehnte, die wir hier auf Erden leben, uns nicht gültig ans Ende bringen können. Und dass es vermessen ist, zu hoffen, das sei in jedem Fall nötig oder auch nur möglich.

Wort des Heils – Wort der Heilung IV, 79

***

Das ganze Geheimnis des Todes liegt darin, dass man sich mit ihm versöhnen kann, wenn man einen anderen Menschen an seiner Seite unendlich liebgewinnt. Nur in der Liebe erschließt sich die unendliche Schönheit und die absolute Notwendigkeit der Existenz eines bestimmten Menschen; nur in der Liebe taucht man gewissermaßen an den Anfang der Schöpfung zurück und vollzieht von innen her den Entschluss Gottes nach, der von Ewigkeit her wollte, dass es diesen einen besonderen Menschen gibt. Die ewig unbeantwortbare Frage aller Metaphysik: Warum ist etwas und nicht vielmehr nichts?, findet durch die Liebe ihre Beruhigung. Die Liebe weiß, dass es den anderen geben muss, macht vom Grund des Daseins her dankbar gegenüber Gott für das unermessliche Geschenk des Lebens. In der Liebe wird der andere zu einem Fenster, das die Welt hell macht und durchsichtig auf Gott hin, und umgekehrt wird seine Zuneigung zu einem Weg und einer Brücke, die von dieser Welt hinüberreichen in die Ewigkeit.

Für den Menschheitsglauben an die Unsterblichkeit des Einzelnen gibt es keine wichtigere Stütze als das Argument der Freundschaft und der Liebe – besteht die Liebe doch in nichts anderem als darin, die ganze Welt in ein magisch-poetisches Symbol zu vergeistigen, das an jedem Ort die Nähe des anderen symbolisch bezeichnet und in einer ewig zeitlosen Gegenwart heraufbeschwört.

Was uns Zukunft gibt 191–193

Von der Todesfurcht zum Leben mit den eigenen Grenzen

Die Lüge, mit der wir dem Tod begegnen, ist dieselbe, mit der wir uns weigern, wirklich zu leben. Wir verdrängen das Alter, wir meiden die Krankheit, wir halten den Schmerz nicht aus, wir wissen mit Trauer nicht umzugehen, es ist überall die gleiche schleichende Krankheit, die uns hindert, menschlich zu sein, es ist immer derselbe wahnsinnige Zwang, der uns nötigt, aus dem ganzen Leben eine endlose Party mit Geschwätz zu machen. Es geht um Gehaltsbezüge, um den nächsten Urlaub in Paris oder auf Sylt, um die kleinen Wehwehchen, deren wir Herr werden, und die großen Zusammenhänge, die wir nicht verstehen. Dies heißt nicht leben, und so ist es nicht menschenwürdig. […] Es hilft überhaupt nichts, wir müssen spätestens von fünfzehn an lernen, zu leben inklusive dem Wissen um die Endlichkeit, um die Begrenztheit unseres Daseins.

Dann aber gibt es sonderbare Dinge zu entdecken: Der Tod ist kein Würgeengel, er ist ein Zeichen unserer irdischen Existenz. Er ist weise und ein Lehrmeister, wenn wir ihn dafür nehmen. Er nötigt uns mit Sicherheit, uns in dieses Erdendasein nicht allzu heftig zu vergaffen, so als ob es eine andere Welt nicht gäbe und alle Rechnungen nach Hoffnung und Glück hier auf Erden sich bilanzieren ließen. […] Er steht vor uns und will uns und möchte, dass wir Antworten haben für unsere eigene Existenz, unableitbar, ohne Ausweichen, ehrlich. […] Wir sind nicht selbstverständlich, der Tod sagt es uns am allerdeutlichsten, und jede Zeitspanne irdischer Existenz trägt in sich ein Verlangen nach Unendlichkeit, nach Würde, nach Liebe, nach Ewigkeit.

Zwischen Staub und Sternen 233 f.

Für unsere Seele gibt es den Tod nicht

Die Natur meint uns nicht, und die menschliche Geschichte ist kein Ort, an dem der Einzelne seine Rechtfertigung finden könnte. Aber dass das Leben eines jeden Menschen, der auf diese Welt kommt, von Gott umgriffen ist und in alle Ewigkeit getragen wird, dass im Herzen eines jeden von uns eine unsterbliche Seele wohnt, darauf wartend und dazu berufen, Gott zu schauen, dies ist unsere Hoffnung, dies unsere Zuversicht. Diese Überzeugung gibt uns die Kraft, einander zu begleiten mit dem Blick auf die Schönheit unseres wahren Wesens, unseres wirklichen Glücks, unserer ewigen Bestimmung. Sie gibt uns die Gewissheit, dass wir einander begleiten dürfen in alle Ewigkeit. *Der Tod ist unwirklich.* Das Leben ist unsere wahre Bestimmung.

Markus I, 571

Die Unsterblichkeit als eins von vielen Wundern

Ob es überhaupt so etwas wie eine »Seele«, getrennt vom Körper, geben könne? Nun, auch wenn es keine »geistige Substanz« geben mag, die sich vom Körper trennen ließe, so gibt es doch deine eigene Person, und warum soll sie nicht von denselben Kräften, die dich unter den Voraussetzungen dieser irdischen Welt ins Leben riefen, am Ende deines Lebens noch einmal hervorgebracht werden? Ein solches Wunder wäre nicht geringer, als dass du überhaupt existierst, und selbst wenn du ganz richtig sagst: Ich kann mir ein Leben nach dem Tod durchaus nicht vorstellen, so bleibt doch die Frage: Wie hättest du jemals dir vorstellen können, es sollte dich oder die ganze Welt geben, als du und die ganze Welt noch gar nicht bestanden?

An den Grenzen der Medizin 130 (= *Der Herr Gevatter/Der Gevatter Tod/Fundevogel* 90 f.)

Unsterblichkeit der Schöpfung?

Es gibt keinen Gott, wenn es keine Unsterblichkeit gibt; denn gäbe es ihn und es wäre ihm gleichgültig und er erwiese sich als fühllos auch nur gegenüber dem kleinsten fühlenden Wesen, so wäre er gleichgültig uns, die wir denken und fühlen trotz unserer Kleinheit. Entweder alles kehrt wieder: die Quallen und die Möwen, die Wolken und die Warften, die Sonne und das Meer, oder alles ist nichts. Einzig um wiederzukehren, muss alles, was ist, hinübergehen in jenes Schimmern des Lichtes, dessen Form der Geist ist, ein Sein ohne Vorstellung, das wir nur ahnen. Es ist die ewige Wahrheit der Alten Ägypter: Alles ist nur ein Gleichnis, – nicht mehr und nicht weniger; alles ist eine Erscheinung im Übergang, eine magische Chiffre der Verwandlung *allen* Lebens in die Sphäre des Göttlichen. Nichts vergeht wirklich in den Stunden des Todes.

Ich steige hinab in die Barke der Sonne 246 f.

Unsterblichkeit der Tiere

Wenn ein Mensch sich des irdischen Leidens getrösten darf durch die Hoffnung auf den Himmel, wieso gilt dieser Gedanke dann nicht gleichermaßen für die Tiere? Sie leiden nicht anders als er. Ihre Angst und ihr Schmerz und ihr Wille zum Leben unterscheiden sich durchaus nicht von den Empfindungen und Strebungen des Menschen. Sind Menschen unsterblich, sind Tiere es auch. Nur in dieser Auslegung macht der Zentralsatz aller Religion Sinn; anders vergrößert er nur den Wahnsinn menschlicher Anmaßung ins Unendliche. Und steht diese Verwandtschaft von Mensch und Tier nicht *auch* in der Bibel? *Dem Menschen geht's wie dem Vieh: Wie dieses stirbt, so stirbt auch er, und sie haben alle einen Odem, und der Mensch hat nichts voraus vor dem Vieh; denn es ist alles eitel … Wer weiß, ob der Odem der Menschen aufwärtsfahre und der Odem des Viehes hinab unter die Erde fahre? (Pred 3,19.21)*

Moby Dick 322 f. (Zum Weiterlesen: *Ich steige hinab in die Barke der Sonne* 228–247)

Der Glaube an die Neuschöpfung durch Gott im Augenblick des Todes

Es wäre übrigens auch eine religionsgeschichtlich wichtige Gemeinsamkeit zwischen Kirche und Synagoge, zwischen Christentum und Judentum, an die Neuschaffung des Lebens in den Händen Gottes in dem Moment, da ein Mensch stirbt, gemeinsam zu glauben. Die Lehre der unsterblichen Seele, die die katholische Kirche dogmatisch im Erbe der platonischen Philosophie formuliert hat, muss nicht dazugehören. Jesus hat so nicht geglaubt. Aber dass Gottes Liebe stärker ist als der Tod und dass wir ewiges Leben als Hoffnung von Gott her in Aussicht gestellt bekommen, wäre eine gemeinsame Überzeugung beider Religionen, besser gesagt: aller drei Religionen, denn der Islam gehört unbedingt mit dazu.

Wer hat, dem wird gegeben 109

2. Ganz werden und ewig lieben

Der Generalpardon des Jüngsten Gerichts

Womöglich besteht ja die Vorstellung selbst von einem Jüngsten Gericht gerade nicht in der Auslieferung von Verdammten an ihre höllischen Quälgeister, sondern umgekehrt darin, dass die Verdammten dieser Erde endlich aus ihren Höllenqualen befreit würden, indem sie der Macht einer ewigen Liebe gegenüberträten, die von Ewigkeit her möchte, dass sie sind, und der sie es glauben können, selbst sein zu dürfen.

Wege und Umwege der Liebe 25

Gericht, Fegefeuer, Himmel – Gott, die reine Liebe, gibt den Menschen sich selbst zurück

Wenn das *Christentum* irgendeinen Sinn macht, dann sollte man denken, Gottes Art, den Menschen zu sehen, bestehe darin, ihn als Subjekt, als Für-sich-Sein vollkommen sich selber zurückzugeben. Das aber ist nur möglich, wenn gerade das gilt, was Jesus sich vorstellte: dass Gott die *reine Liebe* sei. Tatsächlich gibt es keine gründlichere Art, sich selber zu »richten«, als einem anderen gegenüberzutreten, der uns nur liebt und nichts weiter von uns erwartet, als dass wir selber sind. Plötzlich erscheinen all die Abweichungen, die Ausreden, die Lügen, die Kleinkariertheiten unseres Lebens uns selber unerträglich. Plötzlich spüren wir, wie oft wir uns selber Unrecht getan haben aus lauter Angst, und es tut uns bitter leid; so wollten wir nicht sein, so hätten wir nie sein mögen! Je tiefer wir reifen in dem Vertrauen zu der Liebe eines anderen, wächst unser wahres Wesen auf und sprengt sich alles weg, was uns je verstellt hat. Eine andere Form, wie Gott uns »richtet«, ist überhaupt nicht möglich, als dass er uns *auf*richtet zu uns selber und uns »hinrichtet« zu dem, wozu er uns gemacht hat. Man mag diesen Übergang reifender Wandlung als *Fegefeuer* bezeichnen, wie die katholische Kirche es lehrt. Das Fegefeuer, sagt sie, ist ein Zustand, in dem die »armen Seelen« wissen, dass sie in den Himmel kommen, aber eben noch nicht dort sich befinden; sie *leiden* noch an dem, was sie getan haben, gerade weil der Himmel ihnen sicher ist.

Wenn man die mythologischen Begriffe dieser Dogmatik einmal ins Symbolische übersetzt, dann müsste man sagen: Es gibt nichts Peinigenderes, als zu spüren, wie unnötig all die Ängste und Fehler waren, die wir im Moment, da wir ihnen ausgeliefert waren, für unausweichlich hielten. Plötzlich entdecken wir eine Freiheit, wie wir sie nie kannten, und dann ist es sogar möglich, dass, je besser wir uns selber verstehen und wir mit uns mehr identisch werden, auch das Verstehen für alle anderen Menschen wächst und größer wird. Am Ende ist der *Himmel* die Verbundenheit aller Menschen im Glück, eine Verbundenheit, die wir ursprünglich nur in dem Wissen einer tiefen Bedürftigkeit fanden, die wir alle teilen, eines Mangels und einer Entbehrung, von der wir alle gezeichnet sind. Am Ende ist es die Seligkeit, zu spüren, dass es überhaupt nur Menschen gibt, die auf je ihre Weise mit ihrer Angst, mit ihren Qualen, mit ihren Abhängigkeiten, mit ihren Unzulänglichkeiten zu leben versuchten. Sie alle waren unterwegs; doch nun finden wir uns wieder, und kein Tod mehr hat die Macht, uns voneinander zu trennen. So wäre der *Himmel*, so wäre Gott, so richtete Gott, meinte Jesus, das wäre seine »Gerechtigkeit«.

Ein Mensch braucht mehr als nur Moral 580 f.

Vor Gott kommen wir endlich zu uns

Eine sehr schöne Vorstellung, speziell der katholischen Kirche, war und ist es, dass man im Moment des Sterbens in ein persönliches Gericht eintritt. Ich möchte das so wiedergeben: Sterben bedeutet, unter die Augen der Kraft und der Güte zu treten, die gewollt hat, dass wir sind. Und es wäre möglich, wir erführen unter den Augen Gottes das eigentliche Thema unseres Daseins noch einmal vollkommen, wir könnten begreifen, wozu wir bestimmt waren, wir würden deutlich fühlen, worin wir gefehlt haben, aber wir würden angesichts Gottes am meisten leiden wegen der Augenblicke, in denen wir zu kurz geraten waren aus Angst. Wie viel Dummheiten haben wir machen zu müssen geglaubt, um uns zu schützen, zu verteidigen, um hochzukommen. Und das alles war nicht nötig, weil es Menschen wehgetan hat.

Wort des Heils – Wort der Heilung III, 134 f.

Die Hölle ist moralisch undenkbar

Einen »Himmel« mag es und muss es wohl geben, wenn irgend es Sinn macht, sich vorzustellen, wie Menschen sich fühlen, die mit Gott »eins« sind – ganz getragen und durchdrungen von Liebe, ganz weit geworden in Güte, ganz *frei* in der Überwindung der Angst durch Vertrauen; eine »Hölle« aber gibt es gar nicht, so wenig es Menschen gibt, die endgültig verloren sind. Wohl kann es sein und wird es immer wieder so sein, dass *unsere* Kraft zu lieben sich allzu rasch erschöpft, um einen Menschen von Grund auf zu umfangen, doch Gott, der die Liebe selbst ist, werden wir gerade das zutrauen können. An so etwas wie eine »Hölle« zu glauben bedeutet, entweder der Liebe oder der Allmacht Gottes Grenzen zu ziehen – oder man müsste einem Wesen, das auf die Liebe hin geschaffen ist, sodass es ohne sie *unglücklich* wird bis zum Unvermögen, überhaupt noch leben zu wollen –, man müsste *dem Menschen* zutrauen, er sei imstande, *in Freiheit* sich der Liebe zu verweigern! Wer in der Rede von der »Hölle« etwas anderes sieht als ein Bild für den Entscheidungsernst des menschlichen Daseins, der verleumdet entweder Gott, oder er verleumdet den Menschen, und beides nur um einer Kirche noch länger recht zu geben, die ersichtlich von Gott *und* vom Menschen zu klein denkt, nur um sich selbst allzu groß zu machen.

Es ist dies [Mt 22,1-14] mithin eine der nicht wenigen Stellen, an denen wir den Geist und das Anliegen der Botschaft Jesu über den Wortlaut stellen müssen, in dem sie sich entsprechend den Vorstellungen der Zeit damals artikuliert haben.

Matthäus III, 83

Im Himmel dürfen wir ganz sein

Es gibt aber keinen Himmel, in den Menschen zur Hälfte hineingelangen; der Himmel als Zustand der Glückseligkeit ist einzig der der Integration, des *ganzen* Lebens, des Nicht-verstümmelt-Seins, des Heil-Werdens. Da gibt es keine Notverordnung der Abtrennungen, nicht die Logik des Fuchses in der Falle, der sich das Bein oder den Schwanz wegbeißt, um ein bisschen Freiheit zurückzugewinnen. Da lässt sich nicht trennen und aufspalten zwischen Gut und Böse im Menschen und zwischen den Menschen. Es gibt nur einen Himmel, in dem wir alle gemeinsam sind, und kein Entweichen voreinander, sondern nur ein geschwisterliches Wiedersehen. Und es gibt keine Verurteilung, sondern das Beste am Menschen wird bleiben für immer: die Güte, das Verständnis und das Ringen umeinander und die Freude eines Reichtums, den Gott uns anvertraut.

Wenn der Himmel die Erde berührt 116 (1982) = 141 f. (2004)

Das Paradies als verewigtes Liebesglück

Natürlich malt sich auch das Jenseits nur in den Spiegelungen dieser Welt. Dennoch wird dabei das Irdische zur Verheißung und zum Versprechen einer ewigen Heimat, wie wenn wir hinfänden zu unserem eigentlichen Ursprung, zu einem Ur-Bild des Paradieses. Die Erde gewinnt ihren Mittelpunkt zurück, unser Leben zentriert sich um die richtige Achse, unser Dasein ordnet sich und findet sein Maß, gelangt hin zu der Stelle, wo der Himmel die Erde berührt und Gott unser Herz umschließt. [...]

Aber wie wird es sein in einem himmlischen Jerusalem? Es wird so sein, meint die Geheime Offenbarung, dass man sich eine Stadt denken muss, die geschmückt ist mit Liebe. So gibt es manche Nachmittage, an denen beginnen die Steine zu reden in der Sprache der Sehnsucht, und alle Mauern reden Worte der Liebe, und der Wind in den Straßen flüstert Worte der Zärtlichkeit. Und alles redet nur von den Menschen, denen man am nächsten ist in der Liebe. [...]

Wir werden Gott nicht sehen können mit den Augen unserer Endlichkeit, aber wir werden ihn unter uns spüren im Kraftfeld der Liebe, seine Stimme wissen im Gesang der Poesie und seine Nähe unvergesslich, deutlich, bis zur Grenze des Sichtbaren, in den Augen des anderen fühlen. [...] Es werden jenseits der Marke des Todes die Unterschiede zwischen den Menschen nicht aufhören, denn sie bedingen, was wir als Personen sind; die Unterschiede zwischen Mann und Frau werden nicht aufhören, denn unterschiedlich malt sich die Welt in der Seele eines Mannes und im Herzen einer Frau, die Liebe bedarf dieser Unterschiede. Aber es werden aufhören die Unterschiede der Kulturen, der Rassen und Nationen. Bleiben wird nur, was wesentlich ist im Gesang der Ewigkeit. Einzig so kann man sich eine Ewigkeit »vorstellen« – in der es keine Traurigkeit und keine Klage, keine Mühsal und keine Tränen gibt. In Ewigkeit können wir wünschen und hoffen, aufeinander zuzureifen und immer tiefer uns zu verwurzeln in dem gemeinsamen Grund der Liebe, die wir Gott nennen. Denn Langeweile schließt die Liebe aus, Müdigkeit und Herzensschwäche verträgt sich nicht mit ihrer Begeisterung, und der nie erlahmende Schwung des Glücks wird uns verbinden mit uns selber, miteinander und darin als sein Volk in Ewigkeit mit Gott.

Was uns Zukunft gibt 216–218

Gott verbirgt den Himmel vor unserer Phantasie, damit wir die Sehnsucht nach ihm ertragen können

»Aber«, wird man vielleicht sagen, »wir kennen doch den Himmel nicht. Wir haben keine Vorstellung, was jenseits unserer sinnlichen Erfahrung sein könnte.« Und man wird sagen müssen: »Es ist gut so.« Denn schon die flüchtigen Ahnungen, die uns den Himmel nahebringen, machen uns das Leben auf der Erde schwer. Und warum sollte Gott für uns eine unnötige Last bereiten durch zu viel Wissen von unserer endgültigen Bestimmung? Vielmehr verhält es sich mit uns so wie mit den Schwalben im Spätherbst. Keine von ihnen, die im Sommer auf die Welt gekommen ist, weiß vom Land ihrer Bestimmung. Eine jede von ihnen hat Angst in ihrem Herzen vor den Gebirgsmassiven und der schier unendlichen Weite der Meere, aber sie trägt in sich Bilder zu ihrer Orientierung, die ihr zeigen, wie sie den Weg finden muss, um zu ihrer Bestimmung zu gelangen. Unser Wissen um Unendlichkeit, Gerechtigkeit und Heiligkeit weist uns den Weg, auf dem wir zurückfinden zu unserer ewigen Heimat.

Und dann haben die Alten recht, die sagten: »Es wird im Tod so sein, dass deine Seele sich erhebt, um zu verschmelzen mit dem Licht der Sterne.« Ihr Versprechen gilt. Wir werden einander nie mehr aus den Augen lassen. Wenn unser Leben am dunkelsten ist, werden wir aufschauen können zu den Menschen, die wir lieben. Nie werden sie uns verlassen. Sie werden durch den Tod vielleicht für kurze Zeit von unserer irdischen Existenz getrennt sein, aber über uns leuchten, sodass wir den Blick schon jetzt zu ihnen erheben, dass wir in ihrem Glanz spüren: Wir werden erwartet werden, wir werden uns wiedersehen.

Daß alle eins seien 12

V. Miteinander leben

Menschen finden zueinander

1. Ein Mensch, der heilen will

Wunsch, ein Brückenbauer zu sein

Das Einzige, was man tun kann, ist, die eigene Mentalität oder Person, so weit es irgend geht, von Ängsten oder Störungen freizuhalten, so dass sie zu einem Spiegel wird, in dem der andere sich wirklich sehen kann. Also mit möglichst wenig Verzerrungen, möglichst wenig Brechungen. Man sollte imstande sein, den anderen so zu verstehen, wie er sich meint. Für mich ist immer die schönste Erfahrung, wenn es mir gelingt, das, was ein anderer sagt, so in Bildern auszudrücken, dass er antwortet: »Das ist ja genau das, was ich dieser Tage geträumt habe.« Das zeigt mir, dass es stimmt, und führt dann auch meistens weiter. Und das möchte ich eigentlich. Ich möchte Brücken bauen in ein Reich der Träume, wo Menschen Götter sind.

Wort des Heils – Wort der Heilung I, 131

Wege, um aufzuräumen

Während meines Theologiestudiums habe ich mich hauptsächlich für Philosophie und Literatur interessiert: Dostojewskij, Sartre, Kierkegaard. Von da ausgehend, dachte ich, vor allem für menschliche Probleme der Angst und der Bedürftigkeit für Gnade ein gewisses Verständnis zu haben. Ich war dann sehr überrascht, gleich bei meiner ersten Vikarstelle zu erleben, dass ich auf die Fragen, die die Leute wirklich hatten, überhaupt nicht vorbereitet war. Ich war damals in einem Kurort tätig, und die Leute kamen mit allen möglichen Problemen, so unter anderem mit psychosomatischen Erkrankungen, völlig chaotischen Liebesverhältnissen, anfallartigen Ängsten und mit psychoneurotischen Symptomen. [...] Und mir war ganz deutlich, dass die Leute nur litten, dass sie sicher nicht schuldig waren an allem, was sie machten, dass sie im moralischen Sinne nicht schuldig waren. Und dass sie einen Anspruch darauf hätten, von Seiten der Kirche, von mir als Priester, darauf Antworten zu bekommen. Und die konnte ich überhaupt nicht geben. Und dann bin ich zur Psychoanalyse gekommen und habe anfangs noch geglaubt, ich studierte das für die Leute, um ihnen helfen zu können, so hochmütig war ich damals noch. Das hat eine Weile gedauert, bis ich merkte, wie sehr mir das selber an die Nähte ging und dass vielleicht all die Worte, die Bilder und die Glaubenslehren, die ich als Theologe gelernt hatte, stimmen mochten, aber die Art, wie sie angewandt wurden, in mein Leben einbezogen worden sind, so nicht stimmen konnte. Mir schien klar, dass alles, was Freud gesehen hat, wirklich existiert. Die Theoriebilder könnte man vielleicht anders formulieren, aber die Phänomene, die er beschreiben wollte, gab es alle. Das stand für mich fest, und also unterlag ich der Notwendigkeit, meine eigene Glaubensform, mein Glaubensverständnis völlig umzubauen. Und das geschah damals durch die Promotion und Habilitationsarbeit, durch die drei Bände »Strukturen des Bösen«. Das war mein Versuch, in drei Bänden die drei Methoden, aber vor allem die drei Ebenen Glauben, Fühlen und Denken, Philosophie, Psychoanalyse und Exegese an einen Tisch zu holen. Von da ausgehend, dachte ich, dass der zentrale Begriff auf der Negativseite der menschlichen Existenz in der Angst liegt – das wusste ich von der Existenzphilosophie auch vorher schon, konnte es aber jetzt viel konkreter auslegen durch die Psychoanalyse, durch die Verhaltensforschung, durch vielerlei Dinge der Evolutionslehre – und dass das Gegenstück dazu im Begriff des Vertrauens, des Glaubens liegen müsste.

Ich habe mir dann gedacht, dass es erst einmal nötig sei, Hindernisse wegzuräumen, den Überhang der Moraltheologie abzuschaffen. Dazu habe ich drei Bände geschrieben über Psychoanalyse und Moraltheologie, um zu sagen: Alle Probleme liegen zunächst einmal auf der Existenzebene, und man kann nicht Verhaltensweisen isoliert von den Personen, von ihren Motivationen, ihren Handlungsgeflechten beschreiben – und dann womöglich verurteilen. Man muss sehen, wie Menschen zu den einzelnen Ausdrucksverhaltensweisen, zu ihren Handlungen aufgrund bestimmter Haltungen kommen. Die muss man verstehen, und dazu braucht man das Organ der Psychoanalyse. Dann wird auch die Moraltheologie anders aussehen, zum Beispiel im Umgang mit der Wiederverheiratung Geschiedener, im Umgang mit Homosexuellen, mit allen möglichen Formen von Perversion, von Irritation, von Neurosen. All die Fragen von Lüge, Selbstmord, Euthanasie kriegen ein anderes Kolorit, wenn man begreift, was sich im Menschen, oft im Hintergrund der Angst, konkret abspielt und wie sehr alle Menschen auf Gnade angewiesen sind.

Dann kam als nächster Streich die Exegese dran mit zwei Bänden »Tiefenpsychologie und Exegese«. Ich versuchte zu zeigen, dass man die Bibel tiefer versteht, wenn man sie von den Personen her, die da beschrieben werden, auszulegen versucht, nicht von bestimmten Fakten oder Theorien her, als deren Statisten die Menschen in der Bibel fungieren sollen. [...]

Und so sitze ich jetzt an einer Interpretation des Markus-Evangeliums, um bei der Gelegenheit auch zwei Einwände zu widerlegen, die immer wieder gegen die Psychoanalyse gemacht werden, nämlich, sie verleugne das Leiden. Das tut sie aber nicht, im Gegenteil, sie mutet dem Menschen zu, auf dem Weg zu sich selber ganz enorm viel an verdrängtem Schmerz überhaupt wieder aus dem Brunnen des Vergessens hochzuholen. Und der zweite Einwand ist der: Die Psychoanalyse könne vielleicht hie und da einmal eine Geschichte interpretieren, aber ganz sicher nicht ein Evangelium, eine ganze Redaktionskomposition eines Evangeliums mit eigenem Schwergehalt und theologischen Absichtsgedanken. Ich glaube, dass sich gerade im Markus-Evangelium zeigen lässt, wie der Gegensatz von Gott und Teufel auf dem Terrain der menschlichen Geschichte ein mythisches Grundmuster im Hintergrund bietet, das man eigentlich nur von der Tiefenpsychologie her verstehen kann. Das alles sind Wege, um aufzuräumen.

Wort des Heils – Wort der Heilung I, 169–171

2. Die Fähigkeit zur Vergebung

Nur wer nicht anklagt, beruhigt; nur wer beruhigt, versteht; und nur wer versteht, mindert das Böse.

Strukturen des Bösen III, 584

***

Was uns trägt, ist weder Ethik noch Justiz. Es ist die religiöse Sphäre der Gnade, die uns leben lässt.

Wer hat, dem wird gegeben 48

***

Wie viele Wege muss man mit Menschen gehen, ehe sie nach Hause finden?

Leben, das dem Tod entwächst 249

Überall sind Menschen, die uns brauchen

Menschen, die uns am meisten brauchen – es genügt, sich auf sie einzulassen, und sie werden uns umkreisen und umkreischen wie Möwen wintertags an einem Nordseestrand: ein Brotstückchen, hoch in den Wind geworfen, und sie werden es einander abzujagen trachten; es ist der gleiche nie endende Hunger, es ist die gleiche nie zu tilgende Bedürftigkeit, die sie zusammentreibt.

Lukas I, 352

Vergeben heißt hinhören

»Ich vergebe dir« heißt ja keinesfalls: »Ich finde alles gut, was du machst, ich akzeptiere es, ich betrachte es genauso wie du als richtig.« »Ich vergebe dir« in diesem Sinne kann z. B. heißen: »Was du machst oder was du grade sagst, findet eigentlich meinen heftigsten Widerspruch, ich sehe darin ein schweres Problem für dich selbst und auch für mich, ich bin überhaupt nicht damit einverstanden, aber ich sage dir, deshalb möchte ich verstehen, wie du dahin kommst, erklär's mir, was sind die Hintergründe? Was hast du erlebt, dass du die Dinge so siehst? Das will ich verstehen, denn mir liegt an dir, ich lasse dich damit nicht fallen.«

Und legte ihnen die Hände auf 30

Der lange, erleichternde Weg des Vergebens
Die wichtigste Voraussetzung zur Vergebung besteht darin, zu merken und zu wissen, dass man an der Stelle des anderen vermutlich nicht den Deut besser oder anders gewesen wäre als er und dass das, was sich in ihm ereignete, genau so in einem selber hätte vor sich gehen können. [...] Und da gilt es, vor allem zu begreifen, dass es kein Böses gibt, das wir einem anderen zufügen, wir hätten es denn zunächst uns selber zugefügt. Begreifen müssen wir, dass wir keine Lüge sprechen können, ohne uns selber zu betrügen, dass wir mit jeder Unzucht ein Stück von der eigenen Würde preisgeben und dass wir mit jedem chronisch gewordenen Hass auf andere immer zugleich auch ein Stück persönlicher Liebenswürdigkeit einbüßen und an Wertschätzung unserer selbst mit Füßen treten. [...]

Üben aber ließe sich und nötig wäre es, im Herzen eines jeden eine *Sprechkultur* aufzubauen und zu pflegen, die es ihm ermöglicht, von den peinlichen, schmerzlichen, oft schon vergessenen Dunkelseiten des eigenen Herzens und der eigenen Vergangenheit, wenn auch zunächst nur stotternd, zögernd, würgend, mit zugeschnürter Kehle oft, weinend zuerst, schreiend und fluchend, wie auch immer, doch schließlich womöglich dankbar, leiser, ruhiger und eines Tages hoffentlich sogar einmal lachend zu sprechen. [...] In der Unzerstörbarkeit der Liebe entdeckt man, dass die Wunden, die man empfangen hat, und das Leid an der eigenen Schuld uns selber und den anderen liebenswert und kostbar machen können, dass Wunden sich zu verklären vermögen und man am anderen und an sich selber schließlich nichts mehr auszusetzen findet, sondern ganz im Gegenteil: dass man inmitten des Leidens den Worten Gottes begegnet und viele Gründe findet, dankbar zu werden: dem anderen für sein Verständnis und für seine Güte, und Gott, der auf den krummsten Wegen gerade zu schreiben beginnt. Am Ende ist all das, was war, womöglich nur der lange Weg, auf dem wir diejenigen Menschen wurden, die wir sind – wunderbare Menschen, würden wir uns selber sehen können, wie Gott ganz sicher jeden Tag uns sieht und wie er möchte, dass wir selbst uns eines Tages sehen lernen.

Ich steige hinab in die Barke der Sonne 201–204

Einen Menschen sich aussprechen zu lassen, setzt religiöse Weltsicht voraus

Was uns den Mut gibt, einen anderen Menschen aufzufordern, sich auszusprechen, er möge wagen, seine Person mitzuteilen, ist diese Weltsicht der Religion. Auf dieser Erde, unter Milliarden Menschen, hat jeder Einzelne von uns Worte, die nur er sagen kann, niemand für ihn, niemand an seiner Stelle, und er muss sie sagen, sonst würde etwas Wesentliches in dem Konzert der Welt fehlen. Es ist dieser feste Glaube von uns Christen, dass Gott uns einzig deshalb geschaffen hat, damit wir das Wort, das in uns lebt, der Welt mitteilen. Sonst wäre unser Leben sinnlos. Wir sind nicht gemacht, gehorsame Sklaven fremder Befehle und Anweisungen zu sein. Wir haben den Beruf, zu existieren nach der Art von Künstlern, die auf ihre Weise die Welt so sehen, dass sie unvertauschbar eine Wahrheit verkündet und offenbart und allen anderen zeigt. Es gibt etwas, das dürfen wir uns nicht aus dem Mund stehlen lassen.

Und legte ihnen die Hände auf 123

Gott ist dort, wo Menschen zu ihrem eigenen Leben finden

Da, wo Menschen sich selber zurückgegeben werden, ist, ob davon die Rede ist oder nicht, auch Gott gegenwärtig. Keine bessere Verkündigung ist als ein Mensch, der zu leben beginnt, und der schönste Lobpreis Gottes ist ein glücklicher Mensch. Wem das zu wenig ist, der hat keine Ahnung, wie gefährdet wir wirklich sind, wie ausgespannt zwischen Himmel und Abgrund. Dies, einen Menschen lebendig zu machen, ist das einzige Wunder in der Nähe Gottes; wer da auf andere wartet, vertut sich oder macht aus dem Evangelium einen abergläubischen Humbug. Denn so ist Gott nicht, dass er irgendetwas sternschnuppenartig an uns vorbei in unser Leben fallen lässt. Das ganze Evangelium besteht darin, dass wir es durch uns leben auf den anderen hin, und dann wird man sehen, was stimmt. Da mag man staunen und dankbar sein, aber es ist am Ende alles, was der Gott Israels zu sagen hat. Dies, dass er mit uns geht, ist die einzig wichtige Erfahrung der ganzen Bibel, und dass er bei uns ist und möchte, dass wir leben. Die Verherrlichung Gottes besteht darin, gemeinsam zu kämpfen gegen jede Art von Krankheit, die aus Angst, Mutlosigkeit, Verzweiflung und Enge entsteht. Und das beste Gebet, das wir an Gott richten, ist dieses: uns aufzurichten und gerade zu gehen und hellen Auges zu blicken und mutig zu sprechen das bisschen Wahrheit, das wir leben können.

Und legte ihnen die Hände auf 131

Religion und Alltag

Motor des Suchens, kein Rezeptheft

Mächtig ist die Religion, als Motiv, als Motor – als Quelle des Suchens und Hoffens, doch untauglich ist sie als Landkarte oder Wegweiser. Einen Menschen verstehen zu wollen, kann ein guter Grund sein, Arabisch zu lernen, doch keinerlei Kenntnis der Vokabeln und Grammatik der arabischen Sprache geht aus diesem bloßen Verstehenwollen hervor. Einem Menschen aus seinem sozialen Elend helfen zu wollen, kann ein wichtiges Motiv sein, sich für Entwicklungshilfe, Volkswirtschaftslehre oder Sozialökonomie zu interessieren; doch ist es nicht möglich, gestützt auf die Bibel, irgendeine Antwort auf die Frage zu gewinnen, wie viele Menschen auf diesem Planeten beim heutigen Stand von Politik und Technik leben können, welche Formen der Energiegewinnung gegen Ende des zwanzigsten Jahrhunderts am intensivsten zu fördern sind, welche Formen von Rüstung oder Abrüstung ein bestimmter Staat in einer bestimmten geschichtlichen Lage sich leisten kann oder sich auferlegen muss, welche Hilfsmaßnahmen in einem Land der »Dritten Welt« so einzurichten sind, dass nicht nach wenigen Jahren scheinbaren Aufblühens der Zusammenbruch ganzer Ökosysteme zu erwarten steht, und anderes mehr. An jeder Stelle gilt es, die politischen Aufgaben von ihren ethischen Vorgaben zu unterscheiden und das, was Menschen »machen« können, nicht mit dem zu verwechseln, was nur Gott uns schenken kann.

Matthäus I, 152

1. Partnerschaft und Sexualität

Liebe ist eigentlich das einzige Gut, das man ständig teilen kann, ohne dass es weniger wird.

Wer hat, dem wird gegeben 130

Voreinander wieder ungeschützt sein dürfen

Es ist ein wunderbares Bild der Bibel, wenn sie einmal sagt: Am Anfang, noch vor der Kulturwerdung im Paradies der Welt, in der Einheit mit der Natur, vermochten Menschen voreinander nackt zu sein, ohne sich zu schämen. Was da als Wesensbeginn ist, ist Ziel und Ende aller wirklichen Liebe. Man darf so werden, wie man ist, sein und bleiben, was in einem angelegt wurde, und es ist die Schwäche, sich ergänzen zu lassen durch den andern, die Bitte um Hilfe keine Schuld mehr, und das eigene Wesen hört auf, ein Geheimnis im Verborgenen zu bleiben. Da endet der Geschlechterkrieg, da endet der Wahn: Wenn ich mich einlasse auf den andern, schwächt es, die Frau und den Mann – die Liebe als Kraftberaubung. In Wahrheit ist sie die einzige Energie, die uns leben lässt, die alles durchströmt und nach der zu suchen wir uns erlauben sollten, bis sie uns glücklich macht, statt zum Einsturz von allem zu führen.

Den eigenen Weg gehen 350 f.

Frau und Mann ergänzen sich (zu Gen 2)

Die Frau – erklärt uns die Mythe – sei geschaffen worden aus der Rippe Adams, sie liege ihm wie eine Wunde am Herzen, und diese könne sich nur schließen in der Begegnung mit der Frau, die so gebildet worden sei. Die Frau erscheint da als die Gestalt gewordene Sehnsucht, als der Traum eines langen Schlafes, der zum Leben erweckt wurde. So begegnen sich im Paradies der Welt die beiden Menschen. Sie denken nicht an Nachkommen, sie finden ein unendliches Glück einfach darin, sich zu begegnen. Und wie in Erinnerung dessen beginnt in der romantischen Dichtung sowie in Philosophie und Religionsauffassung eine Wandlung in der Vorstellung von der Ehe: Sie soll sich nicht mehr gründen auf biologische Zwecke und auf soziale Zwänge; sie soll sich gründen auf die Sehnsucht des Herzens. Nur die Liebe soll ausschlaggebend dafür sein, wer zu wem gehört. Liebende gehören zusammen.

Dieses in gewissem Sinne revolutionäre Verständnis der Romantik von der (bürgerlichen) Ehe als einer reinen Liebesgemeinschaft spricht zweifellos eine tiefe Wahrheit aus: Die Ehe ist (oder sollte sein) eine Seelenverbundenheit zwischen zwei Personen; nur: Braucht, wenn es so steht, die Liebe überhaupt noch die Ehe?

Die Zehn Gebote 119 f.

Abwertung der Frauen: Selbstverstümmelung der Männer

Die Frau hat bis heute in der katholischen Kirche nicht wirklich etwas zu sagen. Sie ist Putzfrau, Kinderbetreuerin, vielleicht Küsterin; sie verrichtet Hilfsdienste. Aber diejenigen, die die Kirchen füllen – die Frauen –, sind zugleich diejenigen, die von der klerikalen Männerherrschaft vollkommen in Schach gehalten werden – bis zu Verfügungen in die Intimsphäre hinein [...] Die Frage ist wirklich, warum sich die Frauen das immer noch bieten lassen, vor allem in der katholischen Kirche; warum sie gehorsam sind unverheirateten Männern, deren Ödipuskomplex eine Resonanz findet im Unglück von Frauen. Allerdings müssen wir auch sagen, dass mit der Abwertung der Frau und ihrer Verleumdung als eines bloßen Triebwesens zugleich die Männer abgewertet werden. Sie sind versuchbar, und sie sind schwach, soll man denken; sie brauchen nur eine bestimmte Frau zu sehen, und sie sind gleich bereit zum Ehebruch. Sie sind überhaupt nicht die Herren, weder über sich selber noch über die Frauen. Sie sind manipulierbar, und es genügt, dass eine Frau sich ein bisschen anders anzieht, und sie kann die Männer völlig schachmatt setzen – mit den Waffen einer Frau. Die Abwertung der Frau – man kann das nicht klar genug sagen – ist immer auch eine Abwertung der Männer.

Die Zehn Gebote 165

Männliche Dominanz ist eine Form des Sündenfalls

Man hat oft der Bibel vorgeworfen, eine durch und durch patriarchale Theologie und Anthropologie zu vertreten, und das mit Recht. Doch gerade die »Sündenfall«-Mythe, die in diesem Zusammenhang immer wieder herangezogen wird, folgt überraschenderweise einem ganz anderen Denken: Für den Jahwisten zählt der Patriarchalismus, weit entfernt, als bloße Naturtatsache zu gelten, zu einer der »ersten«, das heißt *grundlegenden* Folgen eines Urabfalls, der ein Verhältnis der Wechselseitigkeit und der Ergänzung in ein gewalttätiges Machtausüben auf Seiten des Mannes und in ein qualvolles Kinder-zur-Welt-Bringen unter Schmerz und Gefahr auf Seiten der Frau verformt. [...]

Der Grund dafür aber liegt in dem *Gefühl* der Scham, die der eine jeweils vor dem anderen empfindet (Gen 3,7). Während es in der Liebe die größte Freude darstellt, voreinander »nackt« zu sein und gerade ohne alle Hüllen und Verkleidungen gemocht und begehrt zu werden (Gen 2,25), ist durch den »Sündenfall« etwas in den Menschen eingebrochen, das ihm alle »Unschuld« raubt und die bloße Tatsache, so zu sein, wie er ist, mit dem Gefühl des Schändlichen und Ungehörigen belegt. [...] Alle Psychologie von Minderwertigkeitsgefühlen und Überkompensationen, von Machotum und Dominanzverhalten aus uneingestandenen Selbstwertzweifeln, von zerstörten Beziehungen aus Angst vor der Wahrheit findet hier ihren Anhalt.

Jesus von Nazareth 131

Vorbild: das unbefangene Zusammensein Jesu mit Frauen

Jesus hat beides *nicht* gelebt, weder hat er einen Orden gegründet, nach qumranischem Vorbild, noch hat er geheiratet. Jedenfalls ist das dem Neuen Testament so gleichgültig, dass wir davon kein Sterbenswörtchen hören. Was er gelebt hat, ist die Freiheit eines Umgangs miteinander, sodass Zärtlichkeit, Freundschaft und Nähe wie selbstverständlich waren, und seine Art, mit Frauen umzugehen, sogar Frauen als Freundinnen zu haben, wie Maria von Magdala oder Martha und Maria, die Schwestern des Lazarus, für ihn als normal galt. Ich sehe uns im Christentum davon weit entfernt. Ich kann Zölibat und Keuschheit nicht so verstehen, als sei damit die Liebe zwischen Mann und Frau verboten. Mir schwebt manchmal vor, obwohl ich mich selber noch ein ganzes Stück davon entfernt fühle, dass damit im Grunde gemeint sein könnte, eine Form der Begegnung, der Zärtlichkeit, des Umgangs miteinander zu finden, die dem anderen hilft zu leben, ihn aufrichtet, die Nackte bekleidet und ganz sicher nicht mit roten Ohren davor wegläuft.

Wort des Heils – Wort der Heilung III, 149

Sexualität ohne Liebe?

Was haben wir in den letzten zehn, fünfzehn Jahren uns abturnen müssen auf Irrwegen hin zur Sexualität, zum Glück der Äußerlichkeit. Dass man die Sehnsucht verwandelt hat in Konsum, selbst im Umgang miteinander, die Liebe reduziert hat auf den Ausdruck, »wie man's macht«, hat die Seelen verwüstet, die Poesie zerstört, den Geist genommen. […] In der Liebe ist der Geist vollständig, unverstellt und wahr, und wir verehren ihn in aller Zärtlichkeit, in aller Empfindsamkeit, in jedem Hauch der Güte, in dem wir nicht planen, sondern hören, nicht machen, sondern erwecken, nicht durchsetzen, sondern finden. Wie viel Leid werden wir noch brauchen, um die Äußerlichkeit nicht mehr zu ertragen? Wie viel noch werden wir töten müssen, um zu wissen, dass nur der Geist lebendig macht?

Daß alle eins seien 61

Das Begehren als Wegbereiter der Liebe –
Lektionen aus »Brüderchen und Schwesterchen«

[D]as Problem speziell der sexuellen Entwicklung liegt gerade darin, dass sich als Erstes nicht, wie die christliche Moral es verlangt, eine »personale Beziehung« ergibt, die am Ende auch die Sexualität »heiligen« bzw. legitimieren würde, sondern dass umgekehrt die Sexualität sich mit der Wucht eines Triebbedürfnisses meldet, das allererst dazu nötigt, sich auf die Suche nach einem geeigneten Partner zu begeben; eben dies aber: Ein Verlangen – man weiß kaum, wonach – ist das Beunruhigende und Ängstigende erwachender Sexualität in der »Hitze« der Gefühlssehnsucht und im »Durst« ungestillten Verlangens.

Brüderchen und Schwesterchen 44

»Leben wie die Engel« (Mt 22,30):
Lösung von jeder festen Sexualethik auf Erden

Was wäre, wir würden die unglaubliche Aussage Jesu, jenseits des Todes werde doch nicht geheiratet, sondern die Menschen seien »wie die Engel«, einmal ganz buchstäblich nehmen – nicht im Sinn der kirchlichen Metaphysik, im Tode würden wir wie reine Geister in »verklärten« Leibern –, sondern so, dass der Tod die Liebe *freisetzen* würde von jeder Gesetzlichkeit […]?

Um es möglichst klar zu sagen: Ist nicht bis heute jede menschliche Verfassung darauf angelegt, die Liebe zu strangulieren und immer wieder den Liebenden *Unrecht* zu tun? [...] Solange Menschen *mit Gesetzen* die Liebe verregeln, wird es eine Hoffnung auf Unsterblichkeit wirklich nicht geben dürfen, so wenig wie den Glauben an die Universalität der Liebe oder gar an die Glückseligkeit ihrer Freiheit. Was es stattdessen geben wird, ist das Festschreiben: »Du musst, du sollst« – mehr ist da nicht vorgesehen. Das ist so schlimm, dass man mitunter Leute mit fünfunddreißig Jahren schon einander versichern hört: »Wir haben beschlossen, miteinander *alt* zu werden.« Man lebt im Durchschnitt heute in Deutschland vielleicht 78 Jahre lang und mehr, doch fühlt man sich mit fünfunddreißig oft bereits so alt, dass man es nicht mehr wagt, in Ehrlichkeit nach den Gründen wirklicher Liebe oder drohender Entfremdung zu suchen. Ist das das Leben? [...]

Im Grunde missbrauchen wir die Liebe immer noch, um sehr triviale, fast rein biologische Fragen zu klären, wie die Weitergabe von Genen, aber auch die Weitergabe von Erbbesitz. [...] Wie aber wäre es, wir würden den *nächsten* Schritt wagen, weg von der Steinzeit, wir würden den ganzen Aufwand herkömmlicher Eigentumsregelungen abschütteln und begreifen, was viele Jugendliche heute schon wissen: [...] *Die Liebe* ist das Gegenstück zu allem, was totmacht: zu allem Wissen von außen, zu allem Herrschen von fremdher. Sie ist die Neugier, das Forschen, die Sehnsucht, das Suchen, die Poesie, die nie endende Zärtlichkeit, ein Rausch der Sinne, der sich selbst übersteigt, eine Woge, die in den zerbrechenden Wänden unseres Körpers doch etwas ahnen lässt von dem, was auf immer sein wird, wenn wir unser Leben zurückgeben in die Hände dessen, der es erschuf. Gott ist das Leben, und er ist die Liebe. Wovor also sollten wir uns jemals noch fürchten? [...] »Tu das, was du tust, wenn es für dich *stimmt*«, lautet die Anweisung, »und was daraus wird, das lass stehen bei Gott. Lebe du heute! Das Morgen ist und schenkt er selber, das musst du nicht verantworten! Aber den Augenblick *heute,* der dir gehört, den lebe ganz!« (Vgl. Mt 6,34)

Matthäus III, 105–108; 111 f.

Die Dreiecksbeziehung und das Verstummen der Moral

Paradiesisch an der Ehe ist die Liebe, die im Glauben wurzelt; ob diese Liebe sich in einer Ehe verwirklicht, die in der Polyandrie mehrere Männer oder in der Polygamie mehrere Frauen gleichzeitig verbindet, ist eine kulturelle, institutionelle und moralische Frage, die durchaus nicht mit der theologischen Frage nach dem Wesen der Liebe und deren Begründung durch den Glauben an Gott verwechselt werden darf. Gerade wenn die Kirche so sehr die Sakramentalität der Ehe betont, sollte sie die absolute Transzendenz der Glaubensgrundlage der Liebe und der Ehe gegenüber allen institutionellen und moralisch-rechtlichen Fragen unbedingt in den Vordergrund ihrer Betrachtung stellen. [...]

Erst durch den langwährenden »Ehebruch« der großartigen Madame de Berny wurde das Genie *Balzac* geboren, und ihr Gatte war weise genug – seltenes Beispiel der Toleranz! –, dieses Verhältnis zum Vorteil aller Beteiligten hinzunehmen.

Vor der Frage nach der Schuld im moralisch-rechtlichen Sinne sollte man mithin die Frage stellen nach dem Nutzen, ja, der lebenrettenden Wirkung, die u. U. die »freie« Liebe haben kann. [...] Man kommt wohl nicht daran vorbei zu konzedieren, dass es Formen der Liebe gibt, die einzugehen eine Schuld gegenüber den Gesetzen der Sittlichkeit und der Schicklichkeit darstellt, die aber nicht einzugehen eine Schuld gegenüber dem Leben bedeutet, und diese Schuld wiegt schwerer; denn der Sinn aller Gesetze ist der Schutz des Lebens und ihr Richtmaß stets der Nutzen, den sie zum Erhalt und zur Förderung des Lebens zu leisten vermögen.

Wege und Umwege der Liebe 193; 211

Beziehungen auf Zeit als therapeutisches Mittel

Bis hin zu dem sehr ernst und ehrlich gemeinten Versuch von Tilmann Moser [in: *Kompass der Seele,* 1984] zieht sich das Problem durch die Psychoanalyse, was eigentlich der Analytiker darf oder sollte und was nicht. Und diese Fragestellung hört bei der Psychotherapie nicht auf. [...] Wo wagen wir Kleriker auch nur von ferne, einen Menschen, eine Frau so an uns heranzulassen, dass es ihn, dass es sie heilen könnte? Es geht nicht um weniger »Keuschheit«, es geht um ein größeres Maß an Reife, um ein geringeres Maß an Selbstbewahrungsbedürfnis und asketischem Narzissmus, es geht um eine Offenheit gegenüber Menschen, die man eine Weile lang durchs Leben tragen muss, einfach weil sie selber nicht mehr laufen können.

Natürlich entsteht hier sogleich die Angst, wie es dann weitergehen soll: Sollte ein solches Bündnis der Gemeinsamkeit einer Keuschheit, die Sexualität nicht ausschließt, jemals sich wieder »normalisieren« lassen? Wie oft lässt sich eine solche »Behandlungstechnik« wiederholen? Wie lässt sich mit der erwachenden Eifersucht umgehen? Was schließlich, wenn das Intimste nach außen dringt und jeder sich seine eigene Version der Geschichte zurechtlegen kann? Schwieriger noch: Wird es am Ende nicht doch wieder demütigend und erniedrigend wirken, Liebe erfahren zu haben – aus Mitleid? [...]

Es gibt in diesen Grenzbereichen der Menschlichkeit keine Regeln und Anweisungen; vieles lebt hier von einem Vertrauen, das einer letzten Begründung entbehrt, und verlangen lässt sich nur eines: ein möglichst hohes Maß an persönlicher Fairness. [...] Menschen sind seelisch eine Einheit, und man kann sie nicht ohne die schwere Sünde schmerzhafter Sonderungen in Eheleute und Ordensleute (bzw. Priester) voneinander absondern. Und am schönsten vielleicht ist die Liebe, in welcher ein Mensch einem anderen, ein Mann einer Frau, eine Frau einem Mann, *alles* sein muss und alles sein darf: Arzt und Seelsorger, Dichter und Priester, Freund und Geliebter, Vater und Tochter, Mutter und Sohn, Schwester und Bruder – ein Stückchen Himmel, das sich widerspiegelt in den schimmernden Augen der Sehnsucht des Wartens und des Glücks einer ahnungsweisen Erfüllung.

Kleriker 728 f.

Jenseits der Konventionsehe: die Chance zu unendlich gesteigerter Liebe

Ehrlicherweise kann man nicht beides zugleich haben: eine bürokratische Beruhigung des Daseins im institutionell gesicherten Hafen der Ehe und das romantische Wissen der Märchen um das absolute Wagnis des Lebens, um das göttliche Geheimnis ständiger Verliebtheit, um das äußerste Abenteuer, das der Liebe innewohnt. Vielleicht sind es wirklich nur die nicht zu früh Beruhigten, die – ob in oder außerhalb der Ehe – Weitersuchenden, die Unruhig-Zerrissenen, die *»dostojewskischen«*

Menschen, die sich, wie im Märchen von der *»Kristallkugel«*, durchaus nur mit einer »Lösung« der Liebe zufriedengeben, die dem Urbild ihrer Sehnsucht entspricht, und so lange werden und müssen sie suchen, bis sie der Traumgestalt ihres Herzens begegnen. [...] Sie, die nicht leben können ohne die Wogen eines starken Gefühls, ohne den Taumel der Begeisterung, ohne den Jubel des Entzückens, hören nie auf, Suchende zu bleiben, selbst wenn sie gefunden haben, vielmehr wird ihnen die Liebe selbst zum Ansporn, die Geliebte nur immer noch tiefer kennenzulernen, und wiederum geschieht es, dass die wachsende Erkenntnis des Wesens, der Wahrheit und der Würde der Geliebten die Gründe der Liebe nur immer noch weiter vermehrt – ein Ring des Glücks, der in alle Ewigkeit kein Ende findet.

Die Kristallkugel 35 f.

Zum Weiterlesen über Sexualität und Partnerschaft: *Schneeweißchen und Rosenrot*; *Wort des Heils – Wort der Heilung II*, 7–42; Zum Hohenlied: *Wort des Heils – Wort der Heilung III*, 43–78; Zum Problem der Ehe in Krise und Scheitern: *Wort des Heils – Wort der Heilung I*, 31–41; *Die zwei Brüder* (Die Reifung einer Partnerschaft in Ehekrisen).

2. Familie, Gesellschaft, Individuum

Auflösung der Elternautorität

»Wusstet ihr nicht, dass ich in dem sein muss, was meines Vaters ist?« (Lk 2,49). Nichts anderes wird Jesus später tun, als so wie hier die Menschen an das zu erinnern, was sie eigentlich vor Gott längst wissen könnten. [...] Die eine Szene des Zwölfjährigen im Tempel ist, so gelesen, das zusammenfassende vorweggenommene Portrait seines gesamten öffentlichen Wirkens später, und gerade tiefenpsychologisch wird man sagen müssen: So wie hier *muss* es angefangen haben, und so wird es im Leben Jesu immer geblieben sein.

Insbesondere zeigt sich an dieser Stelle – und immer wieder später –, dass es in der Sicht eines Heranwachsenden durchaus nicht nötig ist, den Augenblick der Einsamkeit, des eigenen Erwachens, unter dem Deckmantel von Pietät und Pflichterfüllung aus purer Angst hinauszuschieben. Würde man den Ruf der Freiheit in dem Moment, in dem es darauf ankommt, überhören, so könnte man, um in dem Bild des Evangeliums zu bleiben, ruhig mit den Eltern nach Nazaret zurückkehren, man würde dennoch in gewissem Sinne niemals mehr zu Hause ankommen. Vermiede man den Schritt zu einem eigenen Leben, so mag man zwar im Sinn der Moral »unschuldig« bleiben und unter Umständen nach außen hin auch weiter brav und gehorsam scheinen, aber man würde damit die eigentliche Forderung Gottes überhören, die er in seinem Eigentum, im Tempel, an uns als sein Eigentum erhebt – man würde sich damit selber von Gott ausschließen und letztlich Menschen an die Stelle Gottes setzen. Dem Worte des Gesetzes nach mag auch dann vielleicht durchaus kein Unterschied bemerkbar sein, aber im eigenen Leben entscheidet sich alles daran, ob man unter dem Namen Gottes in Wahrheit den Gehorsam zur eigenen Mutter oder zum eigenen Vater (und zu deren Nachfolgegestalten) verewigt und sich mithin aus Angst im Grunde weigert, ein Mensch zu werden, oder ob man die Berufung Gottes zu einem eigenen Leben einen Augenblick lang sogar *gegen* den Anspruch von Vater und Mutter verteidigt und die Welt mit eigenen Augen zu sehen unternimmt. Im ersteren Falle bleibt man psychisch lebenslang ein Kind und treibt in religiösem Sinne Götzendienst, im letzteren Falle reift man psychisch zum Erwachsenen, gerade indem man religiös vor Gott zum Kind wird. […]

Und umgekehrt gilt: Man findet erst mit den eigenen Eltern nach Hause zurück, wenn man den kindlichen Absolutheitsanspruch der Eltern zurückweist. Es geht, wie sich gezeigt hat, ja durchaus nicht um einen Akt privaten Hochmuts, in dem Jesus sich von seinen Eltern trennt, es handelt sich vielmehr um einen Prozess, der notwendig ist, um sich selbst in all dem wiederzufinden, was in Wahrheit auch die eigenen Eltern meinten und wollten, als sie das Kind in den Tempel führten und es die Gebete Israels lehrten. *Man gelangt buchstäblich nur nach Hause zurück, wenn man sich selbst im Tempel gefunden hat;* erst dann offenbart sich auch die Wahrheit des eigenen Elternhauses, und man beginnt, von sich her all das bisher nur wie Fremdgehörte nachzulernen.

Dein Name ist wie der Geschmack des Lebens 136–138

Jesus ruft uns heraus aus der sozialen und familiären Vorbestimmtheit

Wie viel an Not und Elend breitet sich in unserem Leben aus, nicht weil es schicksalhaft verhängt oder von außen wie ein böser Fluch verordnet wäre; es sind vielmehr ganze Zonen unseres Lebens aus Mangel an Mut zu uns selber und an mangelndem Vertrauen in unsere eigene Freiheit an andere abgegeben, allem Anschein nach bis zur Unverantwortlichkeit, bis zur Entfremdung – mit der Folge, dass wir nicht leichter und einfacher leben, sondern abhängiger, verschüchterter und gequälter.

Es gibt zwei große Formen, diesen Zustand der Abhängigkeit nahezu als eine sichere Tatsache theoretisch festzuschreiben und demgemäß dann praktisch zu leben. Die erste dieser Anschauungen lautet, dass wir grade das seien, was unsere soziale, wirtschaftliche Umwelt für uns bestimmt. […] Wenn jemand weiß, welcher sozialen Schicht er angehört, dann ist sein Leben gewissermaßen vorgezeichnet. Alles sieht so aus, als ob er in einem Netz gefangen wäre und mit allem Zappeln und Strampeln sich nur immer enger festschnürte. […]

Eine zweite Lehre und Anschauung ist genauso verbreitet, privater, persönlicher zugeschnitten. Diese Ansicht findet sich nicht in den Lehrbüchern der Soziologie und der Wirtschaftskunde, mehr in den Lehrbüchern der Psychologie und der Psychotherapie. Sie lautet, dass wir Menschen bestimmt sind, als Kinder unserer Eltern zu leben. Wenn wir, das Erbgut einmal abgerechnet, vor allem den Weg unserer seelischen Prägung in den frühen Kindheitsjahren genau genug zurückverfolgen, werden wir beizeiten merken, dass das meiste Unglück im Leben von Erwachsenen darin liegt, dass sie irgendwann einmal Kinder waren und in einer ganz bestimmten Weise Kinder sein mussten. […]

Menschen vermögen für ihr Leben selber verantwortlich zu zeichnen, und sie sind imstande, die Hypothek des Elternhauses noch einmal zu durchdenken, sogar eines Tages zu verlassen, und es ist oft nur eine Frage des Zeitpunkts: wann wir Menschen begegnen, die imstande sind, uns dort herauszuführen. Grade das Wunder, wie Menschen frei werden von der Bindung an ihre Familie, von den Fesseln ihrer Vergangenheit und Kindheit, hat sich ereignet in der Berufung des Jakobus und Johannes. Noch sitzen sie im selben Boot bei ihrem Vater, und ihr Leben könnte noch drei oder fünf Jahrzehnte so weitergehen, es wäre ganz normal, es wäre in gewissem Sinne sogar ihre ganz einfache und selbstverständliche Pflicht, sie aber lassen alles stehen und liegen, vergessen ihre Verantwortung für ihre Angehörigen und machen sich auf in ein Leben der Freiheit. Jesus hat als Versprechen nur eine einzige Erwartung: dass wir alles wiederfinden könnten, Vater, Mutter, Schwestern, Brüder, Boote, Fangnetze, alles – hundertfach, innerlich. Wenn wir nur beginnen, wirklich zu leben, werden wir andere Menschen finden, genauso sehnsüchtig wartend nach der gleichen Weite und Größe ihres Lebens, und sie werden uns sehr nahe sein.

Zwischen Staub und Sternen 24–26 (Zum Weiterlesen: *Markus II,* 25–40 [Der Vater des besessenen Sohnes])

Liebe als »Heiligung der Zeit« und Rettung aus der sozialen Hohlheit

Die Not aller bloß äußeren Bekanntschaften, aller Party-Freundschaften, aller Ehen, in denen die Liebe erstorben ist, aller gesellschaftlichen Kontakte, die nur dem Ansehen und der Karriere statt der Person des anderen gewidmet sind, ergibt sich stets daraus, dass sie an der eingeschliffenen Routine mit der Zeit zugrunde gehen. Als wenn die Zeit ein Uhrwerk wäre, dessen Räder mit der Präzision ihrer mechanischen Gesetze jede Begeisterung, jede Überraschung, jede Phantasie und Freude aneinander zermahlen würden, zerfasern alle menschlichen Beziehungen außerhalb der Liebe zu einer bloßen Ansammlung von »Treffs«, »Dates«, »Meetings« und »Happenings«. Nur die Liebe besitzt die Kraft, die alltäglichen Begegnungen nicht alltäglich werden zu lassen, nur sie bewahrt die vertraute Gewöhnung aneinander davor, zu Gewohnheit und Gewöhnlichkeit abzustumpfen, […] sie schenkt die Gabe einer unendlichen Neugier und Freude am Wesen des anderen. So ist die Liebe die einzige wirksame Gegenkraft der Langeweile, die Heiligung der Zeit in Ritual und Zeremoniell.

Das Eigentliche ist unsichtbar 46 f.

Wer nichts als seine sozialen Funktionen ist, entwertet sich

Was das eigene Wesen ausmacht, erfährt man doch nicht durch das Zusammenballen im Haufen, durch äußeres Nebeneinandersein, durch den Austausch phrasenhafter Geselligkeit oder durch Partys. So finden Menschen nicht zusammen, und so findet man selber nicht zu sich. Es genügt nicht, am Ende Gott ein Buch all der Eintragungslisten vorzulegen, mit wem man kontaktiert hat oder wen man in irgendeiner Weise unter die Bekanntschaft gezählt hat. Es genügt nicht einmal, sich im Raum der Kirche zu sagen, man habe doch Jesus reden hören; es seien doch unsere Tempel, unsere Kirchen, unsere Bibelausgaben gewesen, in denen man von Gott gelesen, von Gott gesprochen hat. [...] Es könnte sein, dass Gott schließlich in der Bilanz sagen würde: »Es gibt in eurem Leben keinen einzig wesentlichen Mittelpunkt, aus dem her man euer Denken, euer Handeln, euer Dasein begreifen könnte. Woher ihr seid, ist ewig offengeblieben; denn ihr habt wohl gelebt mit anderen wie die Chamäleons, wohl gehört von Gott im Sinn des Auswendigredens. Aber was ist das Zentrum eures Handelns, wo der Punkt, an dem eure Seele sich wie eine Kristallkugel schließen konnte, um das Bild des Ewigen in sich aufzunehmen?« Am Ende könnte Gott mit uns so wenig anfangen wie wir mit uns selber.

Zwischen Staub und Sternen 143

Die Taufe als Berufung zum Selbstsein

Wenn heute ein Kind im Christentum zur Welt kommt, bringen wir es zum Empfang der Taufe in die Kirche, und wir wollen damit sagen: Ein Mensch, der zur Welt kommt, soll sich niemals fühlen müssen als das Produkt seiner Eltern, das Produkt seiner Umgebung, das Produkt fremder Erwartungen. Er soll sein und haben ein eigenes Ich, das hervorgegangen ist aus den unsichtbaren Händen seines Schöpfers. Er soll ein Mensch sein, dessen Stirn den Himmel berührt und dessen Herz frei ist für Gott. So soll es leben dürfen. Und seinen Namen soll es empfangen im Raum des Heiligen. Denn ihm selber gelten alle Weissagungen, alle Verheißungen und alles Heil der Erde. Kein Mensch ringsum soll jemals das Recht haben, das reine Licht Gottes in seinem Herzen zu trüben. Niemand soll die Macht haben, seinen Weg zurück zu den Sternen zu verdunkeln oder zu versperren. Das ist es, was wir die Taufe nennen, wenn sie einem Kind gespendet wird.

Aber was bedeutet sie, wenn sie Erwachsenen angetragen wird, uns, die wir leben, dreißig, vierzig, sechzig Jahre schon? Wie wär's, das

Phantastische würde gelten und die Aufforderung fände Gehör: Fang an, den verschollenen Wegen nachzuträumen, die du nie gegangen bist. Hab den Mut, zu überlegen, wie dein Leben aussähe, wenn es noch einmal ganz von vorn beginnen könnte. […] Es ist die Vision, dass das Leben noch einmal beginnen kann, muschelblank und rein. Es geht in dem Sinn ja nicht um moralische Vergehen, um Sünden im Sinne von Gebotsübertretungen, es geht um die Abweichungen, um die Untreue gegenüber dem eigenen Wesen, gegenüber dem ganzen Dasein, zu dem wir berufen sind, um die Abspaltungen von uns selber. Sie zu bekennen, sich einzugestehen und, wo irgend es geht, sie zu beseitigen, ist ein großes Werk. Denn unsere Menschlichkeit reift darunter, unser Glück wächst daran, und die unverstellte Gestalt dessen, was wir sind, beginnt zu leben.

Der offene Himmel 43 f.

3. Bedeutung und Grenzen der Moral

Wir Menschen dürfen nicht so handeln, wie die Natur es jederzeit tut, nie so gleichgültig, nie so zweckmäßig, nie so rücksichtslos.

Die Zehn Gebote 49

***

Nur die »Herzenshärte« [Mk 10,5] braucht Gesetze, und die Gesetze, die wir in der Herzenshärte brauchen, sind nicht die Worte, die Gott eigentlich uns sagen will und die wir einander zutrauen und zumuten dürfen in der Liebe.

Markus II, 102

***

Die besten Gesetze werden aus dem Ruder laufen, wenn ein Mensch nicht in Gott und damit in sich selber festgemacht ist. […] Alle Gesetze sind zu befragen auf ihre lebendige Wirksamkeit für das menschliche Leben. Helfen sie oder zerstören sie? Fesseln sie oder machen sie frei?

Fördern sie Güte und Verständnis oder strangulieren sie die Menschlichkeit?

Die Zehn Gebote 59; 61

Jesus moralisiert nicht, Gott richtet nicht

Jesus ist nicht die Verkörperung der Moral. Er ist nicht der Prediger der Absolutsetzung des Ethischen. Im Gegenteil. Folgt man dem, was Jesus wirklich sagte, so mochte er nicht glauben, dass Gott identisch sei mit dem Ethisch-Allgemeinen. Weil er unsere menschliche Schwäche kannte, unsere Versuchbarkeit, unsere Unfähigkeit zum Guten selbst beim besten Wollen, weil er um unsere Hilflosigkeit wusste, deshalb glaubte er, dass Gott, weit mehr als die Verkörperung von Gut und Böse, der lebendige Grund der Vergebung über allem Bösen sei, eine Kraft, die uns Mut machen möchte und sollte, unser Leben anzupacken, gleichgültig in welchen Verhältnissen und in welchen Verhängnissen es gefangen ist. Gott, wie Jesus ihn sah, ist nicht willens, uns zu »richten«, sondern uns aufzurichten in der Energie der Hoffnung, in der Kraft des Vertrauens, in der Blickrichtung der Zuversicht. – Jesus war *nicht* ein zweiter Johannes der Täufer, und es war (und ist noch heute in und außerhalb der Kirche) ein schlimmes Missverständnis, seine Botschaft mit der des Täufers zu verwechseln.

Markus I, 545 f.

Moral und Werte sind relativ und nur punktuell gültig

Tatsächlich kommt es in der Entwicklung jedes Einzelnen immer wieder darauf an, die starren Schablonen bestimmter moralischer, religiöser oder sozialer Wertvorstellungen in der wachsenden Kraft des eigenen Ichs an der Erfahrung zu messen und durch die lebendige Erfahrung auf ihren Wahrheitswert hin zu überprüfen. Das Leben selber, dessen Bewegungen letztlich auch die Vorstellungen der »Sittlichkeit« entstammen, ist in einer ständigen Entwicklung begriffen, und selbst wenn die Zeiträume seiner Wandlungsformen unser individuelles Dasein oft weit übersteigen, so wäre doch nichts verkehrter, als einer sich verändernden Wirklichkeit unveränderliche Maßstäbe auferlegen zu wollen. Alle »Moral« ist nicht absolut, sondern relativ. Nicht was vermeintlich »objektiv« und ein für alle Mal im Allgemeinen gilt, sondern was *im Besonderen* der Menschlichkeit, das heißt: dem *jetzt* mir gegenüberstehenden *Menschen* guttut, wird sich als »gut« bestimmen lassen.

Jesus von Nazareth 74

Wer sich kennenlernen will, muss etwas ausprobieren dürfen

Das Problem ist dieses: dass Menschen, die sich lange Jahre nach einer bestimmten Moral haben richten müssen, das oft damit erkauften, dass sie ganze Teile ihrer Seele in einem langen Schattenwurf sich selber zum Gespenst gemacht haben. Wenn die nun beginnen, nach und nach sich auf die eigene Psyche tiefer einzulassen, kann das selten geschehen, ohne dass sie mit Strebungen konfrontiert werden, die zu kontrollieren ihnen äußerst schwerfällt. Sie werden auch akzeptieren müssen, dass sie vieles nachlernen müssen, was in ihrer Lebenssituation zu tun kaum vorgesehen ist. Darüber hinaus werden sie entdecken, dass sie eine Menge von Gefühlen bekommen, die den Menschen an ihrer Seite Unrecht tun. [...]

Das Ganze läuft darauf hinaus, dass Menschen unter Umständen die Frage: Was *muss* ich in moralischem Sinne tun?, müssen zurückstellen dürfen zugunsten der Frage: Wer bin ich selber?, und dass es Erlaubnisräume geben muss, sich selbst zu finden – notfalls unter Umgehung oder Brechung direkter moralischer Gesetze. Suspension des Ethischen soll überhaupt nicht heißen, dass das, was dann geschieht, in sich wertneutral oder gut, an sich richtig oder gar empfehlenswert ist. Es bedeutet lediglich, was der Name sagt: Menschen *müssen* unter Umständen erst einmal das Leben lernen dürfen, um im Sinne der Moral eines späteren Tages wieder zurechtzukommen. Sonst greifen die Gesetze zu früh und verstümmeln zu rasch.

Wort des Heils – Wort der Heilung II, 210 f.

Kein Mensch kann sich für den anderen verantwortlich machen

Man ist selber nicht glücklich, also darf es der andere auch nicht sein. Man fühlt sich selber eingeengt, also findet man die Freiheit des anderen bedrohlich. Man wagt selber kein freies Wort, also fürchtet man das des anderen. Man belastet sich selber schwer durch Aufgaben und Pflichten – also dass man den anderen beneidet und quält für sein bisschen Glück. Und überall steht der Haltezaun der Verantwortung, eine ständige Tyrannei, immer kaschiert mit dem guten Willen. Von Antoine de Saint-Exupéry stammt der Satz: »Du bist für das verantwortlich, was du gezähmt hast.« Der Satz kann richtig sein und schrecklich.

Die Wahrheit ist: Wir sind füreinander *nicht* verantwortlich, denn jeder hat seine eigene Freiheit und seinen eigenen Weg zu Gott. Vielleicht dass deswegen Christus an dieser Stelle [Mt 15,21-28], womöglich ohne um das Problem der Frau genau genug zu wissen, das einzig Richtige tut: Er zieht sich zurück in ein Gebiet jenseits von Juda, um sich für eine Weile die Not der Menschen fernzuhalten, um sich in sich selber zu sammeln, um sich wiederzufinden in der Gemeinschaft der Jünger und in der Gemeinschaft seines Vaters. Es ist ein Moment gleich jenem Augenblick, da Jesus im Markus-Evangelium einmal ein ganzes Dorf stehenlässt, sich ins Boot setzt und einfach wegfährt. Er, dem wir für gewöhnlich zutrauen, dass er alles kann, grenzenlos und weit, belehrt uns, dass wir Menschen Grenzen haben, also sie auch haben dürfen, jedenfalls sie einhalten müssen. [...] Dieser Mann muss in diesem Augenblick Grenzen ziehen und in gewissem Sinne sich schützen vor einem Zuviel an Auflauf, Zumutung und Verantwortung.

Und legte ihnen die Hände auf 69 f.

Akzeptieren statt moralisieren

Die Neigung der Moralisten ist groß, mit immer neuen Abwehrmaßnahmen einen Deichbruch zu verhindern, der umso sicherer droht, je mehr der Druck hinter den Staumauern der moralischen Versperrungen von Tag zu Tag weiter wächst. Das religiöse Genie Jesu bestand demgegenüber darin, dass er mit aller Energie den Teufelskreis der schriftgelehrten Moralisiererei durchbrechen wollte; nicht wie man die Menschen noch mehr an die Leine von Zucht und Ordnung legen könnte, sondern wie es möglich wäre, ihrer seelischen Not nachzugehen und sie zu heilen, ja, zu erlösen, wurde die zentrale Frage des Mannes aus Nazaret. Natürlich löste er mit dieser Verschiebung der ganzen Fragestellung einen Erdrutsch neuer Ängste und Abwehrmechanismen aus; aber es hilft nichts: Was den Menschen wesentlich fehlt, ist nicht die Erneuerung von Geboten und Strafmaßnahmen, sondern ein tieferes Vertrauen in die »Herrschaft Gottes«. Ohne dieses helfende und heilende Moment einer bedingungslosen Akzeptation lässt sich die ganze Bergpredigt nur missverstehen. […] Die Frage lautet deshalb ganz allein, wie man den Menschen in seiner Angst beruhigen und in seiner Krankheit heilen kann; wenn man ihn nur geduldig genug begleitet, bis er zu sich selber zurückfindet, wird man von selber sehen, dass der Tumult sich legt und das »Königtum der Himmel« wächst. Um diesen Frieden von innen, um diese Identität des Wesens, um diese Integration des Ichs geht es; dann wird alles andere wie von selbst sich erfüllen. Freiheit ist nicht Willkür, das ist wahr; doch kein Gesetz erzeugt die Freiheit, die dazugehört, um wirklich gut zu sein.

Matthäus I, 445 f.

Was man aus Liebe zu tun wagt, ist gerechtfertigt

Man kann tausend Dinge falsch machen – sie werden trotzdem alle richtig sein, solange man sich sagen kann: »Was ich sagte und tat, habe ich getan aus Liebe.« *Das* trägt einen Menschen zu Gott, das als Einziges. Allein darauf kommt alles an. […] In der Kunst, das mag sein, genügt es vielleicht tatsächlich nicht, es »gut gemeint« zu haben. In der Kunst *der Existenz* aber ist dies das Allerwichtigste und oft der einzige Trost, der uns nach vielleicht zwanzig, dreißig Jahren verlorener Mühe bleibt, dass wir uns am Ende sagen können: »Wir *haben* es gut gemeint.« Natürlich, es kann sein, dass uns auch *das* noch gestohlen wird, von den »Vögeln des Himmels« zum Beispiel [Mt 13,4], von bestimmten Gedanken, die wir so nicht kannten. Mag sein, wir kommen irgendwann dahinter, dass wir uns für eine ganz und gar falsche Sache eingesetzt haben, dass wir an etwas geglaubt haben, das sich am Ende als Wahnsinn enthüllt. Aber wir haben es zumindest subjektiv gut gemeint.

Matthäus II, 213; 277

Die (Lebens)Lüge – ein Widerspruch gegen sich selbst

Niemals lügt ein Mensch, ohne mit sich selbst in Widerspruch zu geraten. Bereits während der einzelnen Lüge verrät zumeist der körperliche Ausdruck deutlich genug die mit Worten versteckte Wahrheit, und man muss schon viel Übung und Routine in der Lüge besitzen, um nicht wider Willen doch all jene Signale von sich zu geben, die einem Verhaltensforscher unzweideutig sagen, dass man lügt. Der Krampf, die Anspannung, die ständige kontrollierte Gestelztheit, mittels derer man sich auf einem »schönen« »gesellschaftlichen« Abend mit lauter »guten« »Freunden« »phantastisch«, »gut« »unterhalten« hat, hinterlassen, kaum dass der Spuk vorüber ist, Schwindel, Herzjagen, Ohnmachtsgefühle, Ohrensausen, Kopfschmerzen, Brechreiz – eine mittelschwere Vergiftung könnte nicht besser wirken als das Gift von so viel erlogener Freundlichkeit. Aber der Zwang zur kulturellen Anpassung kann nicht nur eine Party lang währen, man hat ihn für gewöhnlich schon als Kind unter Angst und Zwang zutiefst in sich aufgenommen, und das Leben unter den Bedingungen unserer »Kultur« scheint wie geschaffen, den Preis der Lüge chronisch von uns zu verlangen. [...] Und dennoch ist die permanente Lüge zu anstrengend, wenn sie immer wieder als willentlicher Akt hervorgebracht werden soll. Am Ende schützt nichts die Moralität der Angst so sehr wie die Krankheit, nur dass dieser »Schutz« für uns selber ambivalent ist: [...] Die Angina, die Bronchitis, das Ulkus etc. sind am Ende wie verzweifelte Erinnerungen der geschundenen Natur an Wünsche und Bedürfnisse, die wesenhaft zu uns gehören, die man aber aus lauter Angst niemals glaubte sich gestatten zu dürfen, und nur wenn wir den Sinn solcher psychosomatischen Erkrankungen verstehen, statt mit Medikamenten und Maschinen auch noch die letzten Symptome der Wahrheit wegzudrängen, kann der Leidensdruck der Krankheit zu einer Erneuerung des Lebens in Richtung von weniger Angst führen. Zur Wahrhaftigkeit gehört als unerlässliche Bedingung, dass wir die Angst verlieren, die uns zum Lügen zwingt.

Wege und Umwege der Liebe 231 f.

Wer Gott vertraut, braucht nicht mehr zu lügen

In einzigartiger Weise relativiert Jesus im Vertrauen zu Gott das ebenso furchtsame wie furchtbare Misstrauen zu den Menschen, und erst so spürt er, dass die Lüge im wahrsten Sinne des Wortes sich nicht lohnt, ja, dass sie von Grund auf überflüssig ist. [...] Nur im Umfeld eines solchen buchstäblich von Gott geschenkten Vertrauens könnten Menschen wieder in der Weise miteinander umgehen, wie Jesus es wollte: als Schwestern und Brüder, die nichts mehr voreinander zu verbergen brauchen und deren Worte ohne dialektische Tricks besagen können, was sie sagen. Erst dann brauchte man endgültig nicht mehr Ja zu sagen, nur um ein Nein zu verschleiern: Man müsste nicht länger sagen: »Es geht mir gut«, nur um peinlichen Nachfragen nach eigenen Schwierigkeiten vorzubeugen; oder: »Ich freue mich riesig, wenn Sie bald wiederkommen«, nur um sich nicht gesellschaftlich unbeliebt zu machen; oder: »Ich habe leider gerade keine Zeit«, nur um nicht sagen zu müssen: »Ich will nicht.« Oder umgekehrt: Man müsste nicht länger Nein sagen anstelle von Ja; jenseits der Angst brauchte man nicht mehr zu sagen: »Ich kann morgen nicht kommen«, nur um nicht zu sagen: »Ich habe dich so lieb und käme so gerne, dass ich fast fürchte, es würde dir zu viel«; oder: »Ich will nicht«, statt zu sagen: »Ich möchte wohl, aber ich schäme mich.«

Wege und Umwege der Liebe 235 f.

4. Das liebe Geld – unser lieber Gott?

Wir sollen den Namen Gottes nicht missbrauchen, heißt, wir sollen nicht das Geld als unseren Gott auf Erden einführen.

Die Zehn Gebote 175

Arm sein als Rückkehr zu Gott

»Armut« – das ist das gesamte menschliche Dasein; doch wie sie erlebt wird: als Fluch oder Heil, als Schande oder Segen, als Schuld oder Reichtum, das hängt davon ab, wie ein Mensch zu Gott steht. Es ist dieselbe Welt, die dem Menschen jenseits von Eden, dem Menschen im Zerwürfnis mit seinem Ursprung, als Quelle endloser Leiden erscheint: Seine Nacktheit wird ihm zum Inbegriff der Ausgesetztheit und Verlorenheit (Gen 3,7), seine Herkunft aus dem Staub zur Gewissheit einer letzten und endgültigen Sinnlosigkeit und Todverfallenheit (Gen 3,19), all seine Tätigkeiten inmitten der Welt verderben zu einer zwanghaften »Maloche« ohne Ertrag und Bedeutung (Gen 3,17), und seine Verwiesenheit auf die Partnerschaft anderer Menschen verformt sich in eine unentrinnbare Kette demütigender und entehrender Abhängigkeiten. An der wesentlichen »Armut« des Menschen lässt sich nichts ändern; doch wer sie im Feld der Gnadenlosigkeit jenseits von Eden mit äußeren Mitteln wie Geld und Macht, Autarkie und Erfolg zu überwinden trachtet, der dreht die Schraube der Qual und der Mühsal nur immer tiefer ins Holz der Geschichte und ins Fleisch des Menschen. Umgekehrt: Wer es vermag, die Armut des Seins nicht länger zu fliehen, sondern von innen heraus zu bejahen, der findet zurück in jenen Frieden und in jene Harmonie, die Gott vorschwebte, als er den Menschen erschuf. Arm sein – das heißt in diesem Sinne, die ursprüngliche Qualität seines Daseins wiederzufinden und einzutauchen in ein Feld der Gnade, wie es »am Anfang« bestand, das heißt: von Gott her *wesentlich* besteht.

Matthäus I, 195

Gott oder das Geld

Das ist es offenbar, was Jesus sagen wollte: In unserem Herzen sollte einzig Gott die Macht besitzen; vor Menschen aber, egal was sie für ein Gewand anhaben, ob ein graues oder grünes oder schwarzes, als Soldaten, Polizisten oder Priester, lohnt es nicht, sich zu fürchten. Es macht unendlich glücklich, weit und groß, auf Gott zu hören, der in unserem eigenen Herzen redet, sehr leise oft, doch immer ganz deutlich. Wir Menschen sind nicht dazu da, als Sklaven irgendwelcher Herren zu fungieren, und erst wenn wir uns selber zu Sklaven des Geldes machen lassen, werden wir in die Abhängigkeit der Geldhersteller gezwungen. Nur wenn wir das Geld so verehren wie Gott, müssen wir die Herren der Welt zu Göttern erklären; dann gelten in unserem Leben nur die Ziele, die man verwalten kann; dann sind wir die untersten Untertanen im Reiche der Macht, des Geldes und der Gewalt.

Wenn aber das Geld nur Geld ist, so relativiert sich alles. Wenn die Macht erkannt wird in ihrer Ohnmacht, hat Gott die Chance, unser Herz mit Licht und Wärme zu durchstrahlen. Wenn die Angst verfliegt, die uns an das Geld bindet, wie an einen Abgott, wie an einen Fetisch, können wir endlich beginnen, für unser eigenes Leben zuständig zu sein. Denn wir tragen Gottes Bild in unserem Herzen. Diese wunderbare Würde besitzen wir. Die ganze Kunst unseres Lebens besteht darin, uns selber und die Menschen, die uns nahestehen, so wahrnehmen zu lernen, dass sie uns erscheinen als Abbild und als Spiegel, in dem wir Gottes Antlitz sehen. Was wäre Liebe unter Menschen sonst, wenn nicht dieses Vermögen, das Bild des Ewigen in der Seele eines anderen sterblichen Menschen wiederzuerkennen, mit einem Gefühl voller Dankbarkeit und reich beschenkt mit dem Glück des Himmels?

Markus II, 268

Soziales Unrecht und Fernsein von Gott

Solange die Slums an den Rändern der Großstädte gleich Krebsgeschwüren wachsen und immer mehr Menschen bei dem Versuch, dem Getto ihres Elends zu entkommen, sterben müssen, solange die Ausbeutung der Armen durch die Reichen immer skrupelloser voranschreitet und wir global einen Krieg nach dem anderen führen, um mit allen Mitteln – sei es wirtschaftlich durch Zugriff auf die Rohstoffe und Handelsrouten dieser Erde oder psychologisch durch Diffamierung zivilisatorisch unterlegener Kulturen – unseren Luxus und die Dekadenz unserer Lebensart zu verteidigen gegen den Andrang der Armen und Rechtlosen aus der »Dritten Welt«, so lange entfernen wir uns täglich ein Stück mehr von Gottes Königtum, so lange beten wir nicht richtig, so lange hören wir nicht Gott und wohl auch nicht uns selbst.

Lukas I, 823

5. Natur in Gefahr

Die einseitige Stellung des Menschen in der Natur und ihre zerstörerischen Folgen

Wir haben nicht nur die Fähigkeit, unseren eigenen Standort in der Natur zu bestimmen, wir haben auch die Möglichkeit, die Folgen unseres Handelns ein Stück weit vorauszusehen und abzuschätzen, und deshalb auch die Pflicht, sie zu verantworten. Das Problem scheint mir darin zu liegen, dass die Naturwissenschaft an jedem Punkt ihrer Forschung entdeckt, wie ungeheuer kompliziert jedes Teil der Natur mit dem anderen sich verknüpft. Überall, wo wir hinschauen, erkennen wir übergreifende Ordnungen. Die Technik hat bislang darauf basiert, Teilkenntnisse der Naturzusammenhänge praktisch zu nutzen – ohne Rücksicht auf das Ganze. Sie blieb gewissermaßen unterhalb des Forschungsansatzes, den die Naturwissenschaft methodisch freilegte. Also sollte es möglich sein, vom Fundament der Technik selber her unseren praktischen Umgang mit der Natur zu korrigieren, der sich, kurz gesagt, so charakterisieren lässt: Wir sind nicht imstande, etwas Lebendes herzustellen, aber wir opfern für tote Dinge immerzu Lebewesen. Ich glaube nicht, dass wir nur mit dem Ethos größerer Verantwortung und mit dem Impuls besserer Forschung zurecht kommen. Ich glaube, wir werden uns Rechenschaft darüber geben müssen, dass unsere Stellung zur Natur von Grund auf einseitig geworden ist. Und dafür mache ich sehr zentral die geistige Haltung und geistesgeschichtliche Entwicklung, die im Christentum, im Abendland begonnen hat, verantwortlich. Durch diese Geisteshaltung ist, was wir heute Naturwissenschaft und Technik nennen, wesentlich bestimmt worden, wenngleich auch durch kulturelle Anregungen der Araber, der alten Griechen, das sei dahingestellt … Wir haben jedenfalls im Abendland den Menschen stets als den definiert, der auf der ersten Bibelseite als Herrscher über die Natur, als Krönung der Schöpfung mit dem Anspruch, dass die Natur uns dienstbar zu machen sei, also als Zentrum der Sinnerwartung, als Garant von Sinn im Raum der Schöpfung, bestimmt wurde. Das hat dazu geführt, dass wir die Zweckauslegung menschlichen Handelns immer wieder auf den Menschen zuschneiden. Anthropozentrik kann man das nennen: Der Mensch steht im Mittelpunkt, und alles ringsum ist buchstäblich nur Umwelt.

Wort des Heils – Wort der Heilung III, 18 f.

Die Ideologisierung der Naturwissenschaften und ihre Gefahren

Ein schweres Missverständnis und im Endergebnis ein folgenschwerer *Missbrauch* der Naturwissenschaften zum Zwecke gesellschaftspolitischer Ideologie liegt darin, die Sicht auf die Wirklichkeit, die wir naturwissenschaftlich gewinnen können, mit der Wirklichkeit »an sich« gleichzusetzen und alternativlos die Ergebnisse naturwissenschaftlicher Forschung für »bewiesene Wahrheiten« auszugeben: Anscheinend *folgt* dann aus den »Naturgesetzen« zum Beispiel der »Darwinismus« als Handlungsanleitung auch für die gesellschaftliche

Praxis: im Kampf ums Dasein der »Rassen« gegeneinander (im Rassenwahn des Nationalsozialismus) oder im Konkurrenzprinzip des Kapitalismus (im Klassenwahn des wirtschaftstheoretischen Neoliberalismus) oder in den Erfolgsstrategien bei der Durchsetzung gewisser geistiger Inhalte, der »Meme« (im Griff nach Weltherrschaft durch die zentrale Kontrolle der Informationsnetze im Computerzeitalter) usw.; der menschlichen Kultur erwächst bei dieser Betrachtung dann wie von selber vermeintlich die »Pflicht«, sich »naturgemäß« zu verhalten und (bei Verzerrung auch und gerade der »darwinistischen« Überlebensstrategien der Evolution) den »Stärksten«, den »Mächtigsten«, den »Reichsten« und den Skrupellosesten die höchsten Gewinnchancen im Überlebenskampf in Aussicht zu stellen. Immer wieder haben wir darauf hingewiesen, dass wir auf solche Weise nicht »natürlicher« und »besser angepasst«, sondern nur unmenschlicher und destruktiver zu werden drohen; jetzt aber können wir genauer sagen: Bei einer Verwechslung von naturwissenschaftlichen Aussagen mit der Natur »an sich selbst« wird die Herkunft der Naturwissenschaften aus einer Form der Selbstauslegung des menschlichen Daseins schlicht übergangen; und es steht daher nicht zu wundern, dass nach der Eliminierung des menschlichen Faktors in aller naturwissenschaftlichen Weltbeschreibung sich eine so »erklärte« »Natur« selbst in eine Vorschrift zur Eliminierung der Menschlichkeit verwandelt.

Es ist nicht nur, dass die Naturwissenschaften auf alle menschlich relevanten Fragen (auf die Probleme von Subjektivität, Vernunft und Freiheit) Antworten weder geben können noch wollen, es ist vor allem, dass alle Ideologisierung der Naturwissenschaft, ja, schon ihre praktische, faktische Dominanz in allen Bereichen der Kultur (bis hinein in die Lehrpläne unserer Schulen und Universitäten) eine enorme Gefahr der Vereinseitigung des Blicks auf die Wirklichkeit darstellt – mit allen sich daraus ergebenden Folgeschäden [...] In Wahrheit geht es nicht um eine »Überlebensfrage« der menschlichen Spezies im Konkurrenzkampf der Arten, es geht um die Ermöglichung und um den Erhalt der Menschlichkeit des Menschen, wenn wir den naturwissenschaftlichen Zugang zur Wirklichkeit als *ergänzungsbedürftig* betrachten und *neben* ihm *komplementär* einen anderen, in gewissem Sinne *entgegengesetzten* Zugangsweg postulieren, der vom *Subjekt* des Menschen seinen Ausgang nimmt und der die Bedürfnisse und Erfordernisse der *Subjektivität* der menschlichen Existenz als eine eigene Wirklichkeit jenseits der »Natur« berücksichtigt.

Im Anfang… 1143 f.

Für eine Ethik der Schonung

Auf die Dauer ist es nicht möglich, Erkenntnisse der Naturwissenschaften auf eine Weise zu nutzen, die unterhalb des Niveaus dieser Erkenntnisse selbst bleibt, indem sie immer noch alte (Fehl)Erwartungen zu bedienen sucht. Nach den Entdeckungen Darwins und Freuds wartet im Gegenteil alles darauf, eine Ethik und eine Religion zu begründen, in deren Mitte die Nähe von Mensch und Tier, die Einheit von Kultur und Natur steht, eine Ethik der Schonung und der Rücksichtnahme gegenüber den Kreaturen und eine Religion der Einordnung des Menschen in die ihn umgebende Natur statt der üblichen Rechtfertigung und Ausdehnung seiner vermeintlichen Herrschaftsansprüche.

… und es geschah so 414

Die Natur mit dem Blick der Liebe gesehen

Es ist nötig, das kostbarste menschliche Gefühl: die Liebe, absolut zu setzen und ins Universelle auszudehnen, um Gott zu finden. Gott, mit anderen Worten, ist nicht als kausaler Weltengrund zu denken, er lässt sich nur als Grundlage der Menschlichkeit im Gefühl vergewissern, von diesem Ansatz her ergibt sich eine geradezu konträre Einstellung der Natur gegenüber.

Ausgehend vom Gefühl des Mitleids (oder der Liebe) kann es nicht ausbleiben, die Welt als mitleidlos und grausam zu empfinden; das Mitleid weigert sich in die physikalische Abstraktion zu willigen und von dem einzelnen leidenden Lebewesen abzusehen, um nach dem genannten Beispiel den Energiefluss innerhalb der Nahrungskette eines Biotops zu ermitteln; alles, was aus der Haltung des Mitleids folgt, besteht darin, eine ethische Überzeugung, zu der nur Menschen imstande sind, *gegen* die Natur zu stellen und wesentlich auch die Tiere darin einzubeziehen. »Ich bin Leben, das leben will, inmitten von Leben, das leben will«, dieser berühmt gewordene Ausspruch Albert Schweitzers fasst diese aktive Mystik der Religiosität und der Humanität auf das Beste zusammen. Religion ist, so verstanden, eine unendliche Erweiterung der menschlichen Subjektivität, die sich in der Idee Gottes als eines Subjekts (bzw. einer absoluten Liebe) selber begründet.

Im Anfang… 735

Herrschaft des Menschen über die Schöpfung in Liebe

Der Mensch soll herrschen über die Welt – so haben wir's gehalten bis heute, aber völlig überhört haben wir, was grade in der priesterschriftlichen Schöpfungserzählung auch steht: dass der Mensch als Allererstes gemeinsam hervorgeht mit den Tieren des Feldes, buchstäblich so als einer von ihnen, am selben Tage noch, so eng zusammengehörig. Freilich, dass dazwischen ein einzelner und einzigartiger Beschluss liegt: Gott will den Menschen formen als sein Ebenbild. Was das heißen mag, ist je nach der philosophischen Strömung im Abendland anders akzentuiert worden. Gott ist Geist, sein Ebenbild, der Mensch, also bestimmt durch Vernunft und moralische Gesetzgebung, glaubte man in der Strömung des Idealismus sagen zu können. Bibeltheologisch redet der Text selber sehr klar: Er soll herrschen über die Welt, das ist die Art der Ebenbildlichkeit Gottes. […] »Herrschen« ist auch ein Akt des Siegers gegenüber seiner Beute. Aber das scheint an dieser Stelle nicht gemeint zu sein, sondern so wie Gott fast zärtlich jedes Detail der Welt aus seinem Mund mehr noch als durch seine Hände ins Dasein ruft, so sollte der Mensch umgehen als Hüter der Welt.

Es gibt eine Schicht der Überlieferung, die ahnte, dass das allein nicht genügen könnte. »Gott schuf den Menschen nach seinem Ebenbild« wird da ergänzt durch einen holprig gewordenen Satz, der aber sehr wichtig ist, eingeschoben offenbar: »als Mann und Frau erschuf er sie«, und jetzt noch mal: »als sein Abbild erschuf er sie« – wie um zu sagen: Die Macht ist nicht die wahre Form, in der Gott selbst sich spiegelt, vielmehr dass ein Mensch verwiesen ist auf den anderen. Die Zärtlichkeit zwischen Mann und Frau, das ist die Art, in menschlicher Liebe die Urkraft der Schöpfung selber zu spüren und lebendig zu halten. Mächtig, anders ausgedrückt, ist auch Gott nur durch seine Liebe. Und wenn ihr, müsste man paraphrasieren, herrschen wollt über die Welt, dann nur, bitteschön, indem ihr sie so liebhabt wie Gott.

Ich lasse dich nicht, du segnest mich denn 22 f.

6. Umgang mit Leben und Tod

Das 5. Gebot

Muss jedes Leben, das zur Welt kommen könnte, von Anfang an unter den vollen Rechtsschutz der menschlichen Person gestellt werden? Ist jede befruchtete Eizelle in diesem Sinne schon durch das 5. Gebot geschützt: Du sollst nicht töten!? […] Die Natur experimentiert von Anfang an und sieht überhaupt keinen Grund für einen besonderen Schutz jeder einzelnen befruchteten Eizelle. In der Natur wird ein ungeheurer Ausstoß an möglichem Leben sofort wieder vernichtet. […] Leben braucht Bedingungen, die Leben möglich machen. Das gewährleistet zunächst rein biologisch der Organismus der Mutter. Schon das jedoch kann missraten. Aber eine Frau ist nicht nur ihr biologischer Organismus; sie hat auch eine Psyche, die bereit sein muss, ein Kind anzunehmen; und kann sie es nicht, muss es ein zeitlich begrenztes Recht zur Entscheidung geben. […]

[W]ir sind heute längst so weit, dass wir rein vegetarisch leben könnten; wir brauchten nicht mehr Tiere zu töten. Das Verzehren von Tieren bedeutet das Töten von Lebewesen, und in aller Regel sind es Säugetiere, die wir essen. Sie stehen uns so sehr nahe, dass die Gefühle, die diese Tiere haben, alle im limbischen System von menschlichen Gehirnen kodiert sind. […] Ich stelle mir nun vor, dass wir das Töten von Tieren eines baldigen Tages als eine erweiterte Form von Kannibalismus begreifen werden. […] Recht verstanden bedeutet das 5. Gebot »Du darfst nichts töten, was lebt, außer im äußersten Notfall – und der darf nie die Regel werden!«

Die Zehn Gebote 108–110

Selbstmord gegen die Todesangst

Es kann das Leben so unerträglich werden, dass Menschen den letzten ihnen verbleibenden Ausweg aus der Gefangenschaft ihrer irdischen Existenz wie nach rückwärts wählen: Sie möchten zurück an den Ort, von dem sie gekommen sind. Es ist möglich, dass ein Mensch gerade auf diese Art Gott zu finden versucht. […] Was der Kirche sehr schwerfällt, ist offensichtlich die Anerkennung gerade dieses tragischen Zwischenraums, dass Menschen, wohl wissend, was sie tun, ganz einfach einen Schlussstrich ziehen, eine Art Bilanz, die ihnen zeigt, dass sie endgültig diese Welt nicht länger ertragen noch vertragen. Friedrich Nietzsche etwa forderte, es sollte der letzte Tag sein wie ein Feiertag, wie ein Freudenabschied vom Leben. Es lässt sich an dieser Stelle nur andeuten, dass wir eine völlig veränderte Kultur hätten, würden die Menschen vor dem Tod keine Furcht haben, weil sie selbst bestimmen dürften, wann sie ihn zu sich riefen; gefährliche Gedanken sind das, jenseits der moralisch verfügten Angst.

Johannes I, 324 f.

7. Krieg und politisches Engagement

Wir wollen keinen Krieg. Nie mehr. Unter keinen Umständen mehr. Wir brauchen Helden der Geduld, nicht Helden neuer Schlachten. Wir brauchen die Phantasie der Güte, nicht den Heroismus der Gewalt. Wir brauchen eine Politik, die der gesamten Menschheit dient und nicht dem Nationalstolz Einzelner. Wir brauchen ein Vertrauen, das es wagt, das Böse zu besiegen durch das Gute.

Reden gegen den Krieg 159

Nur in Frieden können wir leben

Wenn es vorhin noch hieß: »Glücklich die Wehrlosen« (Mt 5,5), so folgt jetzt für das praktische Verhalten *die Friedfertigkeit und die Friedensliebe* als Inbegriff von Glück und Lebenserfüllung. Um einem beliebten Missverständnis gleich entgegenzutreten: Es hat keinen Zweck, dieses Wort Jesu auf die private Moral zu beschränken und die öffentliche, die staatliche Moral davon auszunehmen, Jesus wollte, dass, auf der Basis der Wehrlosigkeit, Friede unter den Menschen sei; und was er gewiss nicht gewollt hat, das war die Zweiteilung der Moral zwischen christlicher Existenz und staatsbürgerlicher Pflicht; eine solche Dialektik war ihm völlig fremd. Er wollte auch nicht, nach dem Vorbild mancher Theologen, die, um Ausreden ringend, auswegige Auskünfte geben, eine »Reich-Gottes-Ethik« predigen, die im Zustand der Vollendung gelte, aber »heute leider noch nicht« erfüllbar sei; er wollte ganz im Gegenteil, dass die Menschen hier und jetzt von Gott her zu leben begönnen, er wollte das »unbedingte Heute«. [...] Eben deswegen war der Friede für ihn alles andere als ein politisches Arrangement, als eine Resignation der Aggressionsneigung vor dem Gleichstarken, als ein Ergebnis der wechselseitigen Furcht und Einschüchterung, sondern im Gegenteil: Frieden, das bedeutete für Jesus einen Weg, den Menschen gehen können, wenn sie von Gott her ihr Dasein aufgreifen. [...]

Im Schutze Gottes, des »Spenders der Sicherheit«, so *unbedroht* zu leben, dass es möglich wird, jedem Angriff zu widerstehen – das war die Art Jesu, Frieden zu stiften; und so mochte er, dass wir selber zu Friedensstiftern, zu »Söhnen« Gottes als des Ursprungs allen Friedens würden (vergleiche Mt 5,45). Es sollte möglich werden, in Gott eine Geborgenheit zu finden, die uns den Teufelskreis von Angst, Einschüchterung, Gewalt, Gegengewalt und Gegenterror endlich aufzubrechen hilft und uns auf Wege führt, die wir als »Kinder dieser Welt« niemals beschreiten würden; Menschen des Friedens hingegen – das waren in den Augen Jesu, altägyptisch ausgedrückt: die »leiblichen Söhne Gottes«, die Wesire und Sachwalter, die inkarnierten Vertreter jener unsichtbaren Macht ewiger Güte, die wir als Gott bezeichnen. [...] Nicht eine immer größere Wehrhaftigkeit, sondern im Gegenteil: Die vollkommene Wehrlosigkeit sollte den Grund des Denkens und Handelns bilden; statt immer von Neuem aus Angst einander wechselseitig noch mehr Angst zu machen, pries Jesus die Menschen glücklich, die dem Kreislauf der Gewalt *durch Akzeptieren ihrer Wehrlosigkeit* zu entkommen suchen, indem sie auf Waffen aller Art verzichten und stattdessen den kühnen Versuch unternehmen, ihre Angst von Gott her zu besiegen. Einzig durch einen vollkommenen Verzicht auf Rüstung und Gewalt, so hoffte Jesus, würde man endlich dahin kommen, die Wurzel allen Übels, die menschliche Angst, zu bekämpfen, statt, wie bisher, nur immer wieder im Kampf gegen die Symptome der Angst die eigentliche Krankheit zu verschlimmern.

Matthäus I, 409–411; 416

Von der »real existierenden Kirche« zur Religion der Zukunft

Das Reich Gottes bedeutet das Ende aller Religionen und Konfessionen, sodass jeder, der das Vaterunser betet, ob er es weiß oder nicht, mit den Worten »Dein Reich komme« im Grunde sagt: Vergehen möge jede Kirche!

Wer hat, dem wird gegeben 138 f.

***

Warum muss Religion immer freudlos sein? Warum dürfen eigene Wünsche darin keinen Platz haben? Warum muss sie asketisch verknöchert sein, immer mit Strafe unter dem Titel der Gerechtigkeit agierend? Warum gelten Verstehen, Güte, Barmherzigkeit schon als ein Aufweichen in den Augen der Frommen und Gerechten? Es ist schwer zu begreifen.

Wer hat, dem wird gegeben 76

1. Der Auszug aus Kirche und Herrschaft

Das Verlangen nach Authentizität: Gottes Anruf

Wie ist es möglich, den ursprünglichen Anruf Jesu wieder hörbar werden zu lassen? Die Antwort liegt bereits in der Frage. Niemals »beruft« Gott (oder Jesus) Menschen nach Art der Filmszenen von Hollywood; doch schon das Leiden an dem Bestehenden, schon die Unzufriedenheit an dem Beamteten, schon die Sehnsucht nach der so oft verleugneten, zwangsverwalteten und erstickten Menschlichkeit, schon das dringende Verlangen, endlich wieder Personen statt Funktionären im Raum des Religiösen zu begegnen, weist in die umgekehrte, in die richtige Richtung und arbeitet in uns auf den Zeitpunkt hin, da all das gesammelte Unbehagen sich zu einer konstruktiven Alternative verdichtet und verbindlich setzt. Von da an geht's nicht mehr anders. Von da an gilt es zu tun, was man eigentlich immer schon wollte.

Lukas I, 349

Jesus verurteilt die Gefangenschaft in einer Vergangenheitsreligion

Was wäre Religion, selbst im Kreis der Jünger Jesu, anderes als ein Versuch, etwas Totes anzubeten und die Vergangenheit mächtig werden zu lassen über die Gegenwart? Eine solche Religion lebt ständig rückwärts. Wir kennen das in der Kirche nur allzu gut. Alles, was wir tun, gleicht einem endlosen Grabzug von verstorbenen Vätern und Vorvätern. Am Ende gehört sogar Jesus selber dazu. Wir erklären ihn für lebend, aber in Wahrheit tragen wir ihn zu Grabe. Wenn der Preis des Menschseins Ausgespanntheit und Angst ist, ist es der Preis der Verleugnung des Menschseins, in einer ständigen Trauer zu leben. Man kommt nie in die Gegenwart, nie ins wirkliche Dasein, man ist immer mit dem Vorgegebenen beschäftigt, und es zermürbt so sehr. Es gibt keine Freude, keinen Aufbruch, kein wirkliches Nach-vorne-Gehen. Die Vergangenheit hat die Macht, alles Zukünftige zu verstellen, sie befiehlt sogar, dass nie etwas neu werden kann, denn es muss immer bleiben, wie es schon war – eine Religion der Väter. Jesus ist an dieser Stelle sehr schroff: »Lass das die Toten tun: die Toten begraben!« Eine solche Religion erklärt er für eine Friedhofsangelegenheit; sie ist nichts, was mit Gott zu tun hat. […]

Wenn es so steht, bleibt uns nichts als die Ungewissheit und das Wagnis und als die Gegenwart mit ihren Abenteuern. Da gibt es keine Sicherungen, weder geistig noch materiell, weder kulturell noch traditionell, alles, was wir sind, entscheidet sich jetzt, unter den Augen Gottes. […] Die tradierte Religion genauso wie die schriftgelehrte Tradition und Religion scheitern an der Existenz des Menschen.

Und legte ihnen die Hände auf 105 f.

Der entthronte Petersdom: Religion »mit menschlichem Antlitz«

Zahlreiche Einzelheiten zeigen, dass Goethe bei der »Architektur«, bei der endgültigen Stellung seines *Tempels* [in seinem *Märchen*] gleichwohl den römischen Petersdom sich zum Vorbild gesetzt hat […] Schauen wir uns indessen in Goethes »Tempel« […] einmal um, so finden wir, dass dieses Heiligtum die größte Ähnlichkeit zum römischen *Pantheon* aufweist, das im Italienischen für gewöhnlich als *Rotonda* bezeichnet wird. Dieser in der Tiefe (der Vergangenheit) liegende »Tempel« der griechisch-römischen Antike erweist sich als Ort einer

Toleranz, die imstande ist, »alles Göttliche« (so der Name *pan theion)* in seiner Wahrheit und Schönheit gleichermaßen in Ehrfurcht und Verehrung zu halten. Eine solche Gesinnung leuchtender Güte und Heiterkeit ist als das »Bildnis« des »Heiligtums« von der *Schlange,* von dem naturhaften Empfinden, wohl immer schon erspürt und ertastet worden, doch stets nur wie im verborgenen, ohne wirkliche »Anschauung«, ohne eigene »Erleuchtung«. Jetzt aber wird unausweichlich die Forderung laut, der Tempel müsse *am Fluss,* also just dort zum Stehen kommen, wo nach römischer Topografie der Petersdom sich befindet und wo im *Märchen* das Haus des *Fährmannes* steht. Das Pantheon, geradeheraus gesagt, hat also den Platz des heutigen Petersdoms einzunehmen, auf dass die Religion endlich ihr wahres, menschliches Antlitz (wieder)erlangt! Und wahrlich: *Es ist an der Zeit!*

Goethes Märchen tiefenpsychologisch gedeutet 66 f.

Begegnung der Menschen – Tempel der Gottheit

Gott wohnt einzig, wo man ihn einlässt, in der Innerlichkeit und Wahrhaftigkeit des persönlichen Lebens, und von dieser Gottheit abzuweichen bräche jede etablierte Religiosität auseinander. Dann brauchten wir keinen Tempel mehr, der verwaltet wird von Priestern, sondern alles, was je eine Tempelanlage bedeutet hat, lebte einzig in der Güte und der Nähe, mit der Menschen einander begegnen. Die Art, wie sie sich anreden oder in die Arme schließen oder einander begleiten, *die* ist der lebendige Tempel der Gottheit, und anderswo wird sie nie mehr zu finden sein. Menschlichkeit, Ehrlichkeit, offenes Suchen, das wäre die Art, den Wegegott Israels wiederzufinden, aber eine Garantieerklärung für das Äußerliche ist nichts weiter als der priesterlich dogmatisierte Aberglaube. Keine Garantie ist vereinbar mit dem Gott der Bibel, der selbst seinen Tempel den Rammböcken seiner Feinde zur Zerstörung übergibt, um endlich mit sanftem Griffel ins Herz der Menschen neu zu schreiben.

Das Königreich Gottes in unserer Seele 427 f.

Wo bleibt nur das Reich Gottes?

Man glaubte, das Reich Gottes sei nahe, wie Jesus gesagt hatte. Aber man hat das zeitlich aufgefasst, nicht existenziell. Dann hat man gedacht: Gott verzögert sich, er lässt noch auf sich warten. Aber Jesus wollte nicht sagen, dass Gott sich verzögert, sondern dass wir dauernd Ausreden finden und dann nicht da sind, wenn wir gebraucht werden. Weil man nun das Ganze historisiert, also in die Geschichtsachse verlegt hat, entstand das Problem, dass Gott offenbar die Welt noch nicht so veränderte, wie es in Aussicht stand.

Wer hat, dem wird gegeben 135

***

Ob der »Messias« gekommen *ist* oder nicht, wird nie und nimmer eine Frage der »richtigen« Schriftauslegung bleiben und sein können. Wenn der »Messias« wirklich »gekommen« ist, so müsste sich das ganz im Sinne Jesu ersehen lassen an der Lebensweise derer, die an ihn glauben: Wie hat sich *ihre* Existenz *verändert*? – an *dieser* Stelle liegt die Entscheidung. Ob Gott in Jesus »gewirkt« oder sich »geoffenbart« hat, ist keine Frage theoretischer Untersuchungen, die objektive Beweise für oder gegen eine bestimmte Lehrmeinung sammeln und prüfen könnten, es ist einzig und allein eine Frage unserer eigenen Lebensführung. Ist durch die Botschaft Jesu etwas von Gott her in unserer eigenen Weltsicht so grundlegend verändert worden, dass man angesichts unseres Lebens zu dem Glauben gelangt: *Das* ist von Gott gewirkt, *hier* ist eine Macht eingebrochen, die keine andere Form der Machtberufung mehr zulässt?

Matthäus III, 131

Wie die kirchliche Lebensform sein sollte: die Wahrheit des Menschen als Ziel

Nicht der Bestand ihrer Institutionen, sondern die Wahrheit der Menschen sollte das oberste Ziel aller kirchlichen Erziehung bilden; doch dazu würde gehören, dass die katholische Kirche ihre gesamte Einstellung umkehrt. Als einen Hauptschaden des heutigen Klerikerseins mussten wir erkennen, dass die Lebensformen der sogenannten evangelischen Räte funktionalisiert und das Priesteramt selbst personalisiert ist; gerade umgekehrt aber müsste es sein: *Die Lebensformen* müssten *personal* gestaltet werden, das Amtliche aber müsste unbedingt auf den Aspekt eines *funktionalen* Pragmatismus reduziert werden. Mit anderen Worten: Die katholische Kirche müsste sich erlauben, von den Menschen her zu leben und auf die Menschen hin zu leben, statt immer von Neuem Menschen in die Verliese ihrer Institutionen zu pressen, um dann zu erwarten, dass der Rest der Welt sich nach ihren Vorstellungen richte.

Von daher käme es darauf an, die verschiedenen Lebensformen der evangelischen Räte von allem Pomp des »Besonderen« zu lösen und sie als einfache menschliche Haltungen einzuüben, wobei die Offenheit, Freiheit und Kreativität einer dem Dichter, dem Künstler verwandten Existenzform als Vorbild dienen müsste. [...] In einer wesentlichen, religiösen Einstellung spielt die Frage prinzipiell keine entscheidende Rolle, ob oder wie etwas »ankommt«, sich »verkauft« oder Profit und Einfluss sichert; die Religion hat es, darin der Kunst vergleichbar, mit der Wahrheit zu tun – mit der *letzten* Wahrheit über unser Leben sogar. Nur weil sie aus dem Raum des Unbedingten kommt, kann sie den Menschen unbedingt einfordern, indem sie jedes Lebensziel der irdischen Existenz zwar nicht entwertet, aber relativiert. Sie müsste daher wesentlich Begabungen, Anlagen und Fähigkeiten (»Charismen« ist ein zu salbungsvolles Wort) zu unterstützen und zu fördern suchen, statt nach einem fertigen Schema institutioneller Erwartungen eine Selektion von grauen Mäusen zu betreiben, und statt »*Gehorsam*« von ihren Klerikern zu verlangen, hätte sie selber als Erstes die Pflicht, auf die Regungen von Gefühl, Phantasie und Intelligenz zu horchen, die sie in den Einzelnen wecken und wachrufen könnte. Sie müsste es riskieren, dass aus jedem in ihren Reihen wird, was Gott mit ihm vorgesehen hat, statt die neurotischen Verengungen der Kindheit durch entsprechende Rationalisierungen und Ideologiebildungen immer noch weiter einzuengen; und vor allem: Sie müsste *die Fähigkeit zur Liebe* pflegen und ausbilden, statt sie zu unterdrücken und zu ersticken. Der Zölibat dürfte nicht das Ziel sein, allenfalls ein Ergebnis in der Biografie eines Einzelnen, und zwar ein relativ unwichtiges Ergebnis. [...]

Zudem: Der Unterschied zwischen Männern und Frauen schwindet zusehends dahin, die Spannung zwischen den Geschlechtern, früher durch alle möglichen moralischen Schranken und Tabus noch unterstützt, sinkt erheblich ab; zwischen Freundschaft und Liebe besteht nicht mehr dieser Graben, der zumindest in der abendländischen Kultur zwischen ihnen künstlich gezogen wurde. Die Idee, dass es in Kirche oder Gesellschaft Aufgaben geben sollte, die (außer dem Kindergebären) nur von Männern oder nur von Frauen ausgeübt werden könnten, wird zusehends unsinniger – ein Festhalten der Kirche an dem Prinzip, dass nur Männer Priester sein dürfen, ist heute schon ein klar erkennbarer Anachronismus. Und all diese Faktoren werden die »Ausbildung« von Menschen beeinflussen, die religiös das Zeug haben sollen, so etwas wie eine Mittlerfunktion zwischen Mensch und Natur, zwischen Gott und Welt, zwischen Kirche und Gesellschaft auszuüben. An oberster Stelle wird es darauf ankommen, solche Menschen nach Künstlerweise die Liebe zu lehren, wohlgemerkt nicht die überweltliche, die engelgleiche, die mystische Liebe, sondern die ganz reale irdische Liebe. Es wird darum gehen, eine Religiosität zu pflegen, welche die uralten Aufspaltungen überwindet, die heute noch die Seele vom Körper, das Fühlen vom Empfinden, das Lieben vom Begehren, die Frau von dem Mann, den Unverheirateten von dem Verheirateten, den Kleriker von dem Laien und letztlich Gott von der Welt trennt.

Kleriker 735–738

Für eine Kirche der Redenden

Es kann so viel bedeuten, Stummen den Mund zu öffnen. Mein Gott, was hätten wir für eine Kirche, wenn es nicht »Vorgesetzte« und »Laien« gäbe, sondern: Redende. Jeder würde das tun, was die Bibel eigentlich tut. Sie erzählt menschliche Schicksale; die würden vorgebracht, und es wäre unsere Aufgabe, den winzigen roten Faden göttlicher Führung, die kleinen Webfäden eines sich bildenden Vertrauens zu finden. Alles, was Jesus von denen wollte, die er aussandte oder die sich im Zeichen der Nachfolge auf ihn beriefen, hatte nur diese Aufgabe: der Herde, die keinen Hirten hat, den Verlorenen nachzugehen voll Erbarmen. Eine unerhörte Ernte wäre da einzubringen an Leid, an Not, an Suchen, und es gäbe keinen anderen Weg, als zuallererst Laut dem zu geben, was nie gesagt wurde, fühlbar zu machen, was vereist war im Kältewind der Interesselosigkeit und Besserwisserei. Da gäbe es zu arbeiten, durchzugehen, anzupacken, und es wäre ein einziges großes Erbarmen über die Menschen dieser Welt. Sie mögen noch so krank scheinen, sie mögen noch so Falsches tun, an den Menschen zu glauben ist vielleicht das größte Gut, das wir haben. Ich wage zu sagen, dass, wer dies nicht mehr vermag, nicht einmal mehr den Instinkt besitzt, Gott als existierend zu wünschen.

Und legte ihnen die Hände auf 37

Gegen eine Kirche der Macher und Veranstalter

Keine Gefahr scheint größer, tödlicher, als wenn auch im Raum der Religion immer wieder die Frage Vorrang zu haben scheint: »Was aber müssen wir machen?« Selbst im Kreis der sogenannten Seelsorge drängt sich diese Frage bis zum Lebensfeindlichen in den Vordergrund: »Was ist zu machen, was muss man machen?« Als ließe sich das Leben so praktisch ordnen, so leichthin verordnen, als wären die wirklichen Lebensfragen nicht überhaupt erst zugänglich, wenn Ruhe eintritt und ein inneres Wachsen beginnt. Eine Gesellschaft aber ist vom Tode bedroht, wenn auch die Religion nicht mehr vermag, Freiräume zu öffnen, in denen Menschen sein dürfen, wenn die erste Frage immer lautet: »Was müssen wir machen?«, und im Hintergrund die Angst lauert, wir seien in den Augen der anderen nur das, was wir tun. Es ist der beste Teil unseres Lebens, dass wir Gott zutrauen, er wolle, dass wir sind, dass wir in seiner Nähe Ruhe finden.

Zwischen Staub und Sternen 120

***

Mehr sind wir nicht, auch *christlich* nicht, als *unterwegs*. Der Gott, der zu Moses auf die Frage: Wie heißt du?, nur sagen konnte: »Ich bin da, als der ich da sein werde« (Ex 3,14), ist die *Widerlegung* aller Theologenauskunft. Nichts gibt es da zu »wissen«, wohl aber alles zu *vertrauen*.

Matthäus II, 404

Religion soll Menschen undogmatisch verbinden

Vorhin noch haben wir gehört, Religion bestehe darin, Gruppen von Menschen nach bestimmten äußeren Kriterien ein- und aufzuteilen. Dann geriet diese ganze Einstellung in Zweifel, und wir wussten nicht mehr, woran wir selber waren. Jetzt aber lautet die Antwort aus dem Munde Johannes' des Täufers: Es gibt etwas, das in allem noch so Unsicheren und Schwankenden Bestand hat, das ist: Du verstehst dein eigenes Leben, deine eigene Existenz als einen Auftrag, anderen Menschen zu helfen, zu ihrer Freude zu finden, zu ihrer Reinheit zu gelangen, und es wird für dich selbst die größte Freude sein, zu erleben, dass dir so etwas gelingt. Um dich her breitet sich ein bescheidenes Feld von Glück; und was irgend du dazu beiträgst, dass ein Mensch bei sich ankommt, dass er anfängt, bei sich selbst sich zu Hause zu fühlen, dass er andere Menschen zu sich einlädt und sich in die Nähe anderer hinüberwagt – das zeigt dir den ganzen Inhalt der Religion. Nur so wird es weitergehen – kein neues Dogma, keine neue Welterklärung, aber etwas überaus Wichtiges in Form gelebter Menschlichkeit. Das ganze Konkurrenzgehabe zwischen den Religionen und Konfessionen vergeht wie von selbst, wir bewegen uns nicht länger auf der Ebene des Vergleichs in Bezug zu anderen; es ist nur noch wichtig, den anderen zu fördern, dass er größer wird, selbständiger, kräftiger, unabhängiger, strahlender – und selber dahinter zurückzutreten. Das zu begreifen als Freude und Glück, welch eine wunderbare Religion!

Johannes I, 177 f.

Systemtheoretische Plausibilität der Hierarchie

Man kann systemtheoretisch zeigen, dass es so etwas wie Hierarchie von der kleinsten Zelle an geben muss bis hinauf zu den höchst komplexen Systemen sozialer Organisationen. Ich habe nichts gegen hierarchische Gliederungssysteme. Sie sind natürlich und sozialpsychologisch schlechterdings nötig. Wogegen ich etwas habe, ist die angstbedingte Verfestigung oder die viel zu frühe Heiligsprechung von Machtstrukturen im Namen solcher hierarchischen Gliederungsmodelle. Um es so zu sagen: Die Hierarchie sollte funktional und pragmatisch sein, aber stattdessen ist sie zum Selbstzweck geworden.

Wort des Heils – Wort der Heilung IV, 95 f.

Der ideale Gemeindeleiter ist Moderator

Der beste »Führer« der »Herde« Christi ist nicht verkörpert in dem Typ eines kraftvoll handelnden Politikers noch in dem Typ eines asketischen Masochisten oder eines bigotten Tyrannen, der mit dem Anspruch auftritt, schon durch sein Amt *in* der Wahrheit bzw. womöglich *die* Wahrheit selbst zu sein; er ist ganz im Gegenteil ein Mensch, der es gelernt hat, die immer neuen Infragestellungen Gottes an sein Leben zu akzeptieren und sich in dieser Weise »abzusterben«, längst ehe er physisch stirbt, bzw. er ist als Mensch dahin gelangt, auf eine Weise zu leben, die den Tod nicht (mehr) kennt, da sein ganzes Leben in den Händen Gottes ruht, sodass die Art seines Vertrauens, gemäß dem Beispiel Jesu selber, bis in den Tod hinein beweisen wird, welch eine Macht Gott im Herzen eines Menschen zu besitzen vermag. Er ist ein Mensch, der zu hören sich angewöhnt hat, sodass sein »Leiten« der »Herde« eher ein *Begleiten* der Suchenden ist, ein Hinweisen eher als ein Unterweisen und Anweisen von vermeintlich immer schon Wissenden, ein Fragen eher als ein Sagen, ein sorgfältiges Stimmen der Instrumente des Orchesters eher als ein Bestimmen des Konzertprogramms; ja, er ist jemand, der es sich förmlich verbietet, der Frage nachzuhängen, was Gott mit dem Leben *anderer* Menschen vorhat.

Ich steige hinab in die Barke der Sonne 226 f.

Wie leitet man eine herrschaftsfreie Gruppe?

Da existiert also eine Gruppe, in welcher derjenige als »Führer« gilt, der dem Interesse aller: sich selber zu finden und sich selbst besser kennenzulernen, am hilfreichsten entgegenkommt. Wenn dieser »Führer« einen »Gegner« formuliert, dann wird es am ehesten derjenige sein, der aus prinzipiellen Gründen das Verstehen verweigert und es stattdessen vorzieht, mit moralischen, religiösen oder praktischen Anweisungen und Ratschlägen die anderen zu kommandieren und zu dominieren. Wer da auf solche Weise der »Erste« sein will, der wird sehr bald der »Letzte« in den Augen aller anderen sein. Kaum aber beginnt die Gruppe sich auf dem Rücken des »Omegas« neu zu formieren, da muss es im Interesse des »Alphas« liegen, den *Hintergrund* dieser Omega-Rolle durchzusprechen und bei den anderen um Verständnis für ein *Schicksal* zu werben, das nur *anders* ist als vielleicht das eigene.

Mit anderen Worten: Die Rollenverteilung in der Gruppe liegt nicht fest, sie erlaubt keine personengebundenen Institutionalisierungen oder eine Art »Verbeamtung« auf Lebenszeit, sondern ganz im Gegenteil [...] erhalten die Gruppenmitglieder die Möglichkeit, zu ihrer Biografie noch einmal neu Stellung zu nehmen, *anders* zu werden, als sie ihr Leben lang bisher zu sein gezwungen waren, sich selber im Gegenüber anderer *neu* zu definieren, alternative Verhaltensweisen probeweise durchzuspielen und vor allem: szenisch noch einmal bestimmte Situationen, in denen vor vielen Jahren das »Drehbuch« ihres Lebens, ihr *»Skript«*, entstanden ist, nachzustellen und sich in all dem das *Recht* zu einem wirklichen *Neuanfang*, zu einer wirklichen *Neuwerdung* zu nehmen. [...] Und mehr noch: Es kommt im Verlauf einer Gruppenpsychotherapie nicht selten vor, dass der Therapeut (oder ein anderer), indem er für die Belange des Omegas eintritt, stellvertretend die Aggressionen auf sich zieht, die ursprünglich diesem gegolten haben [...] Da wird der »Erste« freiwillig der »Letzte«, doch er folgt damit gerade den Regeln, die sich aus einer therapeutischen Grundhaltung ergeben.

Jesus von Nazareth 383; 385

Der Heilungsauftrag der Kirche

»Macht Kranke heil, weckt Tote auf, reinigt Aussätzige ...« Wieviel an Verzweiflung liegt im Herzen von Menschen, die den Tod schon deshalb brauchen, weil sie das Leben noch mehr fürchten als das Sterben, und die nur daliegen, als wäre ihr Dasein ein Grab. »Ruft ihnen zu, dass es eine Auferstehung gibt längst vor dem Sterben! Heißt sie, sich aufzurichten mitten im Leben! Ringt die Verzweiflung nieder durch die Kraft des Vertrauens! Heilt alle Gebrechen, heilt alle Krankheiten, lebt einen Glauben, der Menschen stark macht und Mut gibt zu sich selber! Und vertreibt die Dämonen, die bösen Geister!« In wie vielen Köpfen zersetzt sich jedes gerade Denken, jedes Fühlen durch die Gegenkraft des von früher Kindheit her Eingeprägten. Wie vieles wurde, noch als wir klein waren und schwach, hilflos und außerstande, Widerstand zu leisten, in uns hineingesenkt an fremden Stimmen, Redensarten der Unterdrückung, der Versperrung jeden Glücks. Und wie kann es sein, Menschen zu lehren, ihr eigenes Ich zu wagen, zu spüren und zu riskieren, indem in ihr Denken so etwas zurückkehrt wie Konsequenz, Selbstbestimmung, Eigenmächtigkeit im Umgang mit sich selbst und also Freiheit, Würde, Verantwortung und Stärke? Wie kann es sein, dass Menschen beginnen, ihren eigenen Gefühlen wieder zu trauen und die ständigen Stimmen der Gegenrede endlich sich auflösen? »Menschen sind von Gott berufen, sie sind Teil des Königreiches des Himmels, während sie noch über die Erde gehen. Das sagt!« Und er gab ihnen Macht über alle Krankheit, jedes Gebrechen und über die bösen Geister. [...] Alles andere wird das Nebensächliche sein. Es ist diese bis ins Weltumspannende reichende Menschlichkeit Jesu, die uns, die wir aus den Heiden kommen, einbezieht ins Volk der Erwählung. [...] Eine heilsame Gemeinde des Glaubens hat Jesus gewollt, die nicht ausschließt, sondern aufnimmt und keine Verlorenen mehr kennt. Diese Sammlung derer, die Gott unbedingt brauchen, war das ganze Bemühen des Jesus von Nazaret, sein Leben, sein Sterben und sein Auferstehen in uns, wenn wir's können. Er gab uns die Vollmacht.

Zwischen Staub und Sternen 70; 73

2. Auf dem Weg vom Christentum zur Universalreligion

Was Jesus wesentlich von allen anderen Lehrern der Menschheit unterscheidet, ist vor allem seine Menschlichkeit.

Markus II, 483

Protestantismus und Katholizismus

Der Protestantismus scheint mir darin eine bleibende Wahrheit zu besitzen und eine große geschichtliche Herausforderung darzustellen, dass er keinerlei Form von Glauben akzeptiert, die nicht durch die Unruhe, die Angst und die Not dessen gegangen ist, was es heißt, ein Einzelner zu sein. Mit dem Beginn der Neuzeit geht einher die Bewusstwerdung des Subjekts; und die katholische Kirche wird lernen müssen, dass sie die Freiheit, die Not und das Suchen von Einzelnen auf dem Wege ihrer Personwerdung für von Gott gewollt und legitim erachten muss. Keine ihrer Institutionen, Lehren und Dogmen beglaubigt sich einfach durch die Heiligkeit des Tradierten selber, solange es nicht vermittelt wird durch den Weg der lebendigen Erfahrung und der subjektiven Glaubwürdigkeit personaler Aneignung. Insofern kann ich mir mit Begeisterung vorstellen, Protestant zu sein.

Auf der anderen Seite glaube ich allerdings, dass in der Neuzeit das Sprechen von Person reduktiv auf die bewusste Ich-Spitze eingeschränkt und damit existenziell überfrachtet wurde. Gerade von Seiten der Tiefenpsychologie scheint es mir wichtig zu betonen, dass die Begegnung zwischen Personen nicht etwas rein Bewusstes, Voluntatives ist, sondern sich bereits in der Begegnung zwischen einem Kind und seiner Mutter und nicht minder zwischen Mann und Frau, nicht anders zwischen Erwachsenen durch bestimmte vorgegebene Schemata, Interessen, Bilder und unabgegoltene Sehnsüchte vermittelt. Auch Vertrauen lernen wir nicht einfachhin durch verbalen Zuspruch, sondern wesentlich durch die Aktivierung von Bildern, die zeigen, dass die Botschaft angekommen ist. Dieses Element könnte der Katholizismus vertreten, wenn er das psychische Fundament seiner Selbstbegründung wirklich anerkennen wollte, statt es rein äußerlich in einer Historie zu suchen, in der es nicht zu finden ist. Die protestantische Kritik scheint mir darin sehr recht zu haben, dass Gott niemals etwas Äußerliches, niemals also auch Teil des historischen Wissens werden wird und dass alles Reden von Gott nie etwas anderes sein kann als symbolisches Sprechen. Der Katholizismus aber scheint mir seine Wahrheit darin zu haben, dass es eine objektive, dem Subjekt vorgegebene Wahrheit des Symbolischen gibt. Freilich liegt diese in der Seele des Menschen.

An diesem Punkt wäre der Ort, an dem Katholizismus und Protestantismus einer integralen Form der Menschwerdung, getragen von der Botschaft des Jesus von Nazaret, ein Stück ähnlicher werden könnten. Das Problem der Glaubensspaltung ist identisch mit der Zerrissenheit heutigen Menschseins zwischen Bewusstsein und Unbewusstem, Individuellem und Kollektivem.

Wort des Heils – Wort der Heilung III, 68 f.

Autonomie und Gemeinschaft: Christentum und Buddhismus

»*Wen* sucht ihr?« Stets suchen wir, um ruhig zu werden, nicht etwas, keine Sache, sondern eine Person. Den ganzen Tag über seien die Jünger bei ihm geblieben, erzählt das *Johannes-Evangelium.* Wenn man so will, unterscheidet dieses Moment das Christliche denn doch vom Buddhistischen. Der Buddha hätte, wenn ein Schüler in der Meditation versunken war, sich leise von ihm verabschieden können, denn der Schüler hätte seines Meisters nicht länger bedurft. Die Erfahrung, die wir *christlich* nennen, besteht hingegen darin, Bleibe nur finden zu können in der Nähe eines Menschen, der *nicht* weggeht, der *nie* weggeht. Erst eine solche Zuversicht verschafft die Ruhe, nach der wir uns sehnen. Die »Versunkenheit«, das »Bleiben« der Johannes-Jünger, findet statt in einem Austausch ohne Worte; sie ist ein einfaches Miteinandersein, ein gemeinsames Zueinander-Kommen unter den Augen dessen, der unausgesprochen und schweigend zwischen ihnen vermittelt; dieses *Zwischen*, dieser Grund allen Vertrauens, ist das, was Jesus selbst seinen (und unseren) »Vater« nennen wird und worin er »Bleiben« gefunden hat. (Vgl. Lk 2,49)

Johannes I, 92 f.

Die therapeutische Dimension des Christentums und die anderen Religionen

Die Betonung der *Ganzheit* des Lebens, verbunden mit dem *therapeutischen* Bemühen Jesu, zeigt eindeutig, in welch eine Richtung eine Religionsform gehen müsste, welche die Sache des Mannes aus Nazaret glaubwürdig aufgreifen und weitertragen möchte. Unerachtet der offenbaren Verstellungen der kirchlichen »Vermittlung«, ist klar, dass das Christentum nur als *Befreiung* von Seelenzerrissenheit, Ich-Verlust und Depersonalisation verstanden werden kann, inklusive der Durcharbeitung derjenigen Faktoren in Staat, Kirche und Gesellschaft, die der Selbstwerdung des Menschen aus wirtschaftlichen, machtpolitischen oder gruppenegoistischen Interessen im Wege stehen. Freilich trägt eine solche Durcharbeitung revolutionäre Züge. […]

Es ist unvermeidbar, diese *therapeutische* Dimension des Christentums von anderen Religionen abzusetzen, etwa vom Judentum, aus dem Jesus selber kam, und vom Islam, der sich selber auf die jüdische Religion (auf Noah, Abraham, Mose und Jesus) in menschheitlichem Sinne bezieht – beide Religionen verstehen sich selber ausdrücklich als Gesetzesreligionen; *jedes Gesetz* aber kommt zu früh oder zu spät, wenn es um die *Erlösung* des Menschen aus dem Kessel von Angst,

Entfremdung, Einsamkeit und Verlorenheit geht; für keine dieser ganz persönlich sich stellenden Fragen taugt eine Verhaltensregel des ethisch Allgemeinen; viele psychische Probleme entstehen vielmehr aus moralisch bedingten Einseitigkeiten und Verfestigungen und sind am Ende mit keiner noch so gut gemeinten »Willensanstrengung« zu lösen.

Im Anfang… 1170 f.

Von den Weltreligionen lernen

Dass der Lebensdurst uns quält, weil er niemals zu sättigen ist, diese Erfahrung ist der Inbegriff des Buddhismus. – Und wie Mann und Frau einander suchen und dabei nach Gott verlangen, sich nicht vor ihrer Körperlichkeit und Sinnlichkeit fürchten, sondern sie in ihrem Verlangen durchseelen, bis dass sie anlangen an der Ewigkeit, dies ist der Weg des Hinduismus in seinen Mythen, seinen Gedichten, seiner Liebeslyrik und unvergleichlichen Poesie aller Naturkräfte im Menschen und rings um den Menschen. – Und das Warten, dass diese Geschichte sich erfüllt im Kommen des Messias und es bräche an ein wirkliches Reich Gottes unter den Menschen, ist das gesamte Erbe aus Judentum und Islam. Und all dieser Religionen bedürften wir; sie wären keine Gegensätze, sondern sie müssten erklären, woran wir selber glauben, sie alle wären Stufen ins Heiligtum des Christus, dessen, der sagt: Ich bin. Und es ist eine Wirklichkeit ganz und gar gestaltet als Freiheit, als Person und bereit, einen jeden von uns bei der Hand zu nehmen, auf dass er werde wie Gott, eine Person in Freiheit, gegründet in Liebe, abhängig als Kreatur, aber berufen zur Unendlichkeit.

Leben, das dem Tod entwächst 87

***

Würden Christen wie Muslime an Gott glauben und die Angst überwinden, weil Gott größer ist als alles, auch größer als der Tod, dann hätte man einen wunderbaren *Common sense* über das, was Religion allen Menschen zu allen Zeiten im Wesentlichen zu sagen hat.

Reden gegen den Krieg 27

Die Notwendigkeit des Synkretismus

Kein Brauchtum und keine Vorstellung wäre so heidnisch, dass sie nicht zugleich auch christlich genannt werden könnte, wenn wir nur offen genug, poetisch genug sind. Das sind die schönsten Feste der Kirche, die am wenigsten spezifisch, aber dafür im Wesen menschlich sind.

Licht des Friedens 33

***

Immer wieder lautet der Vorwurf gegenüber einer vermenschlichten Religiosität, sie sei synkretistisch. Aber was, im Himmel und auf Erden, erwartet man denn von einer Religion, die menschlich ist, außer dass sie all das, was im Menschen lebt, sich sehnt und regen möchte, integriert?

Das Königreich Gottes in unserer Seele 457

***

Dann träume ich von einem großen Aufbruch auch zwischen den Religionen. Ich sage mir: Die Zeit ist längst reif für eine Kulturverschmelzung. Wir müssen einfach lernen, dass das, was christlich ist in der Botschaft des Menschensohnes, im christlichen Abendland bisher nur einen ganz schmalen Ausschnitt der Verwirklichung hat finden können. Und dass wir das, was menschlich ist, ganz sicher werden lernen müssen von den vielen Experimenten fremder Kulturen und Religionsformen, die uns zeigen können, was es doch auch gibt, um uns zu ergänzen, zu verständigen, zu erweitern. Da könnte ich mir eine katholische Kirche vorstellen, die wahr macht, was ihr Name sagt: wirklich katholisch, das heißt auf das Weite, auf das Ganze hin geordnet zu sein.

Wort des Heils – Wort der Heilung IV, 101

Rituelle Symbole verbinden alle Menschen aller Zeiten in einer Religion

Die Symbole, die man zur Antwort verwendet, mögen sich je nach Gegebenheit ändern […], doch die Problemstellungen selber, auf welche *die* Religion (in der Einzahl) zu antworten versucht, ändern sich nicht. Kannibalismus und Kopfjagd zum Beispiel – sie werden sich als rituelles Leitmotiv der Religion selbst noch im Christentum in Gestalt der »Abendmahlsfeier« erhalten: Da essen die Gläubigen wie vor Jahrzehntausenden das »Fleisch« des getöteten Gottes und trinken sein »Blut« – nur dass es jetzt Brot ist und Wein, hat die alte eiszeitliche Praktik durch das kulturelle Erbe des Ackerbau treibenden Neolithikums »gewandelt«. Immer noch suchen und verehren die Menschen wie damals ihre Verstorbenen in der diesseitigen Jenseitswelt der Gräber, voller Furcht, voller Liebe und stets in der Hoffnung, sie dereinst wiederzusehen. Alle Themen, auf welche der »Christus« der Christen antwortet, sind, wie wir sehen, uralt; es sind die Themen des Cro-Magnon-Menschen, des *modernen homo sapiens*, einer Spätblüte in der Geschichte der Hominiden – und gewiss nicht ihrer letzten. Wie klein, ja, angesichts dieser Dimensionen, wie *kleinlich* wirkt da all das, was christliche Theologen als »ihre« Wahrheit mit göttlichem Anspruch der Menschheit für alle Zeiten glauben »verkünden« zu sollen und vorschreiben zu müssen, blickt man auch nur einmal kurz in den Strom der Zeit und sieht, was für winzige Inseln wir selber nur erst bewohnen!

Der sechste Tag 175 f.

Hinaus aus den Einzelreligionen

Man glaubt Gott nicht, wenn man ihn in ein Dogma presst. Konkret bedeutet das, dass man aus jeder Konfession herauswachsen muss, um Gott zu finden. Alle Religionsgemeinschaften verwalten Gott institutionell in begrenzten Formen, und das ist bei allem Reden von Gott im Grunde Götzendienst. Ein solcher aber schafft nicht Freiheit, sondern Entfremdung. Im Grunde dient man wieder fremden Göttern im Sinne des 1. Gebotes, und man schafft sich Götzenbilder im Sinne des 2. Gebotes.

Die Zehn Gebote 44

Religiöse Vielfalt ergänzt die eigene Religion

So viel ist sicher: Die Religion der Menschheit von morgen wird von dem Geschehen des *Pfingstmorgens* ausgehen müssen, in dem ein jeder, wer immer er sei, im Sprechen von Gott seine *eigene* Sprache zu vernehmen meinte. Die verschiedenen religiösen Sprachspiele dürfen nicht länger mehr in Konkurrenz zueinander gesehen werden, sondern sie sollten als Teile einer gemeinsamen menschheitlichen Symphonie verstanden werden, der keine Melodie, keine Stimmführung, kein Satz fehlen darf, ohne dass die Harmonie des Ganzen in Gefahr geriete. Den vorliegenden Mythos der Yahuna-Indianer *religiös verbindlich* zu interpretieren, das ist nur möglich in einer Form von Frömmigkeit und Menschlichkeit, die das bestehende Gefüge von Theologie so weit verändert, dass darin wieder Raum wird für die offene Erfahrungsbereitschaft von Poesie und Prophetie.

Milomaki 9

Religionen sind Medikamente gegen Einzelformen der Ich-Angst

Keine der verschiedenen Religionen [...] ist demnach als Konkurrentin einer anderen Religion zu betrachten, es wäre aber auch nicht richtig, sie alle miteinander für gleichwertig oder gleichsinnig zu erklären; es kommt vielmehr darauf an, *die spezifischen Unterschiede* zwischen den verschiedenen religiösen Grunderfahrungen *als Antworten auf bestimmte Infragestellungen* der menschlichen Existenz zu betrachten. Je nach der Art und dem Grad der *Erkrankung* der menschlichen Existenz an der Angst bedarf es ganz einfach *verschiedener Medikamente* mit einem je spezifischen Anwendungsspektrum; und so wenig wie die Antibiotika die Psychopharmaka überflüssig machen oder »widerlegen« können, so wenig, recht verstanden, widerlegen die verschiedenen Religionsformen einander.

Glauben in Freiheit 353 (ähnlich: *Jesus von Nazareth* 39)

Das Besondere des Christentums: sein Sinn für die Individualität

Wie es um die »historische« Begründung der christlichen »Heilswahrheiten« bestellt ist, haben wir gerade durch die historisch-kritische Methode seit 150 Jahren kennengelernt. Andererseits haben wir gerade durch die Tiefenpsychologie gesehen, wie absolut wesentlich *eine historische Person* hinter den heilenden Bildern des Glaubens angenommen werden muss, indem zur Überwindung zentraler Formen des Angsterlebens notwendig die Begegnung mit einer anderen Person gehört, in deren vertrauensvoller Nähe die heilenden Bilder der menschlichen Psyche aus dem Unbewussten allererst aktiviert zu werden vermögen; und gerade in dieser *Verbindung von personalem Vertrauen und archetypischen Träumen* scheint der wichtigste Anknüpfungspunkt für eine fundamentaltheologische Begründung des spezifisch Christlichen zu liegen.

[…] In der Tat liegt die Einzigartigkeit des Christentums nicht in seinen Glaubenssymbolen an sich, die vor allem im Alten Ägypten jahrtausendealte Parallelen zu den christlichen Vorstellungen aufweisen und im kollektiven Unbewussten der menschlichen Psyche verankert sind. Spezifisch christlich hingegen ist die Betonung der Personalität und Individualität in ihrer Synthese mit dem archetypischen Material der Psyche. Was im prophetischen Erleben des Alten Testamentes eine Ausnahme war und bleiben musste, gilt im Christentum als unbedingte Voraussetzung des Glaubens: die radikale Vereinzelung des Individuums im Moment der Entscheidung für oder gegen die Annahme der christlichen Botschaft. […*V*]*on daher* ergibt sich nun auch eine entscheidende Existenzialisierung des uralten Motivs von der sterbenden und auferstehenden Gottheit, die das Christentum tatsächlich zu einer einzigartigen Religion macht: Nur der Gottmensch des Christentums hat Angst vor dem Sterben, und nur er muss die Todesangst besiegen, um den Gotteswillen zu erfüllen und die Menschheit zu erlösen. Einzig das Christentum hat *den Begriff der Person* in seiner Unableitbarkeit theologisch zum Zentralthema seiner Selbstauslegung erhoben, und nur das Christentum verfügt über eine Form der Erlösungslehre, die auf *die Angst der Personalität* mit dem Hinweis auf *die Person des Gottmenschen* antwortet, der in seiner eigenen Angst die Macht des Todes überwand. *Insofern* ist das Christentum an *die historische Einmaligkeit* der Gestalt seines Gründers gebunden, und insofern stellt es selbst eine historisch einmalige und unvergleichliche Religionsform dar.

Tiefenpsychologie und Exegese II, 777 f.

Religion ist ein Werkzeug zur Selbstfindung auf universeller Ebene

Endlich kann die *Religion* wieder verstanden werden *als ein Organ der Selbstfindung,* der Personwerdung, der Freiheit, der Reifung und der Integration der menschlichen Psyche; Religion hört mithin auf, ein

Werkzeug autoritärer Abhängigkeit und verinnerlichter Gewalt zu sein; sie wird, in der Sprache der Psychoanalyse, aus einer Überichfunktion in eine *Ichfunktion* verwandelt; sie wird damit gewalt- und herrschaftsfrei. Dies ist der *»psychische«* Vorteil, und er selbst bereits ist überaus wichtig. [...]

Die »Wahrheit« des Religiösen kann, wenn es so steht, *nicht* länger mehr gesucht werden *auf der Ebene der Bilder*: der Symbole, der Riten, der Formeln und der Dogmen; *sie liegt* endlich wieder dort, wo sie einzig hingehört: *auf der Ebene der Existenz,* des persönlich geführten Lebens, einer glaubwürdigen und glaubhaften Menschlichkeit; *hier* und *nur* hier liegt auch *die Einzigartigkeit,* die Unvertauschbarkeit und die Unersetzlichkeit *der Person Jesu.* Die religiösen Ausdrucksformen selbst hingegen treten jetzt aus ihrer kultur- und traditionsabhängigen Einzigartigkeit heraus; sie erscheinen, jenseits der kirchlichen Sonderverwaltung, wieder als etwas Gemeinsam-Menschliches, und sie können somit, statt weiter der Trennung, endlich der Einheit des Menschlichen dienen, als eine universell verständliche Sprache, die so menschheitlich, so kreatürlich, so lebendig ist, dass wir sie nicht allein mit allen Menschen, sondern weitgehend sogar mit den meisten höherentwickelten Tieren teilen.

Glauben in Freiheit 263 f.

Christliche Hoffnung auf eine Verschmelzung aller Menschen

Was es christlich gibt, ist die Erwartung der Verschmelzung aller Menschen rund um den Globus in der Erkenntnis einer einzigen Gestalt der Menschlichkeit, wie sie in Jesus begann. Allein das ist die Hoffnung. Und dann darf man sicher sein: Alles, was da tot und faulig herumliegt – über jedem Aas sammeln sich die Geier (Mt 24,28) – alles, was nicht stimmt in unserer Kirche oder in irgendeiner anderen religiösen Gemeinschaft, wird aufgezehrt werden.

Auch das ist Teil einer Hoffnung – irgendwann und bald! Da werden Grenzen aufgesprengt, da werden Barrieren niedergerissen, da werden Fronten endlich durchlässig gemacht, da bleibt die Zuversicht, dass der »Menschensohn«, die personifizierte Menschlichkeit, kommt als eine Erscheinung, die alle umgreift. Was denn auch sonst sollte uns Hoffnung sein! Besser, es stürzen die »Sterne«, besser, es verfinstert sich die »Sonne«, besser, es geht all das zugrunde, woran man uns lehrte zu glauben – isoliert, fixiert und begrenzt, besser, es sinkt all das zu Boden, als dass wir das Hoffen für und auf eine gemeinsame Welt aller Menschen darüber vergäßen! Das ist das Evangelium des »Christus« bis an das Ende der Tage, bis zum Anfang einer Hoffnung, die nie mehr erstirbt. Jeder weiß heute, zweitausend Jahre danach, dass es so ist, dass es so sein *muss*: Alles Partikulare hat keine Chance mehr; nur eine einige Menschheit zählt.

Matthäus III, 191 f.

Verschmelzung aller Religionen, Gefahren des Rückfalls in Esoterik

Natürlich hebt der Absolutheitsanspruch *aller* Religionen sich wechselseitig auf: Keine Religion kann von Gott sein, wenn sie behauptet, *einzig* von Gott zu sein. [...] Systemtheoretisch betrachtet erleben alle Religionen derzeit eine Phase der »Fluktuation«. Regeln und Grenzen, die vor Kurzem noch für unüberschreitbar galten, verlieren in Windeseile an Wertigkeit; selbst wichtige »Lehrinhalte« der Tradition sind nicht mehr bekannt oder werden doch kaum noch zur Kenntnis genommen. Dafür wächst die Neigung und Neugier nach neuen geistigen Arrangements. Diese Phase der derzeitigen Entwicklung, die deutlich genug die Merkmale von Umbruch und Übergang zeigt, ist in sich selbst unvermeidbar und voller Chancen, doch auch nicht gänzlich ohne Gefahren.

Es geht, um Missverständnissen vorzubeugen, bei diesen »Gefahren« durchaus nicht um die von den Kirchenvertretern häufig beschworene und heftig gefürchtete »Beliebigkeit«, die aus der Verbindlichkeit der Lehren einer bestimmten Religion eine Art Warenhandlung mit einem Sortiment für jeden Wunsch und jedes Bedürfnis zu machen drohe. [...] Die Gefahr, die darin tatsächlich liegt, besteht in der unorganischen Verschmelzung von an sich völlig heterogenen Gedankengebilden ohne geistig kompetente Zuordnung [...]: Da kann sehr leicht etwas zusammenkommen, das geistig sich nicht verträgt und nur um den Preis einer schleichenden Schizophrenie des Geistes zu einander drängt.

Das beste Beispiel für eine solche nicht ungefährliche Möglichkeit bietet der derzeitige *Esoterikboom.* Als eines seiner Hauptmerkmale lässt sich die Suche nach einer Synthese in die genannten drei »Richtungen« hervorheben: einer kulturellen, ökologischen und psychischen Integration; doch die Art dieser »Integration« erfolgt nicht in der Form einer wirklichen geistigen Syntheseleistung, sondern eher additiv, nach der Devise: Alles ist möglich.

Ein Begriff zum Beispiel, der in der Physik außerordentlich nützlich und berechtigt ist: der Begriff der *Energie,* wird in der Esoterik so gebraucht, als wenn die physikalische und psychische Realität auf derselben Ebene lägen, und so kommt es zu Missverständnissen aller Art. [...D]as ganze Sprechen von »Energie« macht in der Psychologie nur Sinn, wenn es seine eigene Bildhaftigkeit eingesteht und reflektiert. Doch genau das geschieht nicht in der esoterischen Literatur; sie fasst – in einer fatalen Parallele zum katholischen »Lehramt« – das Bildhafte »wörtlich«, das Analoge homolog, das Symbolische begrifflich, und daraus ergeben sich nicht unbedenkliche Konsequenzen. [...]

Ein anderes Beispiel: In einer Indianerkultur Nordamerikas ist und war es gewiss nicht unsinnig, bestimmte »heilige Berge« oder »heilige Steine« zu verehren; eine solche Haltung ergab sich wie von selbst aus einer Weltsicht, in der die äußere Landschaft im Raum als eine Art *»Seelenlandschaft«* betrachtet wurde, die ihre eigenen »Kraftpunkte« aufwies. [...] Was in der einen Kultur (noch) als Glaube erscheint, kann und muss in einer anderen Kultur als Unglaube erscheinen, was hier als Sinn, dort als Unsinn, was hier als Gebot, dort als Verbot.

Gleichwohl, trotz mancherlei Missverständlichem und Missbräuchlichem lässt sich voraussehen, dass – auch außerhalb der Esoterik – der Trend zu »ungeordneter Vermischung« religiöser Inhalte weitergehen und irgendwann etwas Wohlgeordnetes, Neues schaffen wird. [...]

Es ist eine ganz einfache Tatsache, die festzustellen für die jeweiligen theologischen Systeme allerdings eine desaströse Wirkung hinterlässt, wenn wir sagen, dass der Buddha selbstverständlich kein »Buddhist« und Jesus kein »Christ« und Mohammed kein »Mohammedaner« war. Tatsächlich aber kann es ingesamt nicht länger mehr darum gehen, die jeweiligen Religions»stifter«, die durchaus keine neue Religion »stiften«, sondern lediglich die vorhandene Religiosität jeweils in ihrem Ursprung vertiefen und erneuern wollten, nach dem Vorbild mythischer Deutungsschemata zu vergöttlichen und in ritualisierten Schemata »gottesdienstlicher Handlungen« zu verfeierlichen; fortan wird es einzig darum zu tun sein, die Erfahrungen für sich selbst zu gewinnen, aus denen heraus jene großen Vorbildgestalten selbst lebten.

Hat der Glaube Hoffnung? 214–220

Begründung einer universalen Menschheitsreligion in den Träumen der Seele

Nur in einer Sprache, die das Herz *aller* Menschen anrührt, lässt sich sagen und mitteilen, dass Gott Mensch geworden ist. Nur in Bildern, die universell genug sind, dass die Menschwerdung jedes Einzelnen in ihnen sich vollziehen kann, lässt sich eine Botschaft verkünden, die der Welt das Heil bringen soll: die Menschwerdung Gottes, unseres Erlösers. Als die frühe Kirche entdeckte, dass sie, dem Willen Gottes entsprechend, keine jüdische Sekte bleiben dürfe und dass »auch über die Heiden die Gabe des heiligen Geistes ausgegossen« sei (Apg 10,45), verzichtete sie darauf, das jüdische Gesetz als Voraussetzung des Glaubens an Christus beizubehalten. Wenn die heutige Kirche an dem Auftrag des Auferstandenen festhalten will, zu *allen* Völkern der Erde gesandt zu sein (Mt 28,19), so darf sie nicht länger eine europäische Sekte bleiben – sie muss endgültig darauf verzichten, die abendländische Denktradition als Voraussetzung des Glaubens an Christus zu betrachten. Es ist weder nötig noch weiterhin möglich, zunächst ganze Kulturen zu zerschlagen und zu zerbrechen, ehe über den Äckern einer verbrannten Erde, im Schutz mächtiger Eroberer und feudaler Geldgeber, die Sonne des Christentums aufgehen könnte. Wenn es eine universale Menschheitsreligion des menschgewordenen Gottes geben soll, muss sie dort begründet werden, wo Gott selbst sie vorbereitet hat: in den ewigen Träumen unserer Seele, in denen er selber sich träumt als Mensch, damit wir ihn schauen können als den einzigen Grund unserer Menschlichkeit: als den »menschgewordenen« Gott, geboren aus der »Jungfrau«, verkündet den »Hirten«. Was die Ägypter zu dem Gott Amun sagten, der im Schoß einer Königin als Sohn Gottes zur Welt kam, darf und kann die Erfahrung eines jeden Menschen sein, der Gott in sich selbst und sich selber in Gott wiederfindet: »Dein Name ist wie der Geschmack des Lebens.«

Dein Name ist wie der Geschmack des Lebens 142 f.

In der Mystik persönlichen Glaubens liegt die Zukunft der Religion

Die Zukunft der Religion kann nur liegen in einer solchen persönlich gelebten Existenz des Glaubens, in einer derartigen unableitbaren Freiheit, ein Individuum zu sein. Man mag diesen Standpunkt phänomenologisch als »Mystik« bezeichnen; weniger missverständlich ist es, ihn psychologisch als das Ende aller Fremdbestimmung und Außenlenkung im Bereich des Religiösen zu charakterisieren. [...] Nicht zu welcher Gruppe, Partei oder Kirche sich jemand rechnet – was für ein Mensch er ist, entscheidet. Die großen Zahlen zugehöriger Mitglieder täuschen, die Länge der Zeit des Bestands einer Gruppe ist trügerisch, die Durchsetzungskraft von Geldmitteln, Einfluss und Macht widerlegt eher Gott, als dass sie ihn zeigt. Nicht woher jemand kommt, sondern wohin einer geht, gibt seinem Dasein Richtung und Sinn; doch wohin er gehen soll, sagt ihm Gott einzig in dem Moment, da er »da ist, als der er da sein wird«. Es wird der »Schüler« des Täufers, es wird Jesus sein, der von diesem Ansatz her noch einmal eine ganz andere, unerhört neue Welt entwerfen wird, nicht im Gestus der Drohung, sondern der Tröstung, des Mitleids und einer Güte ohne Grenzen. Heilung kann nur an Einzelnen sich vollziehen, nicht an Völkern, Staaten, Kirchen oder Konfessionen, und nur Einzelne durch ihre Existenz sind zum Heilen imstande. Ein solcher heilender Einzelner wollte der Mann aus Nazaret sein: An solchen heilsam wirkenden Einzelnen erläuterte er mit Vorliebe, was er von Menschen für Menschen wollte.

Hat der Glaube Hoffnung? 89 f.

Schluss

Gott ruft uns an unseren Platz

Wir sind in dieses Dasein getreten als erwünscht, als eingeladen, als berufen. Es gäbe uns nicht auf dieser Erde, stünde nicht ganz sicher fest, dass Gott uns an seiner Tafel haben möchte. Wenn dieses Gefühl, beliebt genug zu sein, um dazuzugehören, tief genug ist, braucht die Profilierungsneurose uns nicht mehr zu verschleißen in endlosen Quälereien. Es ist möglich, ruhig dabeizusein, den anderen gelten zu lassen und selber einfach den Ort einzunehmen, an den das Schicksal uns hinstellt. Mehr ist gar nicht nötig, als den Platz auszufüllen, der für uns richtig ist.

Aber fühlen, denken sollten wir, dass dieses ganze Dasein wie ein Geschenk ist, wie ein Segen. […] Dieses Gefühl trägt hin zu Gott. Eingeladene sind wir, bei Gott Angekommene sind wir, und wir brauchen es nicht mehr zu erzwingen und zu betreiben im Konkurrenzkampf untereinander […] Ist es nicht so, dass wir unser Dasein völlig anders betrachten könnten, fühlten wir uns einmal wirklich als Eingeladene? Wir brauchten um die Eintrittskarte nicht zu kämpfen, wir müssten nicht erst beweisen, wer wir sind, durch Leistung, Anstrengung als Emporkömmlinge. Wir wären höchst erwünscht im Leben und es gäbe unsichtbar so etwas wie einen Anruf, der uns erreicht und bittet, da zu sein in dieser Welt: Was wir das Leben nennen, sei nicht der Kampf der Fittesten gegen die Konkurrenten, sondern eine Vorbereitung für ein königliches Mahl; an dieser Tafel Platz zu nehmen sei unsere Würde, die uns unsichtbar schon jetzt verliehen sei.

Wenn der Himmel die Erde berührt 134 f.; 142 f. (1992) = 167 f.; 174 (2004)

»Gott geben, was Gottes ist«: das tun, was man selber nötig hat

Der Fortschritt der Moral und der Geschichte insgesamt hängt zentral ab von der Herausbildung wirklicher Personen. »Gebt Gott, was Gottes ist« [Mt 22,21] – das ist praktisch übersetzt, gerade so viel wie: »Gebt den Menschen den Mut, endlich zu leben.«

Matthäus III, 97; 328

Ein ganzer Mensch, geboren aus Vertrauen

»Die Gottes*furcht* ist der Weisheit Anfang«? Soll wirklich das Verhältnis zwischen Gott und Mensch gründen auf Angst, eben auf »Furcht«? Soll Gott wirklich ein Zwingherr sein und bleiben, der Inhaber schrecklicher Strafgewalten, und was den Menschen nötigt, sich ihm zu unterwerfen, soll wirklich darin gründen, dass er sich den Ahndungen und den Fahndungen dieses seines obrigkeitlichen Herrn nicht ausgeliefert sehen möchte? Allein dass hier die Rede geht von Gottes*furcht*, ist ein schlimmes sprachliches Missverständnis des hebräischen Textes. Es sollte freier und richtiger übersetzt heißen: allein Gott ernst zu »nehmen«, und es würde so viel bedeuten wie: vor nichts anderem Respekt zu haben und nichts anderes für letztgültig zu erklären außer allein Gott! Alle anderen Dinge verdienen in diesem Sinne nicht, dass man sich von ihnen ins Bockshorn jagen lässt, denn einzig wichtig und einzig notwendig als Maßstab des Lebens, als Garant von Vertrauen, als Rückhalt im Dasein ist Gott allein. Statt mit »Gottesfurcht« sollte man das Wort deshalb übersetzen mit: »sich festzumachen allein in Gott«.

Ist das aber nun der *Anfang* der Weisheit? Natürlich nicht! Sondern der »Anfang« ist im Hebräischen so viel wie das Prinzip, der Inbegriff, nicht der zeitliche Beginn, sodass danach noch eine Folge anderer Dinge kommen könnte, anstelle der Gottes*furcht* z. B. die Gottesliebe; es ist ja gar nicht möglich, mit *Furcht* zu beginnen und dann aus der Schreckensgewalt Gottes am Ende die Liebe zu Gott zu läutern. Wenn man aber sagen würde: »sich allein in Gott festmachen«, so bildet eine solche Haltung in der Tat die Grundlage, das Prinzip von allem, was einen Menschen richtig leben lässt; dementsprechend hätten wir in einer solchen Paraphrase den Inhalt dieses Satzes gewiss einigermaßen richtig wiedergegeben.

Bliebe nur noch zu erklären, was unter *Gott* zu verstehen ist, worin dieser Punkt einer möglichen Einheit des menschlichen Daseins eigentlich liegt. Das freilich müssen wir erläutern und wollen einfach einmal nur durchgehen, wovor Menschen in ihrem Leben eine derartige *Angst* empfinden können, dass sie wirklich weit unterhalb der Intelligenz, zu der sie eigentlich fähig sein könnten, sich aufzuhalten scheinen. Was für ein »Gottesverlust« ist dann »Torheit« und was für eine Form von Gottvertrauen »Weisheit«? [...] Wer Gott findet, wer ein Gegenüber hat, dem er absolut vertrauen kann, und damit aufhört, irgendetwas auf der Welt sonst noch zu »fürchten«, der reift wie ein blühender Baum, und die Schönheit seines Wachsens und die Fülle seiner Früchte sind das, was wir weise nennen.

Ein ganzer Mensch zu sein, geboren aus Vertrauen statt aus Einschüchterung und Furcht, sollten wir das eine »Tugend« nennen? Eine solche Haltung fragt nicht mehr danach, wem sie »taugen« kann, sie gründet nur in sich selbst, sie ist in gewisser Weise kein Gebrauchsgegenstand, sondern sie stellt etwas in sich Gültiges und Wertvolles, etwas ganz und gar Persönliches dar.

Ein Mensch braucht mehr als nur Moral 381f.; 401

***

Was sonst auch wäre des Menschen Glück, als aus ganzem Herzen, mit ganzer Seele und mit allen Kräften zu lieben – lieben zu *können* (Mk 12,30)?

Brüderchen und Schwesterchen 86 (1990) = 117 (2003)

Zitierte Werke Eugen Drewermanns

Angegeben sind jeweils die erste Auflage sowie ggf. Neuausgaben.

An den Grenzen der Medizin. Märchen von Heilung und Hoffnung. Düsseldorf 2008 (überarbeitete Neuausgabe von *Der Herr Gevatter/Der Gevatter Tod/Fundevogel*)
Aschenputtel. Märchen Nr. 21 aus der Grimmschen Sammlung. Solothurn/Düsseldorf 1993 (Neuausgabe 2003)
Atem des Lebens. Die moderne Neurologie und die Frage nach Gott. (Glauben in Freiheit Bd. 3: Religion und Naturwissenschaft, 4. Teil: Neurologie und Theologie.) Bd. 1: *Das Gehirn. Grundlagen und Erkenntnisse der Hirnforschung.* Düsseldorf 2006; Bd. 2: *Die Seele. Zwischen Angst und Vertrauen.* Düsseldorf 2007
Brüderchen und Schwesterchen. Märchen Nr. 11 aus der Grimmschen Sammlung. Olten/Freibug i. Br. 1990 (Neuausgabe 2003)
Daß alle eins seien. Predigten zwischen Himmelfahrt und Dreifaltigkeitsfest (hg. von B. Marz). Düsseldorf 1992
Daß auch der Allerniedrigste mein Bruder sei. Dostojewski – Dichter der Menschlichkeit. Zürich/Düsseldorf 1998 (Neuausgabe 2002). (Teilübernahme aus *Ich steige hinab in die Barke der Sonne*)
Dein Name ist wie der Geschmack des Lebens. Tiefenpsychologische Deutung der Kindheitsgeschichte nach dem Lukasevangelium. Freiburg i. Br. 1986
Dornröschen. Grimms Märchen tiefenpsychologisch gedeutet. Düsseldorf 2005
Den eigenen Weg gehen. Predigten zu den Büchern Exodus bis Richter (hg. von B. Marz). München/Zürich 1995
Das Eigentliche ist unsichtbar. Der Kleine Prinz tiefenpsychologisch gedeutet (mit Ingritt Neuhaus). Freiburg i. Br. 1984
Frau Holle. Märchen Nr. 24 aus der Grimmschen Sammlung (mit Ingritt Neuhaus). Olten 1982 (Neuausgabe 2003)
Der Froschkönig. Grimms Märchen tiefenpsychologisch gedeutet. Düsseldorf/Zürich 2003
Glauben in Freiheit. Bd. 1: Dogma, Angst und Symbolismus. Solothurn/Düsseldorf 1993
Goethes Märchen tiefenpsychologisch gedeutet oder Die Liebe herrscht nicht. Düsseldorf/Zürich 2000
Der goldene Vogel. Märchen Nr. 57 aus der Grimmschen Sammlung (mit Ingritt Neuhaus). Olten 1982
Hänsel und Gretel. Märchen Nr. 15 aus der Grimmschen Sammlung. Zürich/Düsseldorf 1997 (Neuausgabe 2004)
Hat der Glaube Hoffnung? Von der Zukunft der Religion am Beginn des 21. Jahrhunderts. Düsseldorf/Zürich 2000
Der Herr Gevatter/Der Gevatter Tod/Fundevogel. Arzt und Totd im Märchen. Olten/Freiburg i. Br. 1990 (Neuausgabe 2004)

Ich lasse dich nicht, du segnest mich denn. Predigten zum 1. Buch Moses (hg. von B. Marz). Düsseldorf 1994

»Ich steige hinab in die Barke der Sonne«. Alt-Ägyptische Meditationen zu Tod und Auferstehung in bezug auf Joh 20/21. Olten/Freiburg i. Br. 1989

Im Anfang ... Die moderne Kosmologie und die Frage nach Gott. (Glauben in Freiheit Bd. 3: Religion und Naturwissenschaft, 3. Teil: Kosmologie und Theologie.) Düsseldorf/Zürich 2002

Jesus von Nazareth. Befreiung zum Frieden. (Glauben in Freiheit Bd. 2.) Zürich/Düsseldorf 1996

Jesus von Nazareth – Bild eines Menschen. Düsseldorf 2008

Das Johannes-Evangelium. Bilder einer neuen Welt. 2 Bde.: Düsseldorf 2003

Kleriker. Psychogramm eines Ideals. Olten/Freiburg i. Br. 1989 (Neuausgabe 2001)

Die kluge Else/Rapunzel. Märchen Nr. 34 und Nr. 12 aus der Grimmschen Sammlung. Olten/Freiburg i. Br. 1986

Das Königreich Gottes in unserer Seele. Predigten über die Bücher Samuel und Könige (hg. von B. Marz). München/Zürich 1996

Die Kristallkugel. Märchen Nr. 197 aus der Grimmschen Sammlung (mit Ingritt Neuhaus). Olten/Freiburg i. Br. 1985

Leben, das dem Tod entwächst. Predigten zur Passions- und Osterzeit (hg. von B. Marz). Düsseldorf 1991

Licht des Friedens. Meditationen zum Advent und zur Weihnacht. Düsseldorf 2004 (erw. Ausgabe von *Der offene Himmel*)

Das Lukas-Evangelium. Bilder erinnerter Zukunft. Bd. 1: Lukas 1,1-12,1. Düsseldorf 2009

Marienkind. Märchen Nr. 3 aus der Grimmschen Sammlung (mit Ingritt Neuhaus). Olten/Freiburg i. Br. 1984

Ein Mensch braucht mehr als nur Moral. Über Tugenden und Laster. Düsseldorf/Zürich 2001

Das Mädchen ohne Hände. Märchen Nr. 31 aus der Grimmschen Sammlung (mit Ingritt Neuhaus). Olten/Freiburg i. Br. 1981 (Neuausgabe 2004)

Milomaki oder vom Geist der Musik. Eine Mythe der Yakuna-Indianer. Olten/Freiburg i. Br. 1991

Das Markusevangelium. Bilder von Erlösung. Bd. 1: Olten 1987, Bd. 2: Olten 1988

Moby Dick oder vom Ungeheuren, ein Mensch zu sein. Melvilles Roman tiefenpsychologisch gedeutet. Düsseldorf/Zürich 2004

Das Matthäusevangelium. Bilder der Erfüllung. Bd. 1: Olten 1992, Bd. 2: Olten 1994, Olten Bd. 3 1995

Der offene Himmel. Predigten zum Advent und zur Weihnacht (hg. von B. Marz). Düsseldorf 1990

Reden gegen den Krieg (hg. von Bernd Marz). Düsseldorf 1991 (zitiert nach der veränderten Neuausgabe 2001 [Auswahl aus dem Original mit neun neuen Beiträgen])

Schneeweißchen und Rosenrot. Märchen Nr. 161 aus der Grimmschen Sammlung. Olten 1983 (Neuausgabe 2004)

Der sechste Tag. Die Herkunft des Menschen und die Frage nach Gott. (Glauben in Freiheit Bd. 3: Religion und Naturwissenschaft, 1. Teil.) Zürich/Düsseldorf 1998 (3., erweiterte Auflage 2004)

Strukturen des Bösen. Bd. 1: *Die jahwistische Urgeschichte in exegetischer Sicht.* Paderborn 1977, Bd. 2: *Die jahwistische Urgeschichte in psychoanalytischer Sicht.* Paderborn 1977; Bd. 3: *Die jahwistische Urgeschichte in philosophischer Sicht.* Paderborn 1978

Tiefenpsychologie und Exegese. Bd. 1: Traum, Mythos, Märchen, Sage und Legende. Bd. 2: Wunder, Vision, Weissagung, Apokalypse, Geschichte, Gleichnis. Olten/Freiburg i. Br. 1984/1985 (Neuausgabe 2001)

Der Trommler. Märchen Nr. 193 aus der Grimmschen Sammlung. Olten/Freiburg i. Br. 1987

Und der Fisch spie Jona an Land. Das Buch Jona tiefenpsychologisch gedeutet. Düsseldorf 2001

... und es geschah so. Die moderne Biologie und die Frage nach Gott. (Glauben in Freiheit Bd. 3: Religion und Naturwissenschaft, 2. Teil: Biologie und Theologie.) Zürich/Düsseldorf 1999

Und legte ihnen die Hände auf. Predigten über die Wunder Jesu (hg. von B. Marz). Düsseldorf 1993

Was uns Zukunft gibt. Vom Reichtum des Lebens. Olten/Freiburg i. Br. 1991 (Neuausgabe 2003)

Der Weg des Herzens. Gewaltlosigkeit und Dialog zwischen den Religionen (zusammen mit dem XIV. Dalai Lama) Olten/Freiburg i. Br. 1992 (Neuausgabe 2003)

Wege und Umwege der Liebe. Christliche Moral und Psychotherapie. Düsseldorf 2005. (Überarbeitete Aufsätze aus *Psychoanalyse und Moraltheologie.* Bd. 1: *Angst und Schuld,* Bd. 2: *Wege und Umwege der Liebe,* Bd. 3: *An den Grenzen des Lebens.* Mainz 1982–1984)

Wenn der Himmel die Erde berührt. Meditationen zu den Gleichnissen Jesu. Düsseldorf 1992 (erweiterte Neuausgabe 2004)

Wer hat, dem wird gegeben. Die Gleichnisse Jesu. Gespräche mit Richard Schneider. Düsseldorf 2008

Der Wolf und die sieben Geißlein/Der Wolf und der Fuchs. Grimms Märchen tiefenpsychologisch gedeutet. Zürich/Düsseldorf 2000 (Neuausgabe 2003)

Wort des Heils, Wort der Heilung. Von der befreienden Kraft des Glaubens. Gespräche und Interviews (hg. von B. Marz). Bd. I: Düsseldorf 1988, Bd. II: Düsseldorf 1989, Bd. III: Düsseldorf 1989, Bd. IV: Düsseldorf 1993

Die zehn Gebote. Zwischen Weisung und Weisheit. Gespräche mit Richard Schneider. Düsseldorf 2006

Die zwei Brüder. Märchen Nr. 60 aus der Grimmschen Sammlung. Solothurn/Düsseldorf 1995

Zwischen Staub und Sternen. Predigten im Jahreskreis (hg. von B. Marz). Düsseldorf 1991

Sachregister

Textnachweise

Eugen Drewermann, Strukturen des Bösen. Die jahwistische Urgeschichte in psychoanalytischer Sicht. Bd. 2 (8. unveränderte Auflage 2000). Bd. 3 (1978). Verlag Schöning, Paderborn

Eugen Drewermann, Das Eigentliche ist unsichtbar, HERDER spectrum Bd. 5890, © Verlag Herder GmbH, Freiburg im Breisgau, 2. Auflage 2008